지금, 도
지도 서비스

여행 가이드북 〈지금, 시리즈〉의 부가 서비스로, 해당 지역의 스폿 정보 및 코스 등을
실시간으로 확인하고 함께 정보를 공유하는 커뮤니티 무료 지도 사이트입니다.

now.nexusbook.com

지도 서비스 '지금도'에 어떻게 들어갈 수 있나요?

접속 방법 1
녹색창에
'지금도'를 검색한다.

접속 방법 2
핸드폰으로
QR코드를 찍는다.

접속 방법 3
인터넷 주소창에
now.nexusbook.com
을 친다.

'지금도' 활용법

✈ 여행지 선택하기

메인 화면에서 여행 가고자 하는 도시의 도서를 선택한다. 메인 화면 배너에서 〈지금 시리즈〉 최신 도서 정보와 이벤트, 추천 여행지 정보를 확인할 수 있다.

🔍 스폿 검색하기

원하는 스폿을 검색하거나, 지도 위의 아이콘이나 스폿 목록에서 스폿을 클릭한다. 〈지금 시리즈〉 스폿 정보를 온라인으로 한눈에 확인할 수 있다.

📍 나만의 여행 코스 만들기

❶ 코스 선택에서 코스 만들기에 들어간다.
❷ 간단한 회원 가입을 한다.
❸ +코스 만들기에 들어가 나만의 코스 이름을 정한 후 저장한다.
❹ 원하는 장소를 나만의 코스에 코스 추가를 한다.
❺ 나만의 코스가 완성되면 카카오톡과 페이스북으로 여행메이트와 여행 일정을 공유한다.

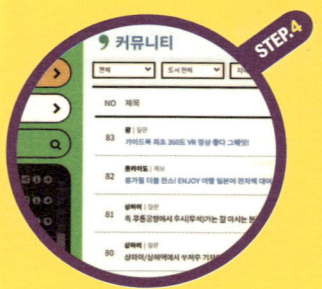

💬 커뮤니티 이용하기

여행을 준비하는 사람들이 모여 여행지 최신 정보를 공유하는 커뮤니티이다. 또, 인터넷에서는 나오지 않는 궁금한 여행 정보는 베테랑 여행 작가에게 직접 물어볼 수 있는 신뢰도 100% 1:1 답변 서비스를 제공 받을 수 있다.

〈지금 시리즈〉 독자에게
'여행 길잡이'에서 제공하는 해외 여행 필수품

해외 여행자 보험 할인 서비스

1,000원 할인

사용 기간 회원 가입일 기준 1년(최대 2인 적용)
사용 방법 여행길잡이 홈페이지에서 여행자 보험 예약 후 비고 사항에
〈지금 시리즈〉 가이드북 뒤표지에 있는 ISBN 번호를 기재해 주시기 바랍니다.

〈지금 시리즈〉 독자에게
시간제 수행 기사 서비스 '모시러'에서 제공하는

공항 픽업, 샌딩 서비스

2시간 이용권

유효 기간 2020.12.31 서비스 문의 예약 센터 1522-4556 (운영 시간 10:00~19:00, 주말 및 공휴일 휴무)
이용 가능 지역 서울, 경기 출발 지역에 한해 가능

본 서비스 이용 시 예약 센터(1522-4556)를 통해 반드시 운행 전일에 예약해 주시기 바랍니다. / 본 쿠폰은 공항 픽업, 샌딩 이용 시에 가능합니다(편도 운행은 이용 불가). / 본 쿠폰은 1회 1매에 한하며 현금 교환 및 잔액 환불이 불가합니다. / 본 쿠폰은 판매의 목적으로 이용될 수 없으며 분실 혹은 훼손 시 재발행되지 않습니다. www.mosiler.com ※ 모시러 서비스 이용 시 본 쿠폰을 지참해 주세요.

TRAVEL PACKING CHECKLIST

Item	Check
여권	☐
항공권	☐
여권 복사본	☐
여권 사진	☐
호텔 바우처	☐
현금, 신용카드	☐
여행자 보험	☐
필기도구	☐
세면도구	☐
화장품	☐
상비약	☐
휴지, 물티슈	☐
수건	☐
카메라	☐
전원 콘센트 · 변환 플러그	☐
일회용 팩	☐
주머니	☐
우산	☐
기타	☐

지금, 바르셀로나

마드리드 · 안달루시아

지금, 바르셀로나 마드리드·안달루시아

지은이 임재훈·최수지·박지영·정태관
펴낸이 임상진
펴낸곳 플래닝북스

초판 1쇄 발행 2019년 8월 26일
초판 2쇄 발행 2019년 8월 30일

출판신고 1992년 4월 3일 제311-2002-2호
10880 경기도 파주시 지목로 5(신촌동)
Tel (02)330-5500 Fax (02)330-5555
ISBN 979-11-6165-698-4 13980

저자와 출판사의 허락 없이 내용의 일부를
인용하거나 발췌하는 것을 금합니다.
저자와의 협의에 따라서 인지는 붙이지 않습니다.

가격은 뒤표지에 있습니다.
잘못 만들어진 책은 구입처에서 바꾸어 드립니다.

www.nexusbook.com

Explore the City **지금, 바르셀로나** Travel guide

마드리드
안달루시아

23

Now
Barcelona

임재훈·최수지·박지영·정태관 지음

플래닝북스

prologue

'열정이 가득한 태양의 나라'

스페인은 2018년 기준 프랑스 다음으로 전 세계 방문객 2위를 차지한 관광 대국입니다. 약 8천만 명 이상의(2018년 기준 8,300만) 여행객이 스페인을 방문하고 있으며 그중 3,200만 명의 관광객이 바르셀로나를 찾고 있습니다.

그동안 다양한 스페인 여행 관련 책자를 들고 여행을 다니면서 많은 도움을 받았지만 그와 동시에 아쉬움을 느꼈던 순간도 많았던 것이 사실입니다. 그래서 유럽 여행을 직업으로 가지고 있고, 스페인을 가장 잘 아는 전문가들 그리고 현지 정보를 꾸준하게 업데이트 할 수 있는 여행 전문 블로거가 함께 모여 이 책을 시작했습니다.

〈지금, 바르셀로나〉는 바르셀로나뿐만 아니라 스페인에서 가장 중요한 핵심 도시들을 정리했고, 한 가지라도 더 중요한 정보를 제대로 전달하고자 노력했습니다.

2년 남짓한 시간 동안 수많은 밤을 보내며 원고를 작성하면서 저희가 원했던 건, 세계에서 가장 많은 유네스코 세계 문화유산을 보유한 나라이자 지역마다 전혀 다른 문화를 지니고 있는 다채로운 스페인을 딱딱한 가이드북의 설명이 아닌 즐겁게 읽을 수 있도록 지식과 재미를 동시에 전달해 줄 수 있었으면 하는 점이었습니다. 저희의 노력이 여행자들에게 그대로 전달됐으면 하는 바람을 가져봅니다.

또한, 저희는 〈지금, 바르셀로나〉를 통해 스페인 여행을 꿈꾸게 되고, 이 책이 그 손에 들려 스페인을 함께 여행했으면 합니다. 그래서 언제나 즐거운 여행이 될 바라겠습니다.

"¡Que tenga muy buen viaje!"

Thanks to

저자들의 계속되는 자료 조사와 현지 취재만으로는 부족했던 여행 정보를 실시간으로 업데이트 할 수 있었던 것은 한국 스페인 관광청 이은진 대표님, 카탈루냐 관광청 한국 & 일본 디렉터인 Raül Guerra과 카탈루냐 관광청 아시아-퍼시픽 마케팅 담당인 Eunice Lee의 도움과 수많은 여행 전문 블로거들 그리고 유럽 자유 여행 전문 여행사인 '젊은여행사블루'와 '이오스여행사' 그 외 많은 유럽 여행 전문 여행사 직원들 덕분이었습니다. 이 자리를 빌어 다시 한 번 감사 말씀드립니다. 그리고 처음부터 끝까지 옆에서 지켜 봐주고 힘을 주었던 아내 박성애와 딸 임설현에게 감사하다는 이야기를 하고 싶습니다. 마지막으로 이 책이 나올 수 있도록 처음부터 이 프롤로그를 쓰는 마지막 순간까지 이끌어 주시고 도와주신 넥서스 출판사 정효진 팀장님께 진심으로 감사하다는 말씀드립니다.

또 다른 스페인 여행을 계획하며
임재훈 · 최수지 · 박지영 · 정태관

지금, 바르셀로나 책 활용법

미리 떠나는 여행 1부. 인포그래픽

1부 인포그래픽은 바르셀로나의 여행 정보, 다양한 지식을 시각적으로 표현해, 좀 더 빠르고 쉽게 습득해서 여행을 더욱 알차게 준비할 수 있도록 필요한 정보를 전달하고 있다.

01. Hola, 스페인에서는
한눈에 스페인의 기본 정보를 익힐 수 있도록 그림으로 정리했다. 언어, 시차 등 알면 여행에 도움이 될 간단 기본 정보들을 나열하고 있다.

02. 여기 어때?에서는
바르셀로나가 속해 있는 스페인을 공부할 수 있는 순서로, 여행하기에 앞서 알아두면 여행이 더욱 재미있어지는 스페인의 역사부터, 휴일 및 날씨, 축제까지 쓸모 있는 읽을거리를 담고 있다.

03. 이것만은 꼭! 트래블 버킷리스트에서는
후회 없는 바르셀로나 여행을 위한 핵심 타이틀을 선별해 먹고, 즐기고, 쇼핑하기에 부족함이 없는 버킷리스트를 제시하면서 보다 현명한 여행이 될 수 있는 가이드를 주고 있다.

알고 떠나는 여행 **2부. 인사이드**

1부에서 습득한 바르셀로나의 기본적인 여행 정보를 품고 본격적으로 여행을 떠나서 돌아다니는 데에 최적화된 2부 인사이드다.

 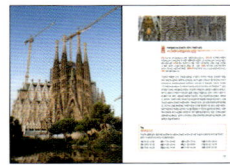 

01. GO TO 바르셀로나에서는 마지막으로 여행 전 체크해야 할 리스트, 즉 여권, 항공권, 숙소 예약 등 떠나기 전 미리 준비해 놓을 것들을 정리할 수 있는 정보와, 인천국제공항에서 스페인국제공항까지의 출입국 과정에서 주의해야 할 사항들까지 마지막 체크 포인트를 인지할 수 있도록 제시하고 있다.

02. Now 지역 여행에서는 바르셀로나 여행의 시작을 알린다. 여행에 편의성을 주는 대중교통법부터 각 구역을 슬기롭게 여행할 수 있는 당일 베스트 코스, 그리고 최신 정보만으로 이뤄진 명소, 식당, 쇼핑몰까지 알찬 여행에 꼭 필요한 사항들만으로 채웠다. 게다가 요즘 핫하다는 근교 및 타 지역까지 담아서 스페인 전역을 여행할 수 있는 다양한 기회를 제공하고 있다.

03. 테마별 Best Course에서는 요즘 여행 트렌드에 맞춰 테마별 코스를 제시해줌으로써 방황하는 여행에서 몸과 마음이 가벼운 여행이 될 수 있도록 최적의 스페인 코스를 알려주고 있다. 따라서 한 권의 책이 열 명의 가이드 부럽지 않도록 만족도 높은 내용으로 구성하고 있다.

지도 보기 각 지역의 주요 관광지와 맛집, 상점 등을 표시해 두었다. 또한 종이 지도의 한계를 넘어서, 디지털의 편리함을 이용하고자 하는 사람은 해당 지도 옆 QR코드를 활용해 보자. '지금도' 사이트로 연동되면서 다양한 정보를 모바일, PC를 통해 확인할 수 있다.

여행 회화 활용하기 그 도시에 여행을 한다면 그 지역의 언어를 해보는 것도 색다른 경험이다. 여행지에서 최소한 필요한 회화들을 모았다.

contents

INFOGRAPHIC
바르셀로나

01. Holà, 스페인   12

02. 여기 어때?

스페인 역사	16
스페인 여행 포인트	20
스페인 여행 날씨	26
스페인 공휴일	27
스페인 축제와 이벤트	28

03. 이것만은 꼭! 트래블 버킷리스트

예술가와 그의 작품 따라가기	32
미각을 깨우는 먹거리 체험하기	38
센스 있는 쇼핑 리스트 담아오기	40

INSIDE
바르셀로나

01. Go To 바르셀로나

여행 전 체크리스트	46
출입국 체크리스트	50

02. Now 지역 여행

바르셀로나	54
• 가우디	58
• 람블라 & 고딕 지구	82
• 몬주익	104
바르셀로나 좀 더 보기	116
바르셀로나 추천 숙소	118
바르셀로나 한 걸음 더	
• 몬세라트	122
마드리드	130
• 구시가지 & 마드리드 왕궁 주변	134
• 아토차 & 프라도 미술관 주변	162
마드리드 조금 더 보기	177
마드리드 추천 숙소	178
마드리드 한 걸음 더	
• 톨레도	182
• 세고비아	196
안달루시아	206
• 세비야	208
• 세비야 추천 숙소	224
• 론다	226
• 론다 추천 숙소	
• 코르도바	236
• 코르도바 추천 숙소	246
• 그라나다	248
• 그라나다 추천 숙소	264
• 말라가	266
• 말라가 추천 숙소	280
• 말라가 조금 더 보기	282

03. 테마별 Best Course

처음 만난 바르셀로나 3일	286
다시 만난 바르셀로나 4일 with 근교	289
출장자를 위한 바르셀로나 단기 일정	292
스페인 대도시 탐방 5일(마드리드 / 바르셀로나)	294
안달루시아 4일(세비야 / 론다 / 그라나다)	298
안달루시아 4일(세비야 / 말라가)	301
안달루시아 5일	
(코르도바 / 세비야 / 론다 / 말라가 / 그라나다)	304

부록

스페인 여행 회화	309
찾아보기	320

INFOGRAPHIC
바르셀로나

01. Holà, 스페인

02. 여기 어때?

스페인 역사
스페인 여행 포인트
스페인 여행 날씨
스페인 공휴일
스페인 축제와 이벤트

03. 이것만은 꼭! 트래블 버킷리스트

예술가와 그의 작품 따라가기
미각을 깨우는 먹거리 체험하기
센스 있는 쇼핑 리스트 담아오기

Holà SPAIN

· PONTEVEDRA
LEON ·
· MADRID 수도 마드리드
TOLED
SEVILLE ·

국호
스페인 왕국

언어
스페인어

면적
505,370 km

화폐
유로화

정치체제
의원내각제

국교
77%
로마 카톨릭

행정 구역 17개의 자치 구역은 50개의 주로 나뉨
17개 자치 구역
2개 자치 도시

시차 섬머타임(3월 말~10월 말)은 7시간 느림
8시간 느림

민족 이베리아인, 로마인, 게르만인, 등 혼혈 민족
라틴족

위치 국토의 반 이상이 고원지대
이베리아반도의 80%

비자 관광 목적 3개월까지 무비자 체류
무비자 협약 및 솅겐 조약

※솅겐 조약 관련 영사 콜센터 안내 : www.0404.go.kr/consulate/visa_treaty.jsp

SPAIN
여기 어때?

스페인에서 두 번째로 큰 도시 바르셀로나. 그 크기만큼 켜켜이 쌓아온 역사 이야기는 물론 그들만의 전통적인 문화, 축제, 이벤트 등 바르셀로나를 여행하기 전에 알고 가면 여행이 더 흥미로워지는 내용을 담았다.

스페인
역사

유럽과 아프리카 사이의 이베리아반도에 있는 스페인은 고대부터 외부의 영향을 많이 받아, 유럽에서 가장 복잡한 역사를 갖고 있다. 기원전 500년 전에는 그리스인들이 정착해 살기도 했고, 기원전 200년경부터는 로마 제국의 지배를 받았다. 이때 스페인을 히스파니아Hispania라 부르면서 지금의 국명 에스파냐(España, 스페인어)와 스페인(Spain, 영어)이 유래됐다. 추후 로마 제국의 세력이 약해지고, 서기 700년경부터 이슬람 세력이 스페인을 지배했다. 무슬림들은 초기에는 종교 탄압을 하지 않았기 때문에 기독교인, 유대인 모두 종교를 유지했고, 종교 건물들도 용도가 바뀌기도

카탈루냐는 어떤 지역?

카탈루냐는 스페인의 북동부에 위치한 자치 지방으로, 주도는 바르셀로나다. 북쪽으로는 피레네산맥으로 프랑스와 경계를 이루고, 동쪽으로는 지중해와 맞닿아 있으며 고유하고 독자적인 언어인 카탈루냐어를 가지고 있다. 왕정 시대부터 프랑코 독재 시대를 거쳐 근현대에 들어서까지도 주변 지방이나 중앙 정부와 대립하며 꾸준히 카탈루냐의 분리 독립을 주장하고 있다. 이베리아반도에서 산업 혁명이 일어난 유일한 지역이며, 관광은 물론이거니와 해운, 항만, 금속, 화학 등 산업의 중심지이자 스페인 GDP의 20% 이상을 차지하고 있는 부유한 지방으로 국가 경제를 이끌어 가고 있는 지역이라 해도 과언이 아니다.

했지만 옛 모습 그대로를 간직할 수 있었다. 덕분에 현재도 스페인에는 기독교, 유대교 사원을 이용한 이슬람 사원이라는 독특한 건물들이 남아 있다. 1492년 스페인의 통일을 이룬 것과 함께 콜럼버스가 아메리카에 도달하며 대항해 시대의 서막을 열었다. 16세기, 17세기 스페인은 식민지 무역을 기반으로 세계 최강 대국으로 성장했다. 1898년의 미국과의 전쟁은 대항해 시대 이후 점차 세력을 잃어가던 스페인에 결정적인 타격을 주었으며 이 전쟁으로 인해 쿠바, 괌, 필리핀이 스페인의 식민지에서 벗어나 미국의 영향을 받게 됐다. 이후 러시아의 지원을 받은 사회주의 진영이 정권을 잡았지만, 파시스트 진영인 나치 독일과 이탈리아 정권의 지원으로 프란시스코 프랑코가 주도한 쿠데타로 스페인 내전이 발생했다. 1936년부터 약 3년간의 내전에서 승리한 프란시스코 프랑코는 1975년까지 독재했다. 내부적으로는 긍정적 평가를 받기도 했지만, 국제 사회에서는 다소 고립된 시기였다. 1975년 이후 입헌군주제가 시행돼 후안 카를로스 1세가 취임하고, 의원 내각제 정치가 시작됐다. 독재 정치가 끝나고 1986년 EU에 가입하며 경제 성장과 더불어 스페인은 세계 2위의 관광대국으로 성장했다.

스페인 한 걸음 더 이해하기

스페인이라는 나라가 가지고 있는 상징적인 의미는 너무나도 많다. 천재적인 건축가 가우디, 스페인이 낳은 작가 세르반테스의 《돈키호테》, 신대륙을 발견한 콜럼버스, 세계 축구팬들을 넘어 축구를 알지 못하는 사람도 한 번쯤은 들어봤을 듯한 FC 바르셀로나, 레알 마드리드, 스페인을 대표하는 음식인 파에야, 타파스, 하몽, 뜨거운 태양만큼 열정적인 스페인 사람들 등 이곳에 열거하자면 끝이 없을 정도다. 하지만 단연코 스페인을 대표하는 두 가지 상징은 투우와 플라멩코 아닐까? 긴 역사와 함께 스페인의 정서를 그대로 담아내고 있는 투우와 플라멩코를 이해한다면 스페인을 여행하는 동안 더 많은 감동을 느낄 수 있을 것이다.

스페인의 자존심이자 상징
투우 Corrida de Toros

스페인의 중요한 관광 자원이자 피카소와 헤밍웨이의 영감의 원천이었던 투우 경기는 스페인 사람들에게 있어서는 단순한 오락이 아니다. 그 잔혹성에 대해서는 갑론을박이 한창이고 카탈루냐를 포함한 일부 지역에서는 이미 법으로 금지되기도 했지만, 투우가 스페인을 대표하는 가장 유명한 민속 문화이고 그것이 가지고 있는 열광적인 에너지는 누구도 부정할 수 없을 것이다. 투우 경기는 3월부터 10월까지 매주 일요일에 진행되며 그중에서도 6월에서 9월까지가 가장 활발하다.

좌석의 종류

원형의 투우 경기장은 층별로 보면 1층 텐디도Tendido, 2층 그라다Grada, 3층 안다나다Andanada로 나뉘고, 자리 위치별로 보면 경기 내내 그늘에 가려진 솜브라Sombra와 경기 중 그늘이 생겨 바뀌는 솔 이 솜브라Sol y sombra 그리고 계속 햇빛에 노출되는 솔Sol로 나뉜다. 텐디도 솜브라Tendido-Sombra(1층 그늘진 좌석)가 가장 비싼 가격의 좌석이고, 안다나다 솔Andanada-Sol(3층 햇빛에 노출되는 좌석)이 가장 저렴한 좌석이다.

투우 경기의 진행

경기에는 세 명의 투우사가 등장하는데, 각각 2마리의 소와 싸우게 되어 총 6번의 경기가 진행되고, 매 경기마다 약 20분 정도 소요된다. '마타도르'라고 불리는 이 투우사는 '파카도르'와 '반데리예로'라고 하는 일종의 바람잡이들과 팀을 이루는데, 이들은 마타도르보다 먼저 등장해 소와 탐색전을 벌이고 흥분을 끌어 올리는 역할을 한다. 그 후 마타도르가 빨간 천을 흔들며 돌진하는 소를 정면으로 마주하는데 손에 땀을 쥐게 하는 마타도르의 아찔한 몸동작은 투우 경기 최고의 볼거리다. 단, 한 차례의 찌르기로 소의 숨통을 끊어 놓는 마타도르를 최고로 치며, 그날 가장 훌륭한 경기를 보여 준 마타도르에게는 죽은 소의 귀나 꼬리를 잘라 부상으로 준다.

스페인의 한이 담겨 있는 무형 문화재

플라멩코 flamenco

정열과 화려함의 상징인 스페인의 플라멩코 하면 마치 광고의 한 장면처럼 붉은꽃으로 장식된 풍성한 드레스를 입고 멋지게 춤을 추는 것을 떠올리는 사람들이 많을 것이다. 그러나 겉으로 보이는 플라멩코의 정열과 화려함 뒤에는 사실 고단하고 지친 삶의 애환과 깊은 슬픔이 담겨 있다.

플라멩코의 유래

15세기경 지배 세력이던 기독교인들의 박해를 받고 외면 당하던 이슬람인들과 유태인들 그리고 인도 북부 지방을 유랑하며 살던 집시들이 스페인 남부의 안달루시아 지방 산악 지대와 동굴에 숨어들어 정착하기 시작했다. 플라멩코는 이들이 삼삼오오 모여 삶의 고통과 한을 달래기 위해 행하던 춤사위와 노래에서 유래했다. 한때는 집시들의 문화라 하여 스페인을 대표하는 장르임을 부정하는 시각이 많았으나 지금은 스페인 남부를 대표하는 가장 중요한 무형 문화유산임에 의심의 여지가 없다.

플라멩코의 구성

칸테(Cante, 노래): 플라멩코는 대게 독창으로 이루어 지는데 영혼을 울릴 듯한 거친 목소리는 플라멩코의 본질이자 정수라고 할 수 있다. 발을 구르고 손뼉을 치며 입으로 소리내는 추임새가 플라멩코 공연의 흥을 한껏 돋운다.

바일레(Baile, 춤): 플라멩코의 춤은 즉흥적이고 감정적이다. 삶의 애환과 괴로움을 담은 예술이기 때문에 연행자들도 젊고 아름다운 신예보다는 나이가 지긋하고 주름진 연장자들이 더욱 인정받는다. 그들은 섬세한 손짓으로 또는 격렬한 발동작으로 그리고 한없이 일그러진 고통의 표정을 통해 고뇌와 애환을 뜨겁게 발산하며 한순간에 관객을 매료시킨다.

토케(Toque, 기타): 원래 전통적인 플라멩코의 반주는 손뼉치기밖에 없었지만 기타는 비교적 뒤늦게 플라멩코의 구성 요소가 됐다. 하지만 현재 기타는 복잡한 리듬을 이끌어 가며 플라멩코의 구성과 완성도를 높이고 있다.

할레오(jaleo, 추임새): 공연을 보는 관객과 그들이 내는 추임새를 플라멩코의 제4 구성 요소로 부르기도 한다.

스페인
여행 포인트

스페인은 크게 5개 지역으로 나눌 수 있으며, 여행지로 많이 가는 곳은 동부, 중부, 남부다. 갈리시아, 바스키가 있는 북부는 피레네산맥과 포르투갈 국경까지 높은 절벽과 좁고 긴 해안으로 이루어져 있는 곳이다. 바르셀로나가 있는 카탈루냐 지방의 동부는 옛 수도원과 로마 건축물 등 유적지가 많은 곳으로, 스페인에서 가장 부유한 지역이기도 하다. 수도 마드리드와 세고비아, 톨레도 등이 있는 중부는 스페인 문화의 발상지며, 수도교 등 로마 유적지와 중세시대의 저택, 화려한 성들이 많은 곳이다. 사막부터 산맥, 해안까지 다양한 자연환경을 접할 수 있는 '축복 받은 땅'이라 불리는 안달루시아는 휴양지로서 인기가 많으며 포도, 올리브 최대 생산지기도 하다. 마지막으로 스페인 제도라 불리는 스페인의 섬들은 발레아레스제도와 아프리카 북서쪽의 카나리아제도가 포함되며, 각 섬들은 많은 관광객들에게 휴양지로서 인기가 많다.

바르셀로나 Barcelona

'카탈루냐의 보석', '지중해의 맨해튼'이라는 별명을 가진 바르셀로나는 스페인에서 두 번째로 큰 도시다. 고딕 양식의 고풍스러운 건축물과 현대 모더니즘의 건축물이 완벽한 조화를 이루고 있어 많은 관광객에게 즐거움을 선사하는 지역이다. 또한 안토니 가우디의 수많은 걸작을 만날 수 있어 스페인 여행의 필수 지역으로 손꼽히고 있다.

몬세라트 Montserrat

'톱니 모양의 산'이라는 이름의 몬세라트는 6만 개의 봉우리들이 만들어내는 아름다운 절경과 함께 세계 최고의 4대 성지로 손꼽히는 베네딕트의 산타마리아 몬세라트 수도원이 있어 기독교의 성지로 되어 있다.

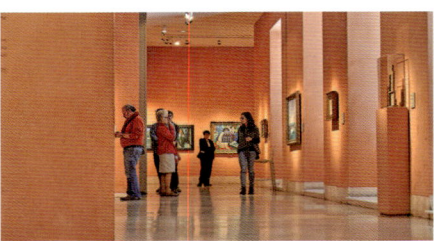

마드리드 Madrid

스페인의 수도인 마드리드는 스페인 여행의 교통 중심지다. 또한 프라도 미술관, 국립 소피아 왕비 예술 센터, 티센 보르네미사 미술관 등 수많은 미술관과 박물관이 있어 유럽에서 가장 많은 명작을 한번에 즐길 수 있는 도시기도 하다.

톨레도 Toledo

스페인 3가 화가 중 한 명인 엘 그레코가 사랑한 도시로 마드리드가 수도가 되기 이전까지는 스페인 정치 및 상공업 발달의 중심지였다. 유럽의 중세 번영기의 도시 모습을 현재까지 그대로 보존하고 있어 도시 안을 걸을 때면 중세 시대 속을 걷는 느낌을 고스란히 느낄 수 있다.

세고비아 Segovia

월트 디즈니 '백설공주'성의 모티브가 된 세고비아 알카사르부터 수많은 고대 로마 시대의 유적이 그대로 보존된 도시다. 또한 스페인에서 빼놓을 수 없는 새끼 돼지구이인 코치니요 아사도 Cochinillo Asado를 맛보기 위해 방문하는 관광객들로 넘쳐나는 도시기도 하다.

세비야 Sevilla

'플라멩코의 도시'이자 모차르트, 벨라스케스, 헤밍웨이, 카사노바 돈 주앙, 콜럼버스 등 수많은 역사적 인물에게 영감을 주고 사랑을 받았던 도시. 스페인 남부에서 가장 큰 도시며 유럽에서 3번째로 큰 성당, 현대적인 디자인의 메트로폴 파라솔 등 수많은 관광지가 있어 많은 여행객에게 사랑받는 도시다.

론다 Ronda

해발 750m에 위치한 안달루시아의 작은 산악 도시지만 소설가 헤밍웨이가 '연인과 로맨틱한 시간을 보내기에 가장 좋은 곳'이라 할 만큼 로맨틱한 풍경을 가지고 있는 도시다. 아직도 발렌타인데이, 크리스마스 등에는 수많은 스페인 젊은 커플들이 이 도시를 방문하고 있다.

코르도바 Cordoba

이슬람 지배 시기의 스페인 수도였던 코르도바는 유럽 안에서 가장 이슬람 문화를 강하게 느낄 수 있는 도시다. 유럽 문화와 이슬람 문화 그리고 유대인 문화가 가장 아름답게 공존하는 도시로서 다른 도시에서는 볼 수 없는 매력을 찾아볼 수 있는 곳이다.

그라나다 Granada

'알함브라 궁전'으로 유명한 그라나다는 현빈 주연의 한국 드라마 〈알함브라 궁전의 추억〉으로 다시 한 번 한국 여행자들에게 알려지게 됐다. 무어인의 건축물 중 최상의 건축물로 알려져 있는 알함브라 궁전은 그라나다를 방문하는 목적이며 그라나다를 상징하는 건축물이다.

말라가 Malaga

스페인 남부 최대 휴양지인 코스타 델 솔의 관문이자 파블로 피카소의 고향이기도 한 말라가는 유럽인들에게 가장 잘 알려져 있는 여름 휴양지의 거점으로, 스페인 남부 여행을 위해 꼭 거쳐야 하는 도시다.

코스타 델 솔 Costa del Sol

'스페인의 산토리니'라고 불리는 하얀 마을인 네르하, 프리힐리아나, 미하스 등이 스페인 남부 지중해에 걸쳐 있어 스페인 남부를 여행하는 여행객들에게 필수 방문지가 됐다. 하루쯤 시간을 내어 빨간 지붕에 하얀 집들이 알록달록 모여 있는 지중해풍의 페인트칠이 된 마을들 속을 거닐어 보는 것을 추천한다.

스페인
여행 날씨

유럽 여행을 계획할 때 가장 신경 써야 할 것은 낮의 길이가 계절에 따라 크게 달라진다는 것이다. 여름에는 저녁 9시가 지나야 해가 지기 시작할 만큼 해가 길고, 겨울에는 오후 5시만 돼도 해가 지려고 한다. 여름과 겨울의 낮 길이가 두 배가량 차이가 나는 곳이니 여름 여행과 겨울 여행은 전혀 다른 일정을 준비하는 것이 좋다.

스페인 일정을 계획할 때 스페인 안에서 남부, 북부 지역에 따라 내륙, 해안 지역에 따라 온도 차이가 크기 때문에 여행하고자 하는 지역에 따라 옷을 준비하는 것이 좋다. 스페인 남부는 한여름에 40℃까지 올라갈 정도로 덥고 건조한 날씨가 지속되며 직사광선이 강한 관계로 자외선 차단 제품을 꼼꼼히 챙기도록 하자. 또한 열사병에 걸리지 않도록 주의하는 것이 좋다. 하지만 한국보다 습도가 낮기 때문에 무더운 한여름에도 그늘 안으로 들어가면 시원함을 느낄 수 있다.

월별	바르셀로나					세비야				
	일출	일몰	낮 길이	월평균 최고기온	월평균 최저기온	일출	일몰	낮 길이	월평균 최고기온	월평균 최저기온
1월	8:15	17:46	9:31	14℃	5℃	8:37	18:30	9:52	16℃	6℃
2월	7:46	18:25	10:39	14℃	6℃	8:13	19:03	10:50	18℃	7℃
3월	7:03	18:57	11:54	16℃	8℃	7:34	19:31	11:53	22℃	9℃
4월	7:11	20:31	13:19	18℃	10℃	7:49	20:59	13:10	24℃	11℃
5월	6:32	21:03	14:30	22℃	14℃	7:15	21:26	14:11	28℃	14℃
6월	6:17	21:26	15:09	25℃	17℃	7:02	21:46	14:43	33℃	18℃
7월	6:30	21:23	14:52	28℃	20℃	7:15	21:44	14:29	37℃	20℃
8월	7:00	20:50	13:49	29℃	21℃	7:40	21:16	13:35	36℃	20℃
9월	7:31	20:00	12:28	26℃	18℃	8:06	20:30	12:25	32℃	18℃
10월	8:03	19:10	11:01	22℃	14℃	8:32	19:46	11:41	26℃	15℃
11월	7:40	17:31	9:51	18℃	9℃	8:03	18:13	10:09	21℃	10℃
12월	8:10	17:22	9:12	14℃	6℃	8:31	18:07	9:36	17℃	7℃

스페인 공휴일

스페인에는 공식적으로 총 10일의 공휴일이 있다(2019년 기준). 가톨릭을 중심으로 하는 스페인에는 가톨릭 기념일에 관련된 공휴일이 대부분이다. 공휴일에는 대부분의 행정기관과 은행, 상점들이 문을 닫지만 관광 시설은 가족과 함께 시간을 보내는 연말연시를 제외하면 대부분 영업을 하기 때문에 크게 불편한 점은 없다.

공휴일	공휴일 이름	설명
1월 1일	신년 New Year's Day	우리나라 신년과 동일
1월 6일	주현절 Epiphany	예수의 출현을 축하하는 기독교의 절기. 국가 공휴일은 아니지만 모든 지역에서 공휴일로 지정
4월 19일	성금요일 Good Friday	부활절 기간 일요일 전 금요일
5월 1일	노동절 Labour Day	한국의 노동의 날과 동일
8월 15일	성모 승천일 Assumption	성모 마리아가 부활 후 천국으로 올라간 일을 기념하는 기독교의 경축일
10월 12일	국경일 Columbus Day	1492년 10월 12일, 콜럼버스의 아메리카 대륙 발견을 기념하는 날
11월 1일	만성절 All Saints' Day	모든 성인 대축일
12월 6일	제헌절 Constitution Day	스페인 헌법을 제정한 날
12월 8일	성모 수태일 Immaculate Conception	성모 마리아의 예수 잉태를 기념하는 날
12월 25일	크리스마스 Christmas Day	예수 탄생일을 기념하는 날

스페인
축제와 이벤트

'스페인은 축제가 열리지 않는 날이 없다'라는 말이 있을 정도로 축제 문화가 발달해 있다. 200여 개가 넘는 축제와 그 준비 기간을 생각해 본다면 결코 틀린 말이 아니다. 그들은 축제를 통해 지역 문화를 보존하고, 교류하고 단합하며 다시 일상으로 복귀할 힘을 얻는다. 관광객들이 직접 참여할 수 있는 축제도 많으니 그들의 삶에 대한 열정과 자유를 만끽해 보길 바란다.

불의 축제 Las Fallas
축제 기간 동안 발렌시아와 주변 마을 곳곳에 작게는 3~4m에서 크게는 15m까지 다양한 크기와 모양의 파야(조형물 인형)들이 수백 개 전시되고, 매일매일 폭죽이 터지며 전통 의상을 입은 퍼레이드와 악단이 끊임없이 거리를 행진한다. 축제의 마지막 날, 화려한 불꽃놀이와 함께 모든 파야들을 불태우며 화려하게 막을 내린다.

기간 매년 3월 15~19일

세마나 산타 Semana Santa
가톨릭 국가인 스페인에서 '세마나 산타'라 불리는 부활절은 가장 큰 명절 중 하나다. 부활절 축제는 스페인의 거의 모든 지역에서 개최되는데 지역마다 또는 성당마다 독창적이고 특색 있는 행사와 퍼레이드가 이루어져 골라 보는 재미가 있다. 그중에서 안달루시아의 세비야와 말라가가 가장 크고 유명하다.

기간 부활절 전 1주간

봄의 축제 Feria de Abril
부활절 축제가 끝나고 나면 세비야에서 스페인의 3대 축제 중 하나인 '봄의 축제'가 시작된다. 축제 기간 중에 사람들은 남녀노소를 불문하고 전통 의상을 차려 입고 거리를 누비며 밤새도록 먹고 마시고 춤추며 삶의 기쁨과 봄의 축복을 온몸으로 표출한다. 축제를 즐기려는 사람들로 4월의 세비야는 그야말로 인산인해를 이룬다.

기간 부활절 축제 2주 후부터 일주일 동안

산 페르민 축제
Festival of San Fermin

팜플로나 수호성인이었던 성 페르민을 기리기 위해 시작됐으며, 축제의 하이라이트는 투우 경기와 매일 아침 8시에 진행되는 소몰이 '엔시에로'다. 저녁에 열릴 투우 경기를 위해 사육장에서 소를 풀어 경기장까지 이동시키는 것인데, 800여 미터를 이동하는 5분이 채 안 되는 짧은 시간이지만 극도로 흥분한 소에 의해 부상자가 발생하기도 한다.

기간 매년 7월 6일 12시~14일 24시

토마토 축제 La Tomatina

붉은 토마토가 온 세상을 뒤덮은 듯한 강렬한 축제로, 스페인의 대표적인 축제, 토마토 축제다. 이 축제에 참가하기 위해 매년 3만 명이 넘는 관광객이 발렌시아의 작은 마을 부뇰로 몰려든다. 토마토 축제가 있는 8월의 마지막 주는 일주일 내내 음식 축제나 거리 행진, 불꽃놀이, 공연 등 각종 행사들로 가득하다.

기간 매년 8월 마지막 주 수요일 11~12시

메르세 축제
Les Festes de la Mercè

메르세 축제는 성모 마리아의 영광을 기리기 위한 종교 축제이자 무더웠던 여름을 보내고 가을을 맞이하는 행사로, 바르셀로나의 가장 큰 축제로 잘 알려져 있다. 거대한 규모의 행사와 다양한 프로그램들이 일주일간 바르셀로나 전역에서 펼쳐진다. 그렇기 때문에 안내 책자를 보고 스케줄을 잘 세우는 것이 좋다. 축제 기간 동안에는 지하철이 24시간 운영되고 유명 미술관과 박물관들이 무료로 개방된다.

기간 매년 9월 24일 이전 5~7일간

SPAIN
이것만은 꼭!
트래블 버킷리스트

바르셀로나에 왔다면 이것만은 꼭 놓치지 말고 가 봐야 할 관광 명소, 먹거리, 쇼핑 리스트를 엄선해서 정리했다.

예술가와 그의 작품
따라가기

스페인에는 전 세계적으로 알려져 있는 화가와 건축가들이 많다. 이들은 스페인에서 활동했으며 그들의 작품들은 현재에도 스페인 곳곳에서 쉽게 찾아볼 수 있다. 세계적인 거장 반열에 오른 스페인 예술가들의 작품들을 따라 스페인 여행 계획을 세워보는 것은 어떨까?

안토니 가우디
Antoni Gaudí, 1852~1926

미완의 성당 사그라다 파밀리아를 설계한 천재 건축가다. 구엘 백작의 후원으로 고급 저택을 지으며 30대에 이미 바르셀로나에서 가장 성공한 건축가가 됐고, 60대 이후에는 평생 동안 설계한 사그라다 파밀리아 성당 건설에 매진했다. 독실한 크리스천이기도 했던 그는 1926년 미사를 마치고 집으로 가는 길에 노면 전차에 치였는데, 허름한 복장 때문에 노숙자로 여겨 병원으로 이송도 늦었고, 병원에서도 치료를 거부했다. 결국 73세로 삶을 마치고 평생 독신으로 살던 그의 유해는 사그라다 파밀리아 성당 지하에 안치됐다.

파블로 피카소
Pablo Picasso, 1881~1973

입체주의 대표 화가로, 스페인 내전 당시를 표현한 〈게르니카〉, 한국 전쟁을 표현한 〈한국에서의 학살〉이 대표적인 입체주의 작품인데, 이러한 작품을 그리기 이전에 당대에 유행하던 화풍은 20대 이전에 이미 섭렵한 것으로 인정받을 만큼의 천재적인 화가다. 프랑스 파리와 바르셀로나에서 주로 활동한 피카소는 〈게르니카〉는 스페인 독재에 대한 반대의 의미도 담고 있어 프랑코가 독치하고 있는 스페인에 전시되길 바라지 않았다. 이러한 이유로 그와 독재자 프랑코가 모두 사망한 이후, 1981년에 스페인에 반환돼 현재는 국립 소피아 왕비 예술 센터에 전시돼 있다.

호안 미로
Joan Miró, 1893~1983

20세기 예술가로, 유아적 이미지의 친근한 작품들로 스페인 현지인들에게 많은 사랑을 받고 있다. 초현실주의 작가에 가장 가깝지만 자신만의 예술 세계를 지향했으며 화가라 불리는 것을 가장 좋아했지만 회화 작품뿐 아니라 조소 작품도 많이 남겼다. 바르셀로나 출신 작가답게 바르셀로나 몬주익 언덕에는 그의 작품을 전시하는 전용 미술관이 있다. 또한 람블라 거리 바닥 모자이크, 바르셀로나 공항 벽화 등 바르셀로나 곳곳에서 그의 작품을 쉽게 만날 수 있다.

엘 그레코
El Greco 1541~1614

그는 그리스에서 태어나 이탈리아에서 그림을 공부했으며 스페인 톨레도에서 40년간 활동했다. 그의 인생 이력을 닮은 듯 그의 작품은 서양 미술사를 통틀어 엘 그레코만의 특이한 개성을 보여 주고 있다. 그의 작품들은 자기 작품의 프레임 조각도 함께 만든 경우가 많아 대부분의 작품은 다른 곳으로 이동이 불가능해 그의 걸작들을 보기 위해서는 톨레도를 방문해야만 감상할 수 있다.

여행 중 만날 수 있는
안토니 가우디

사그라다 파밀리아 성당
Sagrada Família

가우디 사후 100주년이 되는 2026년에 완공을 목표로 1882년에 건축을 시작해 130년 넘게 지어지고 있는 바르셀로나의 상징이다. 아름다운 성당의 내부는 물론 종탑에 올라가서 바라보는 바르셀로나의 전경과 파사드를 가까이서 보는 것도 추천한다.

구엘 저택 Palacio Güell

가우디의 첫 번째 대규모 작업이었던 건축물이다. 가우디의 절친이자 후원자였던 구엘을 위해 지은 궁전이며, 가우디 역시 가장 많은 공을 들인 건축물로 알려져 있다.

카사 바트요 Casa Batlló

기존의 건물을 가우디가 리뉴얼하면서 타일 조각으로 모자이크를 만드는 트렌카티스 공법으로 화려한 건축물을 재탄생시켰다. 밀라 부부가 카사 바트요를 보고 너무 감격해 카사 밀라의 건축을 의뢰했다고 한다.

카사 밀라 Casa Milà

산을 주제로 한 이 건물은 모든 곳이 곡선으로 이루어져 있으며 그라시아 거리에 위치해 있어 쉽게 방문할 수 있다. 현재도 세입자가 살고 있어 건물 전체를 공개하지 않고 있다.

카사 비센스 Casa Vicens

가우디의 젊은 시절 아르누보 양식으로 지어진 건축물이며, 2017년 대중에게 공개돼 이전에 보지 못한 젊은 가우디의 건축 양식을 보기 위한 관광객들이 찾아가는 곳이다.

구엘 공원 Parc Güell

바르셀로나 북쪽에 상류층이 모여 사는 고급 주택 단지를 만들기 위해 기획했던 이곳은 그의 후원자인 구엘 백작의 이름을 따라 구엘 공원으로 불리게 됐으며 현재 가우디의 작품 세계를 한곳에서 즐길 수 있는 명소가 됐다.

여행 중 만날 수 있는
호안 미로

호안 미로 미술관
Fundació Joan Miró

바르셀로나 몬주익 언덕 위에 위치하고 있어 바르셀로나의 경치를 한눈에 내려다볼 수 있다. 5,000점이 넘는 그림, 조각, 스케치 등을 한번에 만날 수 있어 카탈루냐를 대표하는 예술가의 작품을 한곳에서 즐길 수 있다.

말라가 피카소 박물관 Museo Picasso Málaga

피카소의 고향인 말라가에서 피카소의 업적을 기리기 위해 세워진 박물관. 대부분의 작품이 가족과 개인 소장이었던 작품들로 이뤄져 있어 그동안 접하지 못했던 피카소의 새로운 작품들을 만날 수 있는 곳이다.

바르셀로나 피카소 미술관
Museu Picasso Barcelona

바르셀로나 구시가지 거리 안에 위치하고 있어 쉽게 방문이 가능하다. 약 3,800점의 판화, 스케치 등 피카소의 초년기, 성장기의 작품들이 주를 이루고 있어 피카소의 재능과 일상생활을 엿볼 수 있다.

국립 소피아 왕비 예술 센터
Museo Nacional Centro de Arte Reina Sofía

피카소의 역작 중 하나이자 스페인이 소유하고 있는 가장 가치가 높은 작품 중 하나로 손꼽히는 〈게르니카 Guernica by Picasso〉를 만날 수 있다.

여행 중 만날 수 있는
피블로 피카소

> 여행 중 만날 수 있는
> **엘 그레코**

톨레도 대성당
Santa Iglesia Catedral Primada de Toledo

'그리스도의 옷을 벗김'은 본래 성당 제의실에 걸릴 예정으로 제작됐으며 톨레도에서 그린 엘 그레코의 첫 작품이자 그만의 독특한 양식을 세상에 처음으로 알리게 된 작품이다. 현재 톨레도 대성당 성물실 안에 걸려 있다. 또한 그 옆에는 또 다른 엘 그레코의 걸작인 〈베드로의 눈물〉이 걸려 있다.

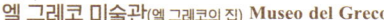

엘 그레코 미술관(엘 그레코의 집) Museo del Greco

엘 그레코는 비예나 후작 저택의 방을 받아 그곳에서 수많은 작품을 창조해 냈으며, 19세기에 잉클란 후작이 이곳에 기념관을 세워 그가 살았던 환경을 최대한 비슷하게 만들어 놓았다. 이 집에는 수많은 엘 그레코의 작품이 있으며 그중 〈톨레도의 풍경〉이 가장 유명하다.

타베라 추기경 병원
Hospital Tavera

톨레도의 입구에 위치한 스페인 최초의 르네상스 양식의 건물로, 엘 그레코의 주요 작품인 〈성가족〉, 〈타베라 추기경의 초상〉 등을 감상할 수 있다.

산토 토메 성당
Iglesia de Santo Tome

레오나르도 다빈치의 〈최후의 만찬〉, 미켈란젤로의 〈천지창조〉와 함께 세계 3대 성화로 꼽히는 엘 그레코의 〈오르가스 백작의 매장〉이 있다. 톨레도에서 반드시 놓쳐서는 안 되는 엘 그레코의 작품 중 하나니 꼭 감상해 보자.

미각을 깨우는 먹거리
체험하기

하루에 다섯 번의 식사를 한다고 알려져 있는 스페인은 지역에 따른 자연환경과 언어, 역사가 다른 만큼 다채로운 요리를 선보이고 있다. 삼면이 바다인 지역적 특성상 해산물이 주요 식재료로 사용되며 그와 동시에 바다와 멀리 떨어져 있는 내륙에서는 다른 유럽인들이 즐기지 않는 메추리, 비둘기, 새끼 돼지 등 육류 재료에서도 다양하게 사용하는 것으로 알려져 있다. 또한 유럽에서 가장 많은 쌀 소비를 하는 국가며 매운 맛 요리도 쉽게 찾아볼 수 있어 한국인들에게도 접근하기 쉬운 요리가 많다.

타파스 Tapas

식사 전에 먹는 에피타이저로, 가벼운 술 안주로 먹는 음식을 일컫는 말이다. 타파스의 기원에는 여러 가지가 있는데, 벌레가 많은 스페인 남부 지방에서 와인잔을 덮기 위해 빵을 올려 두고, 빵만 올려 두기보다 간단한 음식을 올려 두었다는 것이 일반적이다. 다양한 종류가 있는 타파스는 한입 또는 두 입에 먹을 수 있을 만큼 소량으로 나오고, 칼로 썰거나 할 필요 없이 한입 크기로 나온다. 타파스 중에는 수프도 있는데 작은 잔에 나오기 때문에 역시 한입으로 먹을 수 있다. 이쑤시게로 꽂아서 나오는 타파스는 북부 지역에서 유래됐는데 핀초스pinchos라 부르기도 한다.

하몬 Jamón

돼지 뒷다리를 소금에 절인 후 건조시켜 만드는 스페인의 전통 햄이다. 소금에 절이고, 건조시키는 데 1년 이상의 시간이 필요하며, 최상급 하몬은 도토리를 먹여 키운 이베리코산 흑돼지 다리를 이용하는 '하몬 이베리코 데 베요타Jamón ibérico de bellota'이다. 하몬만 먹기도 하지만 주로 멜론과 함께 먹으며, 샌드위치 등에 넣어서 먹기도 한다.

코치니요 아사도 Cochinillo Asado

2개월이 넘지 않은 새끼 돼지를 화덕에 구워낸 요리로, 세고비아의 대표 음식이다. 세고비아 외에 마드리드의 코치니요 아사도 전문점인 보틴은 세계에서 가장 오래된 레스토랑으로 기네스북에 등재돼 있다. 1인분에 €20~30 정도며 1인분은 한 마리가 통째로 나오는 게 아니라 다리 또는 몸통 등이 랜덤으로 나온다.

추로스 Curros

길쭉하게 튀긴 빵으로, 때로는 식사, 때로는 간식으로 즐기기도 하는 일종의 도넛이다. 흔히 알려진 추러스는 영어식 발음이고 추로스가 스페인식 발음이니 참고하자. 추로스는 그냥 먹기도 하지만, 초콜릿 시럽을 찍어 먹거나 핫초코와 함께 먹는다. 스페인의 젊은 세대들에겐 주말 밤을 즐긴 후 해장용으로 먹는 음식이기도 하다.

보카디요 Bocadillo

스페인식 샌드위치를 보카디요라고 한다. 바게트 빵 또는 치아바타를 이용하며, 여행객에게 가장 인기 있는 것은 스페인의 명물인 하몬이 들어간 보카디요다. 대부분 소스 없이 제공되며 취향에 따라 케첩, 머스터드 등을 넣어서 먹는다.

가스파초 Gazpacho

스페인 남부의 안달루시아 지방의 전통 음식으로, 아라비아어로 '젖은 빵'이라는 뜻을 갖고 있다. 이슬람의 지배를 받던 시절 전해진 음식으로, 덥고 건조한 에스파냐의 여름철에 간편히 해 먹는 음식이었다. 토마토를 기본으로 피망, 양파, 레몬, 마늘 등의 야채를 썰거나 갈아서 익히지 않고 차갑게 두어 먹는데, 빵을 잘라 넣거나 빵을 찍어 먹기도 한다.

파에야 Paella

쌀을 이용하는 스페인의 대표 음식으로, 파에야를 조리하는 넓은 냄비의 이름이 파레야였기 때문에 지금도 파에야라 불리고 있으며, 터키와 이슬람 문화의 영향으로 사프란이 들어가 밥이 노란색을 띤다. 새우, 홍합, 오징어 등이 들어간 파에야가 가장 일반적이며, 발렌시아에서 시작된 오징어 먹물이 들어간 검은색 파에야도 인기다. 대부분 파에야는 2인분부터 주문할 수 있기 때문에 혼자 여행한다면 쉽게 주문할 수 없는 메뉴다.

센스 있는 쇼핑 리스트
담아오기

쇼핑은 여행의 활력소이자 빼놓을 수 없는 즐거움! 특히 스페인은 패션, 화장품, 식료품 등 다양하게 쇼핑을 즐길 수 있어 남녀노소 만족스러운 득템의 기회를 엿볼 수 있는 지역이다. 스페인의 특색이 담겨있는, 그리고 스페인에서 저렴하게 구매할 수 있는 잇(it)아이템들을 놓치지 말고 쇼핑해 보자!

에스파드류 Espadrille

에스파르토 노끈으로 만든 밑창이 특징인 여름용 신발로, 스페인 필수 쇼핑 아이템 중 하나이다. 기성품뿐만 아니라 도시 곳곳에 있는 수제 에스파드류 전문점에서 독특하고 다양한 디자인을 만나 볼 수 있다. 저렴한 에스파드류는 €10도 되지 않으므로 부담 없이 구매해 보는 것을 추천한다.

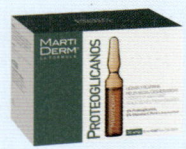

마티덤 앰플 MARTIDERM

항산화, 안티에이징 효과의 최고 집약체라 불리며 3초에 하나씩 팔릴 만큼 엄청난 인기를 구가하는 스페인의 명품 앰플이다. 피부 타입 및 기능에 따라 라인이 나누어져 있어 본인의 피부에 맞는 앰플을 선택하면 된다. 주로 약국에서 구매 가능하며 정가제가 아닌 관계로 판매하는 사람, 지역마다 금액이 조금씩 다르기 때문에 비교 후 구매하는 것이 좋다.

만자닐라 MANZANILLA

스페인 국화꿀차로 불리며 사랑받고 있는 티백차다. 티백을 물에 우렸을 때 꿀의 달콤한 향과 국화향이 함께 느껴진다. 인기 브랜드로는 하센다도 Hacendado와 호니만스Hornimance가 있다.

올리브오일 olive oil

세계 최대 올리브오일 생산국으로, 전 세계에서 소비하는 올리브오일의 절반 이상을 소비하고 있는 스페인. '신이 내린 축복의 황금 열매'라 불릴 만큼 높은 평가를 받고 있는 질 좋은 올리브오일을 구매해 보는 것을 추천한다. 그중에서도 스페인 20대 기업에 속하는 라치나타가 대표적이며, 오일뿐만 아니라 올리브로 만든 다양한 제품들을 판매하고 있다.

스와비넥스 SUAVINEX

스페인 프리미엄 유아 브랜드로 친환경 소재, 감각적인 디자인으로 인기를 얻고 있다. 대표 아이템인 공갈젖꼭지뿐만 아니라 젖병, 치발기, 러닝 식기세트 등 다양한 용품을 판매하는데, 한국보다 30~40% 저렴한 금액으로 구매할 수 있다.

헬리오 선크림 HELIOCARE

뜨거운 스페인의 햇볕을 이겨낼 수 있는 선크림으로, 겔 타입과 크림 타입으로 나뉜다. 끈적이거나 번들거림 없이 흡수가 잘 되며 피부가 예민한 사람도 부담 없이 바를 수 있다.

스마트 쇼퍼들을 위한 아웃렛 쇼핑 팁

스페인에서 쇼핑 득템의 기회를 노리고 있다면? 대표 도시 바르셀로나와 마드리드 근교에 위치한 아웃렛으로 눈길을 돌려 보자. 명품이 주를 이루는 유럽의 유명 아웃렛 더몰과 달리 스페인의 아웃렛은 중가부터 대표 명품 브랜드까지 다양한 가격대의 아이템들이 있어 선택의 폭이 넓다. 시내에서 아웃렛까지 운행되는 셔틀버스를 이용하면 반나절로도 소화가 가능해 스마트 쇼퍼들의 발길이 이어지고 있다.

라 로카 빌리지 La Roca Village

유럽 9개 도시에 위치한 럭셔리 아웃렛, 더 비스터 빌리지 쇼핑 컬렉션 빌리지 중 '라 로카 빌리지'는 스페인의 유명 관광지인 바르셀로나 도심에서 약 40분 거리에 있는 아름다운 코스타 브라바Coasta Brava 해변에 있다. '라 로카 빌리지'에는 약 130 여 개의 디자이너 브랜드들이 입점해 있으며 몽클레어, 프라다, 구찌, 버버리, 스와로브스키, 태그 호이어, 루포, 캠퍼 등 다양하고 세계적인 브랜드를 일년 내내 최대 60% 할인된 가격으로 쇼핑할 수 있다.

주소 08430 Santa Agnès de Malanyanes (La Roca del Vallès), Barcelona **위치** 사설 버스(Sagales): 버스 정류장 Casp 34, Barcelona에서 오전 9시부터 매시 정각 운행(왕복 €15)/ 쇼핑 익스프레스: Passeig de Gracia 8, 08007, Barcelona(카탈루냐 광장에서 그라시아 거리 방면으로 도보 2분)에서 9시부터 19시까지 매시간 정각에 운행(왕복 €18)시간 10:00~22:00(월~일) **홈페이지** www.larocavillage.com

라스 로사스 빌리지 Las Rozas Village

화려한 역사와 문화를 자랑하는 스페인의 수도, 마드리드에서 외곽으로 30분 거리에 위치해있다. 빌리지 내에는 약 100여 개의 명품 브랜드 매장을 갖췄으며 일년 내내 최대 60%까지 할인된 가격을 제공한다. 스페인 브랜드를 비롯해 글로벌 브랜드인 버버리, 구찌, 프라다, 디젤, 에스카다, 홀라, 미쏘니 등도 입점해 있다. 또한 어린이 놀이 공간, 무료 애완견 보관소, 퍼스널 쇼퍼 서비스 등을 제공한다.

주소 C/ Juan Ramón Jiménez, 3 28232 Las Rozas, Madrid **위치** 쇼핑 익스프레스: 오리엔트 광장(Plaza de oriente) Call de Bailen 17, 28013 Madrid에서 출발(9:30, 11:30, 14:00/왕복 €18) **시간** 10:00~21:00(일~금), 10:00~22:00(토) **홈페이지** www.Lasrozasvillage.com

INSIDE
바르셀로나

01. Go To 바르셀로나

여행 전 체크리스트
출입국 체크리스트

02. Now 지역 여행

바르셀로나(몬세라트)
마드리드 (톨레도/세고비아)
세비야
론다
코르도바
그라나다
말라가

03. 테마별 Best Course

처음 만난 바르셀로나 3일
다시 만난 바르셀로나 4일 with 근교
출장자를 위한 바르셀로나 단기 일정
스페인 대도시 탐방 5일(마드리드/바르셀로나)
안달루시아 4일(세비야/론다/그라나다)
안달루시아 4일(세비야/말라가)
안달루시아 5일
(코르도바/세비야/론다/말라가/그라나다)

GO TO
바르셀로나

뜨거운 태양만큼 열정적인 나라, 스페인의 바르셀로나로 여행을 떠나기 전 꼼꼼하게 여행에 필요한 것들을 체크하고, 바르셀로나에 도착하기까지의 과정 속 주의사항 등을 숙지할 수 있는 내용들을 담았다.

여행 전
체크리스트

여권 만들기
해외여행을 떠나려면 여권이 필요하다. 여권이 있다면 유효기간을 먼저 확인하자. 만일 유효기간이 6개월 미만이면 발급 기관에서 여권을 연장하거나 새로 발급받아야 한다. 여권 종류는 복수여권과 단수여권이 있으며, 복수여권의 유효기간은 5년 또는 10년이고, 단수여권은 1년 동안 단 1회만 사용할 수 있다. 거주지와 상관없이 서울은 각 구청, 지방은 광역 시청, 지방 군청에서 발급 가능하다. 질병, 장애, 18세 미만 미성년자를 제외하고는 본인이 직접 신청해야 하며, 신청 후 5일 정도면 발급되고 찾을 때는 신분증을 꼭 챙겨야 한다.

※발급 시 구비 서류: 여권 발급 신청서, 여권용 사진 1매(6개월 이내에 촬영한 사진), 신분증(주민등록증, 운전면허증 등).
- 외교부 여권 안내 홈페이지 www.passport.go.kr
- 외교부 여권과 헬프라인 02-733-2114

항공권 구입(예약 및 구입 시기)
스페인을 포함한 유럽으로 가는 항공권 가격은 출발 날짜, 구입 시기에 따라 가격이 천차만별이다. 최소 50만 원대가 나오기도 하고, 일반석이면서 200만 원이 넘는 경우도 있다. 보통은 3개월 이전에 구입하는 것이 저렴하지만, 가격이 저렴할수록 일정 변경이 불가능하거나, 취소 시 환불이 안 되는 등 까다로운 조건이 있으니 예약 시 반드시 확인해야 한다.

스케줄 확인
스페인행 항공권을 구입할 때 가장 먼저 고려할 것은 스케줄이다. 오전에 출발하는 항공사도 있고, 늦은 밤에 출발하는 항공사도 있다. 늦은 밤에 출발하는 항공사는 허니문 여행객들이 많이 이용하고 있어 토요일과 일요일 출발은 요금이 높은 경우가 많다. 항공 스케줄을 확인할 때는 출발하는 시간뿐 아니라 귀국하는 시간을 보는 것도 중요하다.

마일리지 확인
장거리인 만큼 마일리지 적립을 염두에 두고 항공권을 구입하는 경우가 많다. 에어프랑스, 네덜란드항공, 에미레이트항공과 같이 스카이팀에 속한 항공사는 대한항공 마일리지를 적립할 수 있고, 스타얼라이언스에 속한 터키항공, 루프트한자 등은 아시아나항공 마일리지를 적립할 수 있다.

공동 운항 확인
각 항공사별로 공동 운항(코드쉐어)을 통해 여행객들에게 보다 다양한 항공 스케줄을 선택할 수 있게 해준다. 공동 운항편은 요금이 비싼 경우가 많은데 에어프랑스, 네덜란드항공, 대한항공의 공동 운항은 특가 요금도 제공하고 있어 부담 없이 이용할 수 있다.

환전하기
유로화는 영국, 덴마크, 스웨덴을 제외한 EU가입국(참고로, 스위스는 EU가입국이 아님)에서 모두 통용된다. 총 7종의 지폐와 8종의 동전이 있다. 대부분의 상점에서 신용카드를 이용할 수 있기 때문에 현금 환전을 많이 할 필요는 없다. €500, €200의 고액권보다는 €100, €50, €20로 환전하는 것이 좋다.

Tip.

애플과 서울역 환전 센터 이용하기

공항의 은행은 환전 수수료가 가장 비싸기 때문에 환전하는 금액이 많은 경우는 시내의 은행에서 하는 것이 좋다. 특히, 서울역에 있는 기업은행과 우리은행 환전 센터는 우대 쿠폰 없이도 환전 수수료를 90% 할인하고 있어 저렴하게 환전할 수 있다. 기업은행은 최대 100만 원, 우리은행은 500만 원까지 환전이 가능하며, 대기 시간이 1시간 이상인 경우도 있으니 공항에 가면서 환전할 계획이라면 보다 여유 있게 이동하는 것이 좋다.

- **기업은행 서울역 환전 센터**
  위치 서울역 1층 공항철도 탑승구 입구 **시간** 7:00~21:00(연중무휴) **전화** 02-3147-2581

- **우리은행 서울역 환전 센터**
  위치 서울역 지하 2층 공항철도 에스컬레이터 좌측 **시간** 6:00~22:00(연중무휴) **전화** 02-362-8399

여행자 보험

여행자 보험은 여행 시 발생할 수 있는 사고에 대해 보상받기 위한 최소한의 조치다. 패키지 상품은 포함된 경우가 많지만, 자유 여행은 별도로 가입해야 한다. 1주일 이내의 여행은 1만 원 미만의 보험료로 최대 5천만 원에서 1억 원까지 보상받을 수 있으며, 보험 비용은 연령에 따라 차이가 있다. 또한 보험사에 따라 고연령자는 가입이 안 되거나, 비용이 2~3배 이상 차이가 날 수 있다. 한편 현지에서 병원을 이용하거나 소지품을 도난 당했을 때, 보험사에 연락해 필요한 서류를 확인 후 발급해 와야 하며, 도난이 아닌 단순 분실일 때는 보상 대상이 아니다. 소지품 도난도 1건당 최대 보험액이 정해져 있으며, 현금은 보험 대상이 아니다. 여행자 보험은 인천국제공항에서 가입할 수 있지만, 미리 가입하는 것에 비해 보험료가 20~30% 비싼 편이다.

비상 연락처

대한민국 국민이 해외에서 사건, 사고 또는 긴급한 상황에 처했을 때 도움을 요청할 수 있는 곳이다. 특히 여권을 분실했다면, 여행자 증명서 또는 여권을 재발급 받기 위해 대사관 및 영사관에 방문해야 한다. 대사관, 영사관 방문이 어렵다면 24시간 운영하는 영사 콜센터를 이용하면 된다.

주 스페인 대한민국 대사관

- **주소** C/ González Amigó 15, 28033 Madrid, Spain
- **위치** 4호선 아르투로 소리아(Arturo Soria)역에서 카스티야 광장(Plaza de Castilla) 방향의 70번 버스 타고 아르투로 소리아 콘 아냐스트로(Arturo Soria con Añastro) 정류장 하차
- **시간** 9:00~17:00(월~금)
- **전화** +34 91-353-2000/ 긴급 (34) 648-924-695

바르셀로나 영사관

- **주소** Paseo de Gracia, 103 3rd floor, 08008 Barcelona, Spain
- **위치** 디아고날(Diagonal)역 람블라 거리(Rambla de Catalunya) 출구에서 도보 1분
- **시간** 9:00~13:30(월~금) • **전화** +34 934 87 31 53

여권 분실 시 재발급 절차

여권 분실 시 대사관에 직접 방문해야 한다. 평일 업무 시간(9:00~14:00, 16:00~17:00) 중 대사관에서 발급이 가능하며, 주말 및 공휴일에는 민원실을 운영하지 않는다.

준비물

❶ 여권 재발급 신청서 및 여권 분실 신고서(영사관에 구비)

❷ 현지 경찰서에서 받은 도난(분실) 신고서
❸ 여권용 사진 2매(3.5X4.5cm): 시내 지하철역 내 사진 촬영기기에서 촬영
❹ 수수료(신용카드 불가): **단수여권** €13.5, **여행 증명서** €6.3
  - 여행 증명서의 경우 향후 방문 예정 국가명이 기재되며, 기재된 국가만 방문이 가능하다.
  - 단수 여권과 여행 증명서 모두 전자 여권과 다르게 입·출국 및 경유 가능한 국가가 제한돼 있다.

영사 콜센터 신속 해외 송금 지원

해외에서 소지품 도난, 분실 등으로 긴급 경비가 필요한 경우, 국내 연고자로부터 여행 경비를 재외공관을 통해 송금 받을 수 있도록 지원하는 제도로, 외교부 영사 콜센터에서 운영하고 있다. 해외여행 중 현금, 신용카드 등을 분실하거나 도난 당한 경우, 교통사고 등 갑작스러운 사고를 당하거나 질병을 앓게 된 경우 등의 상황에 한하며, 마약, 도박 등 불법 또는 탈법 목적, 상업 목적, 정기적 송금 목적의 지원은 불가하다.

지원 절차

❶ 여행자는 현지 재외공관(주 스페인 대한민국 대사관 및 영사관)에 긴급 경비 지원 신청
❷ 재외공관은 신청 승인 및 송금 절차 안내
❸ 재외공관 승인을 받은 여행자는 국내 연고자에게 송금 절차를 영사 콜센터에 문의하도록 연락
❹ 국내 연고자는 영사 콜센터에 공급 절차 문의
❺ 영사 콜센터는 국내 연고자에게 입금 계좌 정보 및 입금액 안내
❻ 국내 연고자는 해당 금액(긴급 경비 외 수수료)을 외교부 협력 은행(우리은행, 농협, 수협) 계좌로 입금
❼ 국내 연고자는 영사 콜센터로 입금 사실 통보
❽ 영사 콜센터는 은행 입금 사실 확인
❾ 영사 콜센터는 재외공관에 입금 사실 통보
❿ 재외공관은 여행자에게 해당 금액 지급(근무 시간 중 직접 방문 수령). 지급 통화는 달러화, 엔화, 유로화, 파운드화를 원칙으로 하되, 불가피한 경우 현지화 지급 가능

Tip.
신용카드사별 해외 도난 신고 전화번호

- 비씨카드 +82-2-330-5701
- 국민카드 +82-2-6300-7300
- 삼성카드 +82-2-2000-8100
- 신한카드 +82-2-3420-7000
- 롯데카드 +82-1588-8100
- KEB하나카드 +82-2-524-8100

출입국
체크리스트

인천국제공항 출국
대한항공이나 아시아나항공의 직항편일 경우 여객터미널을 이용하며, 외국계 항공사의 경유편일 경우 탑승동을 이용한다. 여객터미널에서 탑승동까지는 지하의 셔틀트레인을 이용해야 하기 때문에 조금 더 일찍 공항에 도착하는 것이 좋다. 대부분 항공사에서는 출발 1시간 전에 수속 마감을 하며, 이후에 도착한 경우는 당일 취소로 처리돼 비행기 탑승이 안 되는 것은 물론이고, 항공 요금도 환불이 안 되는 경우가 많다. 출발 2시간 전에는 공항에 도착하는 것이 좋으며, 주말과 연휴에 출발한다면 3시간 전에는 도착하는 것이 여유롭다.

탑승 수속
항공사, 여행사에서 구매한 전자티켓만으로는 비행기에 탑승할 수 없다. 해당 항공사의 카운터(인천국제공항 3층 A~M카운터)에서 탑승 수속을 통해 짐을 보내고, 탑승권Boarding Pass을 받아야 한다. 액체류는 기내에 반입할 수 없고, 보조 배터리 등은 수하물로 보낼 수 없는 등 수하물 규정에 맞춰서 여행 가방을 준비해야 한다. 창가나 복도 쪽 등 선호하는 좌석이 있다면 항공사 홈페이지에서 사전에 좌석을 지정하는 것이 좋다. 장거리 구간의 경우는 복도 쪽 좌석을 선호하는 사람이 많다.

보안 검색 및 출국 심사
체크인 수속을 마치면 출국 심사를 하게 된다. 네이버 모바일에서 '인천공항'을 검색하면 A~D까지 4개의 출국장에 몇 명의 대기 인원이 있는지 실시간으로 안내해 준다. 대부분 체크인 카운터에서 가까운 쪽을 이용하는 것이 편하지만, 대기 인원수가 많다면 다른 출국장을 이용해도 문제되지 않는다. 보안 검색대에서 기내 수하물과 소지품 검사 후에 하는 출국 심사를 기다리는 것이 귀찮다면, 자동 출입국 심사를 신청해 두면 다음 여행 때부터는 편하게 심사를 마칠 수 있다.
• **자동출입국 심사 안내** www.ses.go.kr

면세 구역
인터넷 면세점 또는 시내 면세점을 이용했다면 인도장에서 받아야 한다. 이용하는 항공편에 따라 인도장 위치가 다른데, 여객터미널에서 탑승동으로 셔틀트레인을 타고 이동하면, 다시 여객터미널로 돌아올 수 없기 때문에 주의해야 한다. 면세 구역 내에서는 면세점 및 라운지 등을 이용할 수 있으며, 김치, 소주 등의 구입도 가능하다.

비행기 탑승

면세 구역에 있는 게이트에서 비행기 탑승을 하며, 비행기 출발 20~30분 전부터 탑승을 시작한다. 인천-스페인 직항편과 경유편 모두 장거리기 때문에 기내식이 2회 제공되며, 간식을 비롯해 다양한 기내 서비스가 제공된다. 스페인의 경우 별도의 입국 신고서를 작성할 필요가 없다.

스페인 입국

도착
게이트에서 나오면 환승Flight Connection 또는 짐 찾기-출구Baggage-Exit 안내가 보이는데, 짐 찾기-출구 방향으로 이동하면 된다.

입국 심사
스페인 입국 심사는 비교적 까다롭지 않은 편이다. 여권만 제시하면 되고, 호텔 숙박권이나 항공권을 요구하는 경우는 많지 않다. 영국항공, 네덜란드항공 등 유럽 국적기를 이용해 솅겐 조약에 협의한 유럽 국가를 경유하는 경우, 경유지에서 입국 심사를 하기 때문에 스페인에서 입국 심사를 다시 하지 않는다.

수하물 수취
입국 심사를 통과한 후 전광판에서 자신이 이용한 항공편의 수하물이 나오는 컨베이어벨트 번호를 확인한다. 그곳에서 수하물을 찾고, 세관 검사를 하면 된다.

입국장-세관 검사
밖으로 나오면 스페인 여행이 시작된다.

Tip.
스페인 입국 시 면세 범위
- 담배: 200개피 또는 시가 50개피
- 주류: 22도 이상의 증류주 1리터, 와인 4리터, 맥주 16리터
- 향수: 일반 면세 한도 기준
- 외화 반입: €1,000 초과 시 세관 신고 의무
- 면세 한도 금액: €430

NOW
지역여행

바르셀로나 (몬세라트)
마드리드 (톨레도/세고비아)
세비야
론다
코르도바
그라나다
말라가

Barcelona

바르셀로나

안토니 가우디의 숨결을 느낄 수 있는 스페인의 메인 도시

바르셀로나는 비옥한 평야 지대에 자리 잡은 이베리아반도 동북부의 지중해 연안에 있다. 카탈루냐 자치구의 수도이자 정부 소재지로서 자치구 의회, 행정 기구, 고등 법원 등이 자리하고 있다. 총 면적 91km², 인구수 175만 명으로 스페인에서 두 번째로 큰 도시이자 최대의 공업 도시로 스페인 경제에 매우 중요한 위치를 차지한다.

스페인 여행의 핵심으로 '지중해의 맨해튼'이라는 별명을 가지고 있는 바르셀로나는 고딕 양식의 고풍스러운 옛 건축물과 높고 화려한 현대식 빌딩 구조물이 서로 조화롭게 어우러져, 세계 건축계에서는 고대 문명과 현대 문명이 가장 완벽하게 결합된 도시라 인정받는다. 또한 경치가 빼어나고 고적이 도처에 두루 있어 '이베리아반도의 보배'라고 불리기도 한다.

바르셀로나의 가장 큰 자부심은 역시 모더니즘의 천재 건축가 안토니 가우디 Antoni Gaudi의 걸작들이다. 가우디의 작품들이 바르셀로나라는 도시에 영혼을 불어넣었다고 해도 과언이 아니다. 한 건축가의 일곱 작품이 모두 세계 문화유산에 등재된 일은 전 세계 역사상 유례 없는 일로 안토니 가우디의 모든 작품은 바르셀로나의 가장 소중한 유산으로 많은 관광객에게 사랑받고 있다.

바르셀로나 교통편

유럽에서 손꼽히는 관광 도시, 바르셀로나는 항공, 열차 등 다양한 교통편으로 쉽게 접근할 수 있다. 대부분의 유럽 주요 항공사와 중동 항공사가 바르셀로나 엘 프라트 국제공항에 매일 취항한다. 우리나라도 주 4회 직항으로 대한항공과 아시아나항공이 각각 취항하고 있다. 또한 스페인 전역에서 스페인 초고속열차 AVE 및 프랑스 초고속열차 TGV 그리고 야간열차를 이용해 바르셀로나에 쉽게 접근할 수 있다. 마드리드(2시간 30분), 그라나다(11시간 30분/ 야간열차), 파리(6시간 30분), 아비뇽(3시간 55분)은 열차를 이용해 쉽게 이동할 수 있다.

◎ 바르셀로나와 주요 도시 간 교통편 및 이동 시간

근교 열차 이동

바르셀로나 ➡ 몬세라트(산츠Sants 탑승)	1시간
바르셀로나 ➡ 시체스(산츠Sants 탑승)	30분
바르셀로나 ➡ 피게라스(산츠Sants 탑승)	2시간
바르셀로나 ➡ 헤로나(산츠Sants 탑승)	1시간

주요 도시 이동

바르셀로나 ➡ 마드리드(산츠Sants 탑승)	2시간 45분
바르셀로나 ➡ 세비야(산츠Sants 탑승)	5시간 30분
바르셀로나 ➡ 발렌시아(산츠Sants 탑승)	3시간 30분
바르셀로나 ➡ 그라나다(산츠Sants 탑승)	7시간 45분

공항에서 바르셀로나 시내

바르셀로나 엘 프라트 국제공항Aeroport de Barcelona – El Prat / BCN 은 바르셀로나에서 남서쪽으로 약 10km 떨어진 곳에 있다. 엘 프라트 국제공항은 T1과 T2 터미널로 구분되며, 저비용 항공을 포함한 대부분의 항공사들이 T1(터미널1)에서 운항되며, T2(터미널2)에서는 스페인 국적 항공사가 운항된다. 엘 프라트 국제공항에서 바르셀로나 시내로는 30분 정도 소요되는 공항버스와 국철을 이용할 수 있다.

○ **열차** Renfe 비교적 저렴한 요금으로 바르셀로나의 주요 역으로 이동하려면 국철이 좋다. 산츠역, 프란차역, 카탈루냐광장역으로 운행하며 약 30분 정도 소요된다.

○ **공항버스** Aerobus 두 개의 노선 A1, A2가 운행되며, A1버스는 T1(터미널1)에서 A2버스는 T2(터미널2)에서 운행된다. 바르셀로나 주요 장소인 스페인 광장, 그란 비아, 대학 광장, 카탈루냐 광장까지 5~10분의 배차 간격으로 운행된다.
- **운행 시간:** 5:00~24:30(카탈루냐 광장→바르셀로나 국제공항)
- **소요 시간:** 35분
- **요금:** €5.9(편도), €10.20(왕복)

○ **시내버스** 공항까지 운행되는 46번 시내버스는 바르셀로나 시내까지 가장 저렴하게 이용할 수 있다. 바르셀로나 시내까지는 약 40분이 소요된다. 특히 자정 이후에 이동할 경우, N16, N17번 심야 버스를 이용해 공항과 시내를 이동할 수 있다.

○ **택시** Taxi 바르셀로나 국제공항에서 시내까지 택시를 이용할 경우, 약 30분이 소요된다. 비용은 €30~35 정도며 다른 유럽 도시에 비해 공항 이동 택시 비용이 저렴하다.

바르셀로나 시내 교통

바르셀로나 시내 교통은 지하철, 버스, 푸니쿨라 등이 있다. 특히 11개 노선의 지하철을 이용하면 관광 명소를 쉽게 접근할 수 있다. 바르셀로나 교통권은 1회권과 10회권 그리고 1일권을 일반적으로 이용한다. 1회권은 75분간 사용이 가능하며, 10회권은 여럿이 함께 이용이 가능하다. 교통 티켓 구입은 지하철역 창구 및 자동 발매기, 담배 가게 및 신문 가게에서 가능하다.

○ **지하철** Metro 11호선까지 운행되는 바르셀로나 지하철은 대부분의 관광 명소와 연결된다. 환승 시스템도 다른 유럽 도시보다 비교적 용이

구분	티켓 요금
1회권	2.15€
10회권	10.30€
1일권	8.40€

하며, 주요 관광지와 바르셀로나 중앙역(산츠역)으로의 접근도 아주 쉽다.

- **버스** Autobus 몬주익 언덕, 구엘 공원 등 지하철을 이용해 접근이 어려운 관광 명소를 연결해 준다. 빨간색 일반 버스와 파란색 심야 버스가 운행되며 관광 안내소 및 지하철역 창구에서 노선도를 쉽게 구할 수 있다. 특히 바르셀로나 시내버스 24번을 이용하면 카탈루냐 광장을 시작으로 카사 바트요, 카사 밀라, 구엘 공원으로의 이동이 쉽다.

- **푸니쿨라** Funicular 지하철 2호선과 3호선이 만나는 파라엘Paral-le역에서 몬주익 언덕까지 5분 만에 이동이 가능한 등반 열차다. 오전 9시에서 저녁 8시까지만 운행되며, 배차 간격은 10분이다.

- **트램** Tramvia 카탈루냐 광장을 중심으로 5개 노선의 트램이 운행 중이다. 여유롭게 바르셀로나 시내 풍경을 즐기고 싶다면 이용해 보자.

- **택시** Taxi 기본요금 €2(1km마다 €0.98 추가)로 목적지까지 편하게 이동하고 싶다면 다른 유럽 도시보다 비교적 저렴한 택시를 이용해 보자(단, 심야 및 주말, 공휴일에는 할증 요금 적용).

바르셀로나 카드 Barcelona Card

기간 내에 무제한 대중교통 이용 및 박물관, 매장, 레스토랑에서 할인 혜택을 받을 수 있다.

- **3일권**: €46(성인), €22(4~12세)
- **4일권**: €56(성인), €28(4~12세)
- **5일권**: €61(성인), €33(4~12세)

※관광 안내소에서 구입이 가능하며, 인터넷 예약 시 10% 할인된다.

투어리스틱 버스 Bus Turistic

카탈루냐 광장에서 출발하는 투어리스틱 버스를 타면 시내 주요 명소를 편하게 이동하며 감상할 수 있다. 버스는 바르셀로나 주요 44개의 관광지를 3개의 노선으로 운행하며, 티켓 하나로 3개의 노선을 모두 이용할 수 있다.

- **1일권**: €29(성인), €16(어린이)
- **2일권**: €39(성인), €20(어린이)
- **운행 시간**: 9:00~19:20(5~20분 간격 출발)

올라BCN Hola BCN

기간 내에 지하철, 버스, 트램, 지역 열차, 푸니쿨라 등 무제한 대중교통 이용이 가능하며 도시 안에서 많은 이동을 계획하고 있는 여행자들에게 유리하다.

- **2일권**: €15.2(성인)
- **3일권**: €22.2(성인)
- **4일권**: €28.8(성인)

가우디
Gaudí

스페인에서 가장 잘 알려져 있고, 가장 영향력 있는 안토니 가우디는 그의 인생 대부분을 바르셀로나에서 보냈고, 그 결과 그의 거의 모든 작품이 이 도시에 남아 있다 해도 과언이 아니다. "직선은 인간의 선이며 곡선은 신의 선이다 La línea recta es del hombre, la curva pertenece a Dios."라고 했던 가우디의 이야기처럼, 그의 건축물은 당시 카탈루냐 건축을 주도했던 고전주의 건축 양식을 벗어나

나무, 하늘, 구름, 바람 등 자연의 모습에서 건축 양식을 차용해 그 어떤 건축물보다 독특하고 아름다운 모습을 보여 주고 있다. 바르셀로나의 10개 작품 중 7개 작품은 유네스코 세계 문화유산에 등재돼 있으며 그중 성가족 성당, 카사 밀라, 카사 바트요, 구엘 공원은 그 시기를 대표하는 작품으로서 현재까지 전 세계 여행객들에게 사랑받고 있다.

Best Course

L3 Fontana역

⬇

카사 비센스

그라시아 거리에서 24번 버스 타고 (8 정거장) Ramiro de Maeztu – CN catalunya 정류장 하차 후 도보 3분

⬇

구엘 공원

L3 Vallcarca역(6 정거장)– Liceu역 하차

⬇

레이알 광장

도보 5분

⬇

구엘 저택

도보 15분

⬇

엘 나시오날(점심)

도보 3분

⬇

아돌포 도밍게즈(쇼핑)

도보 5분

⬇

카사 바트요

도보 5분

⬇

카사 밀라

L5 Diagonal역(2 정거장)– Sagrada Familia역 하차

⬇

사그라다 파밀리아 성당

• 찾아가기 •

바르셀로나 곳곳에 위치한 가우디 작품을 만나기 위해서는 구석구석을 모두 돌아봐야 한다. 바르셀로나 시내 중심인 카탈루냐 광장을 중심으로 북쪽 신시가지인 그라시아 거리에서는 카사 밀라Casa Milà, 카사 바트요Casa Batlló를 도보로 방문할 수 있으며, 남쪽 구시가지인 람블라 거리에서는 구엘 저택 Palacio Güell과 레이알 광장Plaça Reial에 있는 가우디의 가스등을 만나 볼 수 있다. 또한 바르셀로나 북부 지역에 위치한 L3호선 폰타나Fontana, 레셉스Lesseps역에서 카사 비센스, 구엘 공원을 갈 수 있다. 가우디의 가장 중요한 작품으로 손꼽히는 사그라다 파밀리아 성당La Sagrada Familia은 L5호선 사그라나다 파밀리아Sagrada Família역에서 바로 찾아갈 수 있다.

주요 지하철역

L5호선 사그라나다 파밀리아Sagrada Família역 – 성가족 성당
L3호선 레셉스Lesseps역 – 구엘 공원, 카사 비센스
L3, 4호선 파싱 데 그라시아Pg.de Gracia역 – 카사 밀라, 카사 바트요
L3호선 팔라우 레이알Palau Reial역 – 구엘 별장, 레이알 광장

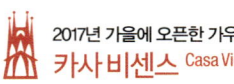

2017년 가을에 오픈한 가우디의 첫 번째 주택
카사 비센스 Casa Vicens [까사 비센스]

주소 Carrer de les Carolines, 20, 08012 Barcelona **위치** L3 폰타나(Fontana) 또는 레셉스(Lesseps)역에서 도보 5분 **시간** 10:00~19:00(화~일), 10:00~15:00(월) **요금** 입장권: €16(성인), €12(12~25세)/ 영어 가이드 투어: €19.5(성인), €15.5(12~25세) **홈페이지**(사전 예약) casavicens.org/ **전화** +34 93 547 5980

1883년 30대의 젊은 가우디가 설계한 집으로, 아르누보 건축 양식의 초석이 된 것으로 여겨진다. 이슬람 양식과 가톨릭 양식이 융합된 무데하르 양식의 영향을 받아 직선과 대칭 구조의 건물이라는 것이 가우디의 다른 작품과 다른 점이다. 당시 타일 공장을 운영하던 마누엘 비센스Manuel Vicens의 의뢰로 설계한 집답게 건물 외벽뿐 아니라 내부까지 화려한 타일이 많이 사용됐다. 초록색과 크림색의 타일로 장식된 외벽은 나무 덩굴이 감싸고 있는 것을 이미지화했고, 이를 위해 가우디가 직접 디자인한 꽃무늬 타일이 사용됐다. 개인 소유로 오랫동안 일반에 공개되지 않았지만, 2014년 모라뱅크MoraBanc가 건물을 인수해서 보수 공사를 마치고 2017년 가을부터 여행객들에게 실내를 공개하기 시작했다.

가우디가 지은 고급 주택을 이용한 공원
구엘 공원 Parc Güell [파르크 구엘]

주소 08024 Barcelona **위치** ①L3 발카르카(Vallcarca) 또는 레셉스(Lesseps) 역에서 도보 15분 ②24, 92번 버스 타고 카레테라 카르멜-파크 구엘(Carretera Carmel-Park Güell) 정류장 하차 후 바로 **시간** 8:00~20:30 **요금** €7 **홈페이지** www.parkguell.cat **전화** +34 934 091 831

바르셀로나시 북쪽 언덕에 자리 잡고 있는 공원으로, 원래 계획은 상류층이 모여 사는 고급 주택 단지였다. 산업화가 급속히 진행되면서 시내가 복잡해지자 자연과 예술에 둘러싸인 여유로운 삶을 사는 공간으로 60채의 집이 지어질 예정이었다. 하지만 당시 사람들은 주택의 콘셉트를 이해하기 어려워 해 분양이 단 두 채, 가우디와 그의 후원자인 구엘 백작뿐이었다고 한다. 그 후 1918년 구엘 백작이 사망하면서 공사는 중단되고 정부에 기부돼 공원으로 개방하게 됐다. 1984년 유네스코 세계 문화유산으로 등록된 공원은 오랫동안 무료로 개방됐지만, 2013년부터 유지 보수와 관광객 분산을 위해 공원의 주요 구역은 유료화 됐으며, 30분에 400명씩 입장 제한을 두고 있다. 오전 8시 이전에 방문하면 무료로 관람할 수 있다.

구엘공원
INSIDE

대계단 L'escala

구엘 공원의 상징이라 할 수 있는 도마뱀이 있는 계단이다. 대리석, 타일의 깨진 조각으로 모자이크를 만드는 트렌카디스 기법은 가우디 작품에서 많이 찾아볼 수 있다. 하지만 가우디 생전에는 저렴한 소재를 이용한 것이기에 고급 주택 단지인 구엘 공원에는 어울리지 않는다는 평가를 받기도 했다. 구엘 공원을 지키는 도마뱀 뒤쪽에는 모세를 통해 하나님의 구원 방법으로 제시한 구리뱀(민수기 21장)의 머리다.

자연의 광장 Plaça de la Natura

물결 모양의 110m에 이르는 긴 의자가 있는 광장으로, 구엘 공원과 바르셀로나 시내의 풍경을 감상하며 휴식을 취할 수 있다. 의자 곳곳에는 배수구가 있어 비가 오면 이 물을 모아 공원 곳곳에 이용하도록 설계돼 있다. 세계에서 가장 긴 의자라고 알려져 있지만, 스위스에 1,013m의 의자가 있고, 영국에도 300m가 넘는 의자가 있으니 잘못된 표현이지만, 예술성과 기능성까지 고려하면 세계 최고의 의자로 꼽히는 데 부족함이 없다.

가교 Viaducte

자연에서 디자인 콘셉트를 가져오는 가우디 디자인의 특징을 가장 잘 알 수 있는 공간이다. 언덕에 공원을 조성하면서 나온 돌을 다시 자연으로 돌리기 위해 만든 돌기둥은 다듬지 않은 듯 거칠어 보이면서도 정교하며 곳곳에 세심한 배려를 느낄 수 있다.

💰 경비 초소 Casa del Guarda

정문 입구의 양쪽 건물은 주택 단지의 경비 초소와 어린이집으로 지은 건물이다. 현재 경비 초소 건물은 자료관으로, 뾰족한 탑이 있는 어린이집 건물은 기념품 숍으로 이용되고 있다. 헨델과 그레텔의 동화 속 과자의 집을 모티브로 했다고 전해지며, 스페인의 초현실주의 화가 살바도르 달리는 이 건물을 보고 '설탕을 묻힌 타르트 과자 같다'는 말을 남긴 것으로 유명하다.

FREE! 골고다 언덕 Golgotha

구엘 공원의 가장 높은 곳에는 성서 속 골고다 언덕을 재현해 놓았다. 해골산을 뜻하는 골고다 언덕은 예수가 십자가형을 당한 곳이다. 신앙심이 깊은 가우디가 구엘 공원에 성당을 지으려 한 장소로, 구엘 공원의 공사가 중단되면서 현재의 모습을 갖추게 됐다.

FREE! 가우디의 집 미술관

모델 하우스로 지은 건물로, 가우디가 사망하기 직전까지 20년간 살던 곳이기도 하다. 구엘 공원의 무료 구역에 있지만, 별도의 입장료를 내야 들어갈 수 있다. 가우디가 실제 살던 건물에 그가 디자인하고 직접 사용한 의자 등의 가구와 다양한 사진 자료가 전시돼 있다. 특이한 점은 이 집은 가우디가 설계한 것이 아니라 그의 친구이자 조수였던 프란세스크 베렝게르 Francesc Berenguer가 설계했다.

시간 10:00~18:00(10~3월), 9:00~20:00(4~9월), 10:00 ~14:00(12월 25, 26일, 1월 1, 6일) **요금** 무료(입장료 €5.5 별도)

 가우디의 초기 작품인 가스등이 설치된 바르셀로나 시민들의 쉼터
레이알 광장 Plaça Reial [플라카 레이알]

주소 Plaça Reial, 08002 Barcelona **위치** L3 리세우(Liceu)역에서 도보 5분

19세기 신고전주의 건물로 둘러싸인 사각형 모양의 광장이다. 레이알은 로열, 즉 왕립 또는 스페인 왕가가 소유한 것이라는 뜻으로, 광장 조성 당시 왕가의 위상을 높이기 위해 이름 지어졌다. 레이알 광장은 가우디의 초기 작품인 가스등이 있는 곳으로 더 유명한데, 당시 바르셀로나에서 열린 공모전에서 가우디가 대상을 받아 시에서 제작하게 된 것이다. 원래는 바르셀로나 전체에 이 가로등을 세울 계획이었으나, 제작비가 많이 들고 전력 효율성이 떨어진다 하여 두 곳에 그치고 말았으며 지금은 전기등으로 교체됐다. 가로등은 여섯 개의 전구로 이루어져 있고 꼭대기의 투구 장식은 헤르메스 신을 상징한다. 광장 중앙에는 '3명의 여신들Las Tres Gracias'이라는 아름다운 분수가 있고 주변에는 야자수들이 이국적인 조화를 뽐내며 솟아 있다. 유명 레스토랑과 펍이 즐비해 현지인들 만남의 장소로 사랑받는 곳이며 주말에는 종종 콘서트나 벼룩시장이 열리기도 한다.

100년 전통의 바르셀로나 추로스 카페
카페 데 오페라 Cafe De L'Opera [카페 데 오페라]

주소 La Rambla, 74, 08002 Barcelona **위치** L3 리세우(Liceu)역에서 도보 1분 **시간** 8:00~다음 날 1:00 **가격** €3~5 **전화** +34 933 17 75 85

람블라 거리의 리세우 극장 맞은편에 있으며, 1900년도 초반부터 영업을 시작한 100년이 넘은 전통 있는 카페다. 내부가 전체적으로 오래돼 낡았지만 고풍스러운 멋이 있으며 나비넥타이를 한 연륜 있는 웨이터들이 반갑게 맞아준다. 이곳은 브레이크 타임 없이 언제든지 추로스(€1.5), 초콜라테(€2.7)를 즐길 수 있는 장점이 있다. 특히 다른 가게들에 비해 쫀득한 추로스가 인상적이며 진한 초콜라테를 듬뿍 찍어 달콤하게 먹는 것을 추천한다.

인기 제일의 수제 신발 에스파드류 전문점
라 마누알 알파르가테라 La Manual Alpargatera [라 마누알 알파르가테라]

주소 Carrer d'Avinyó, 7, 08002 Barcelona **위치** L3 리세우(Liceu)역에서 도보 3분 **시간** 9:30~13:30, 16:30~20:00(일요일은 10:00부터) **휴무** 토요일 **가격** €15~30(1개당) **전화** +34 933 01 01 72

스페인 여행의 인기 쇼핑 아이템인 에스파드류 신발을 전문으로 하는 곳이다. 바르셀로나의 에스파드류 전문점 중 가장 오래된 곳으로 70년의 역사를 갖고 있으며, 여전히 전통 방식 그대로 제작하고 있다. 기본 아이템을 기준으로 마드리드의 에스파드류 전문점과 비교하면 €2~5 정도 비싼 경우도 있지만, 큰 차이가 나지 않기 때문에 마음에 드는 색깔, 프린트가 있다면 이곳에서 구입하는 것이 좋다. 알파르가테라 매장 가까이에 있는 토니 폰즈Toni Pons, 알파르가타스Alpargatas는 다국적 기업에서 인수한 에스파드류 전문점으로, 현대적인 감각과 편의성이 더해진 라인들이 있다.

람블라 거리에 있는 가우디의 걸작
구엘 저택 Palacio Güell [팔라시오 구엘]

주소 C/ Nou de la Rambla, 3-5 08001 Barcelona **위치** L3 리세우(Liceu)역에서 도보 3분 **시간** 10:00~20:00(4~10월), 10:00~17:30(11~3월) **휴관** 매주 월요일, 12월 25, 26일, 1월 1, 6일, 1월 셋째 주 전일 **요금** €12(성인), €5(10~17세), 무료입장(매달 첫 번째 일요일) **홈페이지** (사전 예약) www.palauguell.cat/ **전화** +34 934-725-775

가우디의 좋은 친구이자 40여 년의 긴 시간 동안 후원을 아끼지 않은 구엘 백작의 의뢰로 지어진 궁전이다. 바르셀로나의 중심인 람블라 거리와 가까워 사교 모임을 염두에 두고 지었지만 구엘 백작이 너무 마음에 들어 이곳에서 오랜 기간 거주하기도 했다. 구엘 백작의 후원을 받기 시작한 계기가 된 건물답게 가우디 역시 그 어느 건물보다 정성을 들였으며, 구엘 궁전을 방문하는 손님들에게도 강렬한 인상과 함께 편의를 주기 위해 건물 내부로 마차가 들어올 수 있는 거대한 아치형 철문을 만들었다. 철문은 사생활 보호를 위해 밖에서는 내부가 보이지 않지만, 내부에서는 밖이 보이는 장치를 해두었고, 문의 위를 장식하고 있는 화려한 독수리는 구엘 가문의 문장이다. 약 5년간의 건축 기간 중 내부 장식을 하는 데 2년 이상의 시간이 소요됐는데, 실내의 가장 큰 볼거리는 사교 행사를 위한 공간인 2층의 살롱이다. 화려한 장식으로 가득한 살롱과 살롱 위로 4층 높이에 있는 원형 돔은 이곳이 궁전이라 불리는 이유를 느끼게 해준다.

바다 속 해저 동굴을 이미지화 한 주택
카사바트요 Casa Batlló [카사 바트요]

주소 Passeig de Gràcia, 43. 08007 Barcelona **위치** L3, 4 파싱 데 그라시아(Pg.de Gracia)역 바로 앞 **시간** 9:00~21:00/ 매직 나이트(6~9월): 20시 이후 입장, 라이브 음악 21시부터 **요금** €23.5(성인), €20.5(학생), €20.5(7~18세)/ 매직 나이트: 입장료+€29(사전 예약 시 총 €39, 음료 2잔 포함) **홈페이지** (사전 예약) www.casabatllo.es **전화** +34 93 216 03 06

가우디의 주택 카사casa 작품 중 시내에서 가장 가깝고, 지하철 3개 노선이 만나는 역 바로 앞에 있어 훌륭한 접근성으로 많은 관광객이 이곳을 찾는다. 1870년대에 지어진 건물을 다시 리뉴얼 하면서 가우디의 독특한 디자인이 더해졌으며 타일의 조각으로 모자이크를 만드는 트렌카디스 기법으로 화려함을 더하고 있다. 디자인 콘셉트에 대해서는 다양한 설이 있는데, 첫 번째는 건물 외관의 기둥, 옥상의 타일들이 용의 뼈와 같다고 해서 '용의 전설'이라는 이야기가 있어 '뼈의 집Casa dels ossos'이라 불리는 설이며, 두 번째는 당시 유행하던 이탈리아 즉흥 가면극의 캐릭터인 아를레키노Arlecchino라는 설이다. 이는 건물 정면을 보고 있는 8개의 테라스가 가면처럼 생겼기 때문이라고 한다. 세 번째는 가우디가 자연 채광을 극대화하면서 빛에 따라 타일의 농염이 바뀌는데, 이것이 해저 동굴을 이미지화 했다는 설이다. 세 번째 설이 가장 유력하며, 내부 투어를 할 때 제공하는 증강현실AR에 물고기 등의 해저 생물들이 등장하기도 한다. 6월부터 9월 말까지 매일 저녁 8시에는 라이브 음악과 함께 다양한 볼거리를 제공하는 매직 나이트Magic Night로 진행되며 낮 시간의 요금과 달라진다.

 가성비 좋은 스페인의 패밀리 레스토랑
100 몬타디토스 100 Montaditos [씨엔토 몬타디토스]

주소 Rambla de Catalunya, 11, 08007 Barcelona **위치** 카탈루냐 광장에서 도보 3분 **시간** 10:30~다음 날 1:30 **가격** €1~1.5(와인, 맥주), €1~3(샌드위치, 타파스) **전화** +34 933 04 05 04

라발 지점[Raval]
주소 Rambla del Raval, 41, 08001 Barcelona **위치** L3 리세우(Liceu)역에서 라발 지구 쪽으로 도보 5분 **시간** 10:30~다음 날 1:30 **가격** €1~1.5(와인, 맥주), €1~3(샌드위치, 타파스) **전화** +34 932 50 34 20

스페인 전역과 유럽, 미국까지 400여 개의 매장을 운영하고 있는 스페인의 패밀리 레스토랑이다. 스페인 전통 방식으로 조리한 음식을 저렴하게 맛볼 수 있기 때문에 '스페인의 김밥천국'이라는 별명을 갖고 있기도 하다. 바르셀로나 시내에도 여러 개의 매장이 있는데, 여행객들이 가장 찾아가기 쉬운 곳은 람블라 거리와 카탈루냐 광장 주변의 매장이다. 다른 음식점에 비해 저렴한 €1.5의 맥주도 인기 비결이다.

바스크 스타일의 타파스를 저렴하게 즐길 수 있는 곳
차펠라 Txapela [차펠라]

스페인 북부 지역의 전통 음식인 '타파스'를 저렴하게 맛볼 수 있는 곳이다. 타파스란 식사 전에 간단히 먹는 것으로, 빵 위에 각종 재료를 얹어 꼬치에 꽂아 먹는 음식을 말한다. 차펠라에는 50가지가 넘는 다양한 종류의 타파스가 있으며, 메뉴판에 타파스마다 사진과 번호가 표시돼 있어 주문하기 편하다. 바에 앉는 경우 만들어진 핀초를 직접 보고 고를 수 있으며 와인 한 잔과 타파스로 간단히 요기를 하는 사람들로 항상 북적인다. 바르셀로나 시내에는 그라시아 거리 쪽에 두 개, 카탈루냐 광장 인근에 한 개의 지점이 있으며, 마드리드에도 한 곳의 지점이 있다. 타파스 금액대는 개당 €1.9~2.5로, 1인 €12~15 정도의 예산이면 배부르게 한 끼를 해결할 수 있으니 부담 없이 식사하기에 좋다.

그라시아 거리 지점
[PASEO DE GRÀCIA, 58]
주소 Txapela Passeig de Gràcia, 58 **위치** 카사 바트요에서 도보 1분 **가격** €12~15 **전화** +34 93 487 22 79

그라시아 거리 지점
[PASEO DE GRACIA, 8-10]
주소 Txapela Passeig de Gràcia, 8-10 **위치** 카탈루냐 광장에서 도보 3분 **가격** €12~15 **전화** + 34 93 412 02 89

카탈루냐 광장 지점
[PLAÇA CATALUNYA, 8]
주소 Txapela Plaça Catalunya, 8 **위치** 카탈루냐 광장에서 도보 1분 **가격** €12~15 **홈페이지** www.txapelarestaurant.com **전화** + 34 93 412 65 94

고급스러운 인테리어로 꾸며진 바르셀로나식 복합 레스토랑
엘 나시오날 El Nacional [엘 나시오날]

주소 Passeig de Gràcia, 24 Bis, 08007 Barcelona **위치** L2, 3, 4 파싱 데 그라시아(Passeig de Gràcia)역에서 도보 3분 **시간** 12:00~다음 날 2:00(일~목), 12:00~다음 날 3:00(금~토) **가격** €10~40(가게마다 다름) **홈페이지** www.elnacionalbcn.com/ **전화** +34 935 18 50 53

바르셀로나 명품 거리인 그라시아 거리 안쪽에 위치한 복합 레스토랑이다. 박물관 같은 전통 유럽식 건물은 1889년 산업 혁명 시기에 건축돼 초기에는 극장, 공장, 차고 등 다양한 용도로 이용됐다. 700평이 넘는 규모로 내부에 들어가면 4가지 바bar(맥주, 와인, 굴, 칵테일)와 4가지 구역(고기, 생선, 타파스, 델리)으로 나누어져 있다. 화초로 장식돼 있어 마치 온실에 들어온 듯한 느낌이 들고 은은한 조명과 이국적인 분위기에 보는 재미가 있다. 특히 엘 나시오날의 화장실은 고풍스러운 느낌에 거울마다 작은 조명이 여러 개 붙어 얼굴을 밝혀 줘 레스토랑만큼이나 포토 스폿으로 인기를 얻고 있다. 금액대가 다소 있는 편이지만 분위기가 한몫하는 곳으로, 저녁이면 항상 사람들로 북적이는 바르셀로나의 핫 플레이스 중 하나다.

 스페인을 대표하는 의류 브랜드 중 하나
아돌포 도밍게즈 Adolfo Dominguez [아돌포 도밍게즈]

주소 Passeig de Gracia, 32 08007 Barcelona **위치** L4 파싱 데 그라시아(Passeig de Gracia)역에서 도보 2분 **시간** 10:00~20:30(월~토) **휴무** 일요일 **가격** €30~200 **홈페이지** www.adolfodominguez.com **전화** +34 934 12 75 45

아돌포 도밍게즈는 스페인 왕실의 여왕 의상을 디자인하기도 했으며, 2014년에는 왕실로부터 '내셔널 디자이너 상'을 수여 받기도 했다. 또한 스페인 국적기인 이베리아항공 승무원의 의상을 디자인한 것으로도 유명하다. 스페인을 대표하는 브랜드 중 하나며, 심플한 디자인으로 많은 사람에게 사랑받고 있는 브랜드다. 스페인에서 구입 시 한국보다 훨씬 저렴한 가격에 구입할 수 있어 반드시 구입해야 하는 브랜드 중 하나로 알려져 있기도 하다.

 곡선미의 절정을 보여 주는 주택
카사 밀라 Casa Milà [카사 밀라]

주소 Passeig de Gràcia, 92. 08008, Barcelona **위치** L3, 5 디아고날(Diagonal)역 도보 1분 **시간** 9:00~20:30(3월 초~11월 초), 9:00~18:30(11월 초~3월 초) **요금** 일반: €22(성인), €16.50(학생), €11(7~12세), 무료(6세 미만)/ Day & Night(낮 관람+The Origins 관람): €34(성인), €17(7~12세), 무료(6세 미만) *학생 요금 없음 **홈페이지**(사전 예약) www.lapedrera.com/ **전화** +34 902 202 138

카사 비센스, 카사 바트요에 이어 가우디가 54세 때 설계한 카사 밀라는 직선을 찾아보기 어려운 독특한 모습을 하고 있다. 산을 모티브로 하고 사암砂岩으로 만든 덕분에 채석장을 의미하는 '라 페드레라'라 불리기도 한다. 건물의 안쪽 방까지도 빛이 잘 들어오게 파티오(건물 내부의 정원)를 두었으며, 테라스의 철제 난간이 저마다 다른 것이 카사 밀라의 가장 큰 특징이다. 몬세라트산의 산등성이를 표현한 옥상의 환기구는 언뜻 보면 로봇처럼 보이기도 하는데, 〈스타워즈〉의 다스베이더와 스톰트루퍼를 디자인하는 데 영감을 준 것으로 알려져 있다. 처음 카사 밀라가 지어진 것은 페레 밀라와 그의 부인이 살고, 건물의 일부는 임대를 주기 위해서였다. 현재 건물은 카탈루냐 카이사 은행에서 소유하고 있으며 여전히 세입자가 있기 때문에 건물 전체를 공개하고 있지는 않다. 1층에 있는 기념품 숍 반대편에는 카페 드 라 페드레라Cafè de La Pedrera 레스토랑이 있어 역사적인 건물에서 여유로운 시간을 보내기에 좋다.

> **Tip.**
> **라 페드레라**
> La pedrera-the origin(night experience)
>
> 저녁 시간에 진행되는 특별한 가이드 투어다. 옥상의 환기구에 화려한 레이저 매핑으로 가우디의 건축 철학을 보여 주고, 와인 한 잔을 제공한다. 여름철 일부 날짜는 옥상에서 재즈 공연을 감상할 수도 있다.
>
> **시간** (영어 가이드 기준) 20:40, 21:00, 22:00(5월 중순~11월 초)/ 19:00, 20:0, 20:40(11월 초~5월 중순) **요금** €34(성인), €17(7~12세), 무료(6세 미만) *학생요금없음

 **차원이 다른 라테를 맛볼 수 있는 곳**
온나 카페 Onna Café [온나 커피]

주소 Carrer de Santa Teresa, 1, 08012 Barcelona **위치** 카사 밀라에서 도보 5분 **시간** 8:00~19:30(월~금), 9:00~19:30(토~일) **가격** €3~5 **전화** +34 932 69 48 70

카사 밀라에서 도보 5분 거리, 그라시아 거리와 인접해 있는 로컬 카페다. 조용한 골목길에 있으며 간판도 크지 않아 무심코 지나갈 정도로 작은 규모지만 문을 열고 들어가면 이곳의 커피를 즐기기 위해 찾아온 현지인들로 항상 북적인다. 아늑한 느낌이 물씬 느껴지는 내부 인테리어가 인상적이며 라테와 치즈케이크가 맛있기로 유명하다. 글루텐 프리 홈메이드 케이크와 함께 샌드위치 등 간단히 식사를 할 수 있는 메뉴들도 준비돼 있으니 이곳에서 여유 있게 아침 식사를 해보는 것도 추천한다.

바르셀로나의 상징이자 가우디 최후의 걸작
사그라다 파밀리아 성당 Sagrada Família [사그라다 파밀리아]

주소 Carrer de Mallorca, 401, 08013 Barcelona **위치** L5 사그라다 파밀리아(Sagrada Família)역 사그라다 파밀리아 성당(Pl. de la Sagrada Familia) 출구에서 도보 3분 **시간** 9:00~18:00(11~2월), 9:00~19:00(3월, 10월), 9:00~20:00(4~9월), 9:00~14:00(12월 25, 26일, 1월 1, 6일) **요금** €15(기본), €22(기본+영어 오디오 가이드), €24(기본+종탑) **홈페이지**(사전 예약) www.sagradafamilia.org **전화** +34 932 080 414

"인간의 작품은 신의 그것을 넘어설 수 없다. 이러한 이유로 사그라다 파밀리아 성당의 높이는 몬주익 언덕보다 3m가 낮은 170m가 될 것이다La obra humana no puede superar la Divina, por eso la Sagrada Familia tendrá 170 metros de altura, 3 metros menos que la montaña de Montjuïc." '성가족 성당'이라는 의미를 갖고 있는 사그라다 파밀리아 성당은 스페인의 천재 건축가인 안토니 가우디가 혼신의 힘을 기울인 작품으로, 흔히 '가우디 성당'이라 불리기도 한다. 1882년 착공해 135년이 지난 지금까지도 건축이 계속되고 있으며, 가우디 사망 100주기인 2026년에 완공을 목표로 하고 있다. 이례적으로 성당의 완공이 미정인데도 1984년 유네스코 세계 문화유산에 등재됐고, 2010년 교황 베네딕토 16세가 축성 미사를 봉헌하기도 했다. 성당 내부는 일부 미완성인 부분도 있지만 미사를 집전할 수 있으며 일반에 공개하고, 내부 투어 비용에 추가 요금을 더하면 두 개의 첨탑에 오를 수도 있다. 언제나 많은 관광객으로 붐비는 곳이니 기다리는 것을 피하려면 인터넷으로 예약하고 방문하는 것을 추천한다.

Tip.
라이트업 시간
야간에 조명을 받아 황금색으로 반짝이는 성당의 모습은 낮과는 또 다른 모습으로 몽환적 분위기를 전한다. 방문 시기에 따라 라이트업 시간을 확인하자.

1월 18:30~22:00	4월 21:00~24:00	7월 22:00~24:00	10월 20:00~23:00
2월 19:00~23:00	5월 21:30~24:00	8월 21:30~24:00	11월 18:30~22:00
3월 19:30~23:00	6월 22:00~24:00	9월 21:00~24:00	12월 18:00~22:00

사그라다 파밀리아 성당
INSIDE

탄생의 파사드 Facada del Naixement

3개로 이루어진 사그라다 파밀리아 성당의 파사드 중 유일하게 완성된 부분이며, 가우디가 직접 조각에 참여했다. 태양이 떠오르는 동쪽을 바라보고 있으며, 가장 먼저 완공돼 성당의 대표 이미지로 여겨지기 때문에 정문이라 생각하기 쉽다. 하지만 동쪽, 서쪽, 남쪽의 파사드 중 하나며, 정문은 2002년 공사가 시작된 남쪽의 '영광의 파사드'다.

수난의 파사드 Facada del Passio

성당의 남서쪽 입구로 카탈루냐 출신의 호세 마리다 수비라츠Josep Maria Subirachs(1927~2014)가 1987년부터 20년에 걸쳐 작업한 것이다. '탄생의 파사드'와는 전혀 다른 모습으로 논란이 되기도 했다. 단순화, 추상화된 그의 조각은 어느 방향에서 바라보더라도 조각의 인물이 감상자를 보는 듯한 효과를 주고 있다. 또한 유다의 배반부터 십자가에 못박히는 과정을 표현하기 위해 밑에서부터 S자 순서로 스토리의 흐름에 맞춰 조각을 설치하는 등 감상자에 대한 배려도 신경을 썼다.

수난의 문 Facada del Naixement

수난의 문 출입구에는 예수의 생애 마지막 2일에 대한 신약성경의 내용이 조각돼 있다. 특히 중요한 부분, JESUS 등의 문자는 금색으로 도금돼 있다.

Tip.
가우디의 모습

'수난의 파사드'의 가장 가운데, 예수가 십자가를 지는 장면에서 왼쪽 맨 끝에서 옆모습을 보이며 서 있는 사람은 가우디의 얼굴을 하고 있다.

Tip.

예수의 나이를 나타내는 숫자판 33
4개의 행, 4개의 열에 쓰인 16개의 숫자는 가로, 세로, 대각선 어떤 방향으로 숫자를 더해도 33이 된다. 예수 탄생 전 가장 성스러운 숫자는 33, 예수가 죽은 것으로 알려진 나이는 33세, 예수가 기적을 행한 횟수는 33회, 요셉이 성모마리아와 결혼한 나이는 33세, 〈창세기〉에서 하나님이 나오는 횟수는 33회다.

박물관 Facada del Passio

성당 지하에 자리한 박물관에는 가우디가 사그라다 파밀리아 성당을 설계하던 당시의 자료들이 전시돼 있다. 사진과 스케치, 전통적인 고딕 양식을 이질감 없이 재해석하기 위해 다양한 시뮬레이션을 했던 모형들이 있다. 가장 특이한 것은 무게 중심을 확인하기 위해 거꾸로 매단 실과 추로 성당의 모형을 만든 것이다. 천장에 거울을 두고 실과 추를 매달아서 이를 거꾸로 그린 것이 설계의 밑바탕이 됐다고 한다.

성당 내부 Facada del Passio

2010년 교황 베네딕토 16세의 방문에 맞춰 미사를 집전할 수 있도록 성당 내부 공사가 예상보다 빨리 진행됐지만, 외부와 마찬가지로 여전히 공사가 진행 중이다. 미완성이지만 자연, 이른 아침 숲속의 나뭇잎 사이로 비치는 아침 햇살을 모티브로 설계한 독특한 아치형 기둥과 시간에 따라 다채롭게 변하는 화려한 스테인드글라스가 볼 만하다.

첨탑 Torres

3개의 파사드에는 각각 4개씩, 모두 합쳐 예수의 열두 제자를 상징하는 12개의 첨탑이 세워질 예정이다. 파사드의 12개 첨탑 외에도 예수를 상징하는 가장 높은 170m의 중앙 탑과 성모 마리아를 상징하는 탑, 4개의 복음서를 상징하는 4개의 탑이 세워질 예정으로 총 18개가 된다. 예수를 상징하는 탑이 170m인 것은 173m의 몬주익 언덕보다 낮게 지으려는 의도다. 인간이 지은 건조물이 하나님의 창조물을 넘어서는 안 된다고 생각했기 때문이다.

Tip.
첨탑오르기

현재 완성된 두 개의 파사드에 있는 첨탑에 오를 수 있으며, 인터넷으로 예약하려면 '탄생의 첨탑Torre del Naixement'과 '수난의 첨탑 Torre de la Passió' 중 하나를 선택해야 한다. 가우디가 조각에 참여한 '탄생의 첨탑'은 엘리베이터로 올라가고 내려올 때는 계단을 이용하며, '수난의 첨탑'은 엘리베이터로 올라가고 내려온다. 바르셀로나 시내가 내려다보이는 풍경뿐 아니라 가우디의 자취가 남겨져 있는 '탄생의 첨탑'이 더 빨리 마감된다.

오늘날의 가우디를 만든 구엘의 별장
구엘 별장 Finca Guell [핀카 구엘]

주소 Avinguda de Pedralbes, 7, 08028 Barcelona **위치** L3 팔라우 레이알(Palau Reial)역에서 도보 7분
시간 10:00~16:00 **요금** €5 **전화** +34 933 177 652

바르셀로나의 귀족 에우세비 구엘Eusebi Guell이 원래 있던 별장 자리에 추가적으로 부지를 매입해 가우디에게 경비실과 마구간 출입문 등의 부속 건물 건축을 의뢰해 지어진 것으로(1884~1887), 무데하르 양식으로 디자인됐으며 1984년에 유네스코 세계 문화유산에 등재됐다. 구엘은 본인의 별장을 그리스·로마 신화의 한 장면처럼 꾸미고 싶어 했고, 가우디는 신화 속 '황금 사과를 지키는 파수꾼'을 묘사해 철제문을 장식함으로써 구엘의 주문을 완벽하게 구현해 냈다. 입구를 지키는 수호신이자 구엘 별장의 상징인 '용의 문'은 날카로운 이빨과 날름거리는 혀, 비늘까지 섬세하게 재현해 낸 용의 형상이 금방이라도 살아 움직일 듯 생생하고 위협적이다. 구엘은 이 별장을 계기로 가우디에게 전적인 지지와 신뢰를 보내게 됐고, 평생 아낌없이 후원했다. 유네스코 세계 문화유산에 가우디 작품이 7개가 등재돼 있는데, 그중 3개가 구엘의 의뢰와 지원으로 만들어졌으며, 그의 전폭적인 지원이 있었기에 가우디가 천재적인 역량을 마음껏 펼칠 수 있었던 것이다. 구엘이 죽고 난 후 별장은 분할돼 일부 조형물은 구엘 공원으로 옮겨지고 토지와 정원은 팔기나 스페인 왕가에 헌상했기 때문에 현재 남아 있는 별장은 아쉽게도 본래의 일부분에 불과하다. 지금은 카탈루냐 공과대학 건축학부의 가우디 기념 강좌 본부가 됐고, 마구간은 도서관과 연구실로, 축사는 바르셀로나 가우디 건축 대학원의 강의실로 사용되고 있다.

가상 현실, 모형으로 한눈에 보는 가우디
가우디 전시 센터 The Gaudí Exhibition Center [가우디 익스히비시온 센터]

주소 Pla de la Seu, 7, 08002 Barcelona **위치** L4 하우메 프리메로(Jaume I)역에서 도보 3분 **시간** 10:00~20:00 **요금** €15(성인), €7.5(9~18세) ※3D 가상 현실 체험 1인 €2 추가 **홈페이지** www.gaudiexhibitioncenter.com/ **전화** +34 932 68 75 82

2015년에 개장한 가우디 박물관으로, 3D 가상 현실 체험, 멀티미디어 홀로그램, 가우디 대표 작품의 모형과 문서, 사진 자료, 180도 비디오 영상 등으로 구성돼 있다. 람블라 거리 안쪽에 있는 바르셀로나 대성당 바로 옆에 있어 찾아가기도 좋고, 바르셀로나의 가우디 관련 시설 중 유일하게 한국어 음성 가이드가 제공된다. 실제 가우디의 건축물에 가기 전 이곳에서 사전 지식을 쌓는다면, 그의 작품을 직면했을 때보다 많은 것을 느낄 수 있다.

람블라 & 고딕 지구

La Rambla & Barrio Gòtic

바르셀로나 시내 중심인 카탈루냐 광장에서 지중해와 맞닿은 콜럼버스의 탑까지 1.3km에 이르는 거리를 람블라 거리라 한다. 보행자를 위한 넓은 인도에는 다양한 상점과 음식점이 있고, 길거리 예술가, 거리 공연자들

Best Course

L1, 3, 6, 7 Catalunya역
바로 앞
⬇
카탈루냐 광장
도보 6분
⬇
보케리아 시장
도보 5분
⬇
그랑하 라 팔라레사 (간식)
도보 3분
⬇
사바테르 호노스 (쇼핑)
도보 5분
⬇
바르셀로나 대성당
도보 6분
⬇
카탈루냐 음악당
도보 2분
⬇
라 돌카 에르미니아 (점심)
도보 7분
⬇
피카소 미술관
도보 2분
⬇
보른 지구
도보 3분
⬇
산타마리아 델 마르 성당
도보 15분
⬇
콜럼버스의 탑
도보 6분
⬇
바르셀로네타 앤 마레마그눔
도보 10분
⬇
퀴멧 & 퀴멧 (저녁)

이 이곳을 찾아 여행객은 물론 현지인들에게도 즐거움을 주는 곳이다. 바르셀로나 시내를 둘러보는 데 람블라 거리를 빼고 이야기를 할 수 없을 만큼 많은 관광지가 이곳을 중심으로 모여 있다. 미로처럼 얽혀 있는 좁은 골목길에 중세의 건물들이 모여 있는 고딕, 보른 지구 역시 람블라 거리에서 시작된다. 바르셀로나의 과거와 현재, 현지인과 관광객이 공존하고 있다.

• 찾아가기 •

바르셀로나 관광지의 중심이자 가장 번화한 카탈루냐 광장 Plaça de Catalunya 가까이에 있다. 카탈루냐광장 Plaça de Catalunya역은 지하철 L1, 3, 6, 7호선이 연결돼 있으며 1.3km에 다다르는 람블라 거리에는 지하철 L3호선이 관통하고 있어 리세우 Liceu역, 드라사네스 Drassanes역에 내리면 바로 람블라 거리와 고딕 지구가 연결돼 도보로 둘러볼 수 있다.

📍 **주요 지하철역**

L1, 3, 6, 7호선 카탈루냐광장Plaça de Catalunya역
L3호선 리세우Liceu역
L3호선 드라사네스Drassanes역

 바르셀로나 시내 여행의 중심이 되는 거리
카탈루냐광장 Plaça de Catalunya [플라자 데 카탈루냐]

주소 Plaça de Catalunya, 08002 Barcelona **위치** L1, 3, 6, 7 플라자 카탈루냐(Pl. Catalunya)역 바로 앞

바르셀로나를 대표하는 람블라 거리의 시작점이자 그라시아 거리가 시작되는 중심지다. 카탈루냐 광장을 기준으로, 남쪽으로는 람블라 거리를 따라 보케리아 시장, 피카소 미술관, 레이알 광장 등이 연결되며, 남동쪽으로는 바르셀로나 대성당과 카탈루냐 음악당, 고딕 지구, 북쪽으로는 그라시아 거리로 가우디를 대표하는 건축물인 카사 바트요, 카사 밀라를 만날 수 있고, 수많은 레스토랑과 숍도 같이 어우러져 있다. 또한 카탈루냐 광장은 바르셀로나 공항에서 출발하는 공항버스의 기점이자 종점이기도 해서 많은 관광객이 만나는 바르셀로나의 첫 모습이기도 하다. 바르셀로나의 수많은 지하철 노선이 카탈루냐 광장을 지나고 있어 바르셀로나 여행 시 교통의 중심이 되기도 한다. 카탈루냐 광장은 그리 넓지 않은 편으로 광장에는 분수, 여러 기념물과 유명 작가들의 동상들로 어우러져 있다. 광장 주변은 은행과 백화점, 쇼핑몰로 둘러싸여 있어 바르셀로나 현지인들 또한 자주 찾는 곳이기도 하다.

바르셀로나에서 가장 큰 백화점
엘 꼬르테 잉글레스 El Corte Ingles [엘 코르테 잉글레스]

주소 Avinguda del Portal de l'Àngel, 19, 08002 Barcelona **위치** L1 카탈루냐(Catalunya)역에서 도보 3분 후 카탈루냐 광장 안 **시간** 9:30~21:00 **휴무** 일요일 **전화** +34 933 06 38 00

스페인 최대 백화점인 엘 꼬르테 잉글레스 바르셀로나 지점이다. 이 백화점은 거의 모든 스페인 도시에 체인 형태로 운영되고 있다. 바르셀로나에서는 시내 중심가 카탈루냐 광장 바로 앞에 있으며 스페인 모든 브랜드뿐 아니라 해외 브랜드까지 한곳에서 구입할 수 있다. 또한 지하 식료품 매장은 반조리 식료품이 상당히 잘 구비돼 있어 아파트먼트에서 숙박하는 여행객들에게도 인기가 많으며, 고급스럽게 포장된 식료품과 와인을 좋은 가격에 구매할 수 있어 선물용으로도 좋아 많은 관광객들에게 인기가 많은 곳이기도 하다.

스페인을 상징하는 신발 브랜드
캠퍼 Camper [깜뻬르]

주소 Plaza de los Ángeles, 4, Bajos 3 08001 Barcelona **위치** L3 파싱 데 그라시아(Passeig de Gracia) 역에서 도보 3분 **시간** 10:00~21:00 **휴무** 일요일 **가격** €30~100 **홈페이지** www.camper.com **전화** +34 933 42 41 41

1975년에 스페인 마요르카섬에서 설립된 스페인을 대표하는 신발 브랜드다. 1981년 바르셀로나에 첫 번째 매장이 오픈됐으며 마요르카 농부들의 생활 습관에 맞춰 편안하고 튼튼한 신발을 만들며, 1877년부터 4대째 가업을 이어오고 있다. 캠퍼만의 독창적인 디자인은 현재 70개국에 700여 개의 매장을 오픈하며 전 세계의 인기를 얻고 있다. 한국에서는 아직까지도 고가에 판매되고 있지만 스페인에서는 반값 이하에 구입이 가능해 많은 여행객에게 필수 쇼핑 아이템으로 손꼽히고 있다.

 호안 미로의 작품을 밟으면서 걷는 거리
람블라 거리 La Rambla [라 람블라]

주소 La Rambla 08002 Barcelona **위치** 카탈루냐 광장에서 콜럼버스 동상까지

플라타너스 나무가 길게 이어져 있는 1.3km의 거리며, 스페인의 시인 페데리코 가르시아 로르카는 '끝나지 않기를 바라는 세계에서 하나뿐인 길'이라 말했을 만큼 평온하면서도 다양한 볼거리로 가득하다. 특히 거리 중심에는 스페인의 대표적인 예술가 호안 미로가 1976년 바르셀로나를 방문하는 사람들을 환영하는 의미로 람블라 거리에 모자이크 작품을 설치했다. 유명 작가의 예술 작품을 밟고 걸어갈 수 있는 쉽지 않은 기회다. 보행자 도로를 따라 걸으면서 중간중간 골목길로 들어가 탐색하는 소소한 재미를 즐겨 보는 것도 추천한다.

여행객들도 즐거운 재래시장
보케리아 시장 Mercat de la Boqueria [메르캇 데 라 보케리아]

주소 La Rambla, 91, 08001 Barcelona **위치** L3 리세우(Liceu)역에서 카탈루냐 광장 방향으로 도보 3분 **시간** 8:00~20:00 **전화** +34 933 18 25 84

800여 년 전부터 오래된 성벽 밖에 조성된 시장으로, 주로 고기를 파는 상인들이 모여 있었다. 이후 야채와 과일 등 다양한 상점이 모이기 시작해 규모를 넓혀 나갔다. 19세기부터 바르셀로나의 인구가 급격히 증가하면서 수도원과 성당 등 큰 종교 시설이 많아져 생활 공간이 부족했는데, 마침 시장 가까이에 방화로 잿더미가 된 성 요셉St.Josep 수도원 자리를 정부에서 매입해 시장으로 공식 개장하게 됐다. 현재의 지붕이 있는 시장의 모습을 갖추게 된 것은 1914년이었으며, 현지인과 주변 음식점을 위한 식재료를 공급하고 있으며, 여행객들을 위해 가볍게 즐길 수 있는 음식과 와인, 맥주 등을 판매하고 있다.

카탈루냐 전통 디저트와 추로스 전문점
그랑하 라 팔라레사 GRANJA LA PALLARESA [그랑하 라 팔라레사]

주소 Carrer de Petritxol, 11, 08002 Barcelona **위치** L3 리세우(Liceu)역에서 도보 5분 **시간** 9:00~13:00, 17:00~21:00 **가격** €2.85(추로스 1인), €1.85(초콜릿) **전화** +34 933 02 20 36

1947년부터 영업을 시작한 좁은 골목길에 자리 잡고 있는 아담한 추로스, 디저트 카페다. 현지인들이 많이 찾는 이곳은 영업 시작 전, 시에스타 끝난 직후부터 행렬이 생기는 경우도 종종 있을 만큼 인기가 많다. 기본 메뉴라고 할 수 있는 추로스와 생크림이 가득한 핫초코 외에 카탈루냐 지방의 명물인 크레마 카타라나Crema catalana(계란 푸딩의 일종) 등의 전통적인 디저트도 판매하고 있다. 좁은 골목길에 있어 찾아갈 때 주의해야 하며, 현금 결제만 가능하다.

전망대가 있는 역사 깊은 성당
바르셀로나 대성당 Catedral de Barcelona [카테드랄 데 바르셀로나]

주소 Pla de la Seu, s/n, 08002 Barcelona **위치** L4 하우메 프리메로(Jaume I) 역에서 도보 3분 **시간과 요금** 평일: 8:00~12:45(무료), 13:00~17:30(기부금 입장), 17:45~19:30(무료)/ 토요일: 8:00~12:45(무료), 13:00~17:00(기부금 입장), 17:15~20:00(무료)/ 일요일: 8:00~13:45, 17:15~20:00(미사 참가자만 무료입장), 14:00~17:00(기부금 입장) **전화** +34 933 15 15 54

로마 시대부터 가톨릭 성당이 있던 자리에 지어진 성당으로, 1298년부터 150여 년의 공사를 거쳐 지금의 모습을 갖추게 됐다. 본당 건물의 중앙 제단 지하에는 바르셀로나의 수호성인 산타 에우렐리아Santa Eulàlia(서기 303년 13세에 순교)의 유체가 모셔져 있다. 성당의 정면 파사드는 1888년 바르셀로나 만국 박람회 때 네오 고딕 양식으로 개장됐으며, 높이 90m의 첨탑을 전망대처럼 이용하기 시작했다. 오랜 역사를 갖고 있는 성당답게 다양한 시대의 장식 예술이 전시돼 있고, 작은 고딕 양식의 예배당 사이에는 예쁜 분수대와 나무로 우거진 회랑이 있다. 성당 앞의 리세우 광장에는 가우디 전시 센터와 피카소가 벽화를 그린 건축 설계사 건물Collegi d'Arquitectes de Catalunya이 있다.

한국인에게 가장 인기가 많은 추로스 맛집
츄레리아 Xurreria [츄레리아]

주소 Carrer dels Banys Nous, 8, 08002 Barcelona **위치** L3 리세우(Liceu)역에서 바르셀로나 대성당 방향으로 도보 3분 **시간** 월~금: 7:00~13:30, 15:30~20:15/ 토: 7:00~14:00, 15:30~20:30/ 일: 7:00~14:30, 16:30~20:30 **휴무** 수요일 **가격** €1.3(100g)

고딕 지구의 좁은 골목길에 있는 추로스 가게다. 한국 여행객들에게 추로스 맛집으로 익히 알려져 있는 곳으로, 우리나라 예능 프로그램에서도 소개됐다. 1968년부터 영업을 시작했으며 바르셀로나 대다수의 카페에서 판매되는 추로스가 이곳에서 납품된다 해도 과언이 아니라고 한다. 추로스는 무게에 따라 값이 계산되며(100g, €1.3) 설탕을 뿌려 담아 준다. 초콜라테(€2)는 다른 곳에 비해 묽고 설탕 맛이 강해 추로스의 유명세에 비해 맛이 뛰어나지 않은 편이다. 브레이크 타임이 있으니 방문 전에 영업시간을 확인해 보는 것이 좋다.

수도원의 수도자들이 만든 정성 가득한 디저트
카엘룸 Caelum [까엘룸]

주소 Carrer de la Palla, 8, 08002 Barcelona **위치** L3 리세우(Liceu)역에서 바르셀로나 대성당 방향으로 도보 5분 **시간** 10:00~21:00(금, 토요일은 22:00까지) **가격** €5~10(케이크), €3(커피) **전화** +34 933 02 69 93

스페인 전국에 있는 수도원의 수도자들이 스페인 전통 레시피를 이용해 정성껏 만든 디저트, 쿠키, 잼을 공수해서 판매하는 곳이다. 포장해 가기도 좋지만 지하의 티룸에서 여유로운 시간을 보내는 것을 추천한다. 다소 어두운 분위기의 티룸은 수도원을 연상시키는 앤티크한 공간으로, 대부분의 디저트와 쿠키는 €2~3 정도며, 커피와 티는 €3~5 정도다. 다양한 디저트가 설명, 사진 없이 제목만 적혀 있지만 영어 메뉴판이 있어 어렵지 않게 주문할 수 있다.

 3대째 운영하는 스페인 수제 비누 전문점
사바테르 흐노스 Sabater Hnos [사바테르 흐노스]

주소 Plaça de Sant Felip Neri, 1, 08002 Barcelona **위치** L4 하우메 프리메로(Jaume I)역에서 도보 5분 **시간** 10:30~21:00 **가격** €2~120 **홈페이지** www.sabaterhermanos.es/ **전화** +34 933 01 98 22

세바스찬 사바터 란존Sebastián Sabater Lanzone이 창립한 이후 80년째 운영되고 있는 수제 비누 전문점이다. 100% 식물성 기름으로 만들어진 천연 비누며, 30가지 이상의 향이 나는 제품들이 준비돼 있다. 피부 트러블에 좋은 티트리와 피부 재생에 좋다는 카렌듈라(금잔화) 비누가 가장 인기가 좋으며, 고급스러운 포장과 품질에 비해 저렴한 가격으로 바르셀로나 여행 기념 선물로 구입하기 좋아 인기가 많다.

 아르누보 건축물의 정수
카탈루냐 음악당 Palau de la Música Catalana [팔라우 데 라 뮤지카 카탈라나]

주소 C/ Palau de la Música, 4-6 08003 Barcelona **위치** L1, 4 우르키나오나(Urquinaona)역에서 도보 2분 **시간** 공연에 따라 가이드 투어 시간 변경(보통 16~18시 전후로 투어 진행) **요금** €18(가이드 투어), €10~50(공연마다 다름) **홈페이지**(가이드 투어, 공연 예약) www.palaumusica.cat/en/ **전화** +93 295 72 00

바르셀로나의 유네스코 세계 문화유산은 가우디의 건축물만 있는 것이 아니다. 가우디와 함께 아르누보 건축 양식을 크게 유행시킨 정치가이자 건축가인 루이스 도메네크 이 몬타네르Lluís Domènech i Montaner(1850~1923)가 설계한 카탈루냐 음악당과 산트 파우 병원도 1997년 유네스코 세계 문화유산으로 등록됐다. 화려한 모자이크, 스테인드글라스로 장식된 공연장은 가이드 투어로도 볼 수 있지만, 공연 감상을 하는 것을 추천한다. 거의 매일 공연을 하며, 저렴한 공연은 €10 정도고, 조금 비싼 공연도 €50 전후다.

Tip.
4월 23일은 스페인만의 발렌타인데이, 성 조르디의 날

'꽃의 건축가'라 불리는 몬타네르가 설계한 카탈루냐 음악당에는 장미를 모티브로 한 장식이 많다. 장미는 바르셀로나의 수호성인 중 한 명인 성 조르디|Sant Jordi와 관련이 있다. 오래전 성 조르디가 용에게 납치된 공주를 퇴치한 후 용의 피에서 붉은 장미꽃이 피어났다고 한다. 이후 성 조르디의 축일인 매년 4월 23일 여성이 남성에게 붉은 장미꽃을 선물했고, 20세기 초부터 여성은 남성에게 책을 선물했다고 한다. 4월 23일은 스페인의 발렌타인데이 같은 날이 되어 거리는 붉은 장미를 파는 노점으로 가득하고 책과 장미를 든 연인들로 축제 분위기가 펼쳐진다. 이러한 풍습과 함께 영국의 작가 셰익스피어의 생일도 4월 23일인데서 1995년 유네스코에서 이날을 세계 책과 저작권의 날로 정했다.

발렌시아식 먹물 파에야를 맛보고 싶다면
엘 글롭 El Glop [엘 글롭]

카탈루냐 광장에서 5분 거리에 위치한 레스토랑으로, 한국 여행객에게 '파에야 맛집'으로 알려진 곳이다. 바르셀로나 시내에 세 개의 지점(Braseria, Taverna, La Rambla)이 있으며 브라세리아 지점이 카탈루냐 광장과 인접해 있어 접근성이 더 좋은 편이다. 인기 메뉴는 먹물 파에야인 아로스 네그로 콘 세피아 이 알메하스ARROZ NEGRO CON SEPIA Y ALMEJAS(€14.9)로, 쫄깃하게 씹히는 오징어의 식감이 인상적이며, 아이올리 소스를 곁들이면 더욱 맛있다. 한국인들의 방문이 워낙 많다 보니 특별히 요청하지 않아도 일반 파에야보다 소금을 덜 넣어 조리가 되어 간이 적당하다. 뛰어난 맛집은 아니지만 부담 없이 파에야를 즐길 수 있는 레스토랑으로 추천하는 곳이다.

브라세리아 지점[Braseria]
주소 Carrer de Casp, 21, 08010 Barcelona **위치** 카탈루냐 광장에서 도보 3분 **시간** 7:30~24:00(평일), 12:00~24:00(주말) **가격** €12~20 **홈페이지** elglop.com **전화** +34 933 18 75 75

타베르나 지점[Taverna]
주소 Carrer de Sant Lluís, 24, 08012 Barcelona **위치** L4 호아닉(Joanic)역에서 도보 3분 **시간** 13:00~24:00(평일), 12:00~24:00(주말) **가격** €12~20 **전화** +34 932 13 70 58

라 람블라 지점[La Rambla]
주소 Rambla de Catalunya, 65, 08007 Barcelona **위치** 카사 바트요에서 도보 1분 **시간** 7:30~24:00(평일), 12:00~24:00(주말) **가격** €12~20 **전화** +34 934 87 00 97

 코스 요리를 맛있고 저렴하게 즐길 수 있는 레스토랑
라 돌카 에르미니아 La Dolca Herminia [라 돌카 에르미니아]

주소 Carrer de les Magdalenes, 27, 08002 Barcelona   **위치** 카탈루냐 광장에서 도보 5분   **시간** 13:00~15:45, 20:00~23:30(토/일요일은 20:30부터)   **가격** €10.95(메뉴 델 디아)   **전화** +34 933 17 06 76

카탈라냐 음악당 건너편에 위치한 레스토랑으로, '오늘의 메뉴'라는 뜻을 가진 '메뉴 델 디아 Menu del Dia'를 즐길 수 있는 곳이다. 메뉴 델 디아는 점심시간에 3코스 식사(€10.95)를 즐길 수 있도록 구성돼 현지인들도 점심 식사를 위해 이곳을 찾아 항상 북적인다. 식전 빵과 물 또는 와인 1/4병이 기본으로 제공되며 전채 요리 → 메인 요리 → 디저트로 구성돼 각 카테고리에서 원하는 메뉴를 하나씩 선택할 수 있다. 레스토랑에서 부담 없는 금액대로 코스 요리를 경험해 보고 싶다면 추천한다.

피카소 미술관 Museu Picasso [뮤제오 피카소]

피카소 작품의 일대기를 볼 수 있는 곳

주소 Carrer Montcada, 15-23, 08003 Barcelona **위치** L4 하우메 프리메로(Jaume I)역에서 카레 데 라 프린세사(carre de la princesa) 거리 따라 도보 5분 **시간** 9:00~20:30(화~수, 금~일), 10:00~17:00(월), 9:00~21:30(목)/ 무료입장: 18:00~21:30(매주 목요일), 9:00~19:00(매월 첫 번째 일요일) **요금** €12 **홈페이지**(사전 예약) www.museupicasso.bcn.cat/en/ **전화** +34 932 56 30 00

스페인 하면 빼놓을 수 없는 것이 역시 천재 화가 파블로 피카소Pablo Picasso(1881~1973)다. 몬트카다 거리에 위치한 피카소 미술관Museu Picasso은 바르셀로나에서 가장 방문할 만한 가치가 있는 미술관 중 하나이다. 1963년에 개관해 약 3,800여 점의 피카소 작품을 소장하고 있다. 화가의 초년기·성장기 작품이 주를 이룬다는 점에서 전성기 작품을 주로 보유하고 있는 파리 피카소 박물관과 구별된다. 몬트카다 거리는 중세기 시절 지중해를 기반으로 상업하던 상인들과 귀족들이 주로 살던 곳으로, 고풍스러운 건축물과 거리 풍경 그 자체가 유적지로 보존될 만큼 아름답고 낭만적인 곳이다. 또한 피카소가 미술 학교를 다니며 성장기를 보낸 곳으로, 피카소를 좋아하는 사람들에게는 감회가 남다를 것이다. 고딕 양식의 미술관은 14세기경 본래 옛 귀족들의 저택으로 지어졌으나 여러 차례의 개·보수를 거쳐 지금의 모습을 갖추었다. 전시 작품은 소묘, 판화, 도예, 유화 등으로 분류되는데, 피카소 생전에 개관했기 때문에 화가와 그의 부인이 직접 골라 기증한 작품이 천여 점에 이른다. 뿐만 아니라 피카소의 실제 생활 모습을 담은 사진들도 다양하게 전시되어 있어, 피카소가 화가로서 완성되기 전 성장기의 흔적이나 재능 그리고 그의 일상생활을 엿보는 재미가 충만하다. 일생에 걸친 화풍의 변화를 한눈에 훑어보는 영광도 빼놓을 수 없다. 피카소는 유일하게 존경하고 닮고 싶어 했던 벨라스케스Velázquez를 대부로 삼으며 평생 그를 뛰어넘기 위해 노력했다. 벨라스케스의 그림을 모작해 피카소만의 재치와 상상력으로 응용한 〈시녀들 Las Meninas〉 연작은 굉장히 흥미롭고 뛰어나 전시된 작품들 중에서도 단연 손에 꼽힌다.

 바르셀로나 고딕 지구의 떠오르는 지역
보른 지구 El Born [엘 보른]

주소 El Born Barcelona **위치** L4 바르셀로네타(Barceloneta)역에서 도보 3분

고딕 지구와 맞닿은 구시가지 한가운데에 보른 지구가 있다. 관광객들의 발걸음이 뜸하던 이곳에 젊은 아티스트들이 터를 잡으며 몇 년 전부터 각광받기 시작했다. 작은 골목들이 거미줄처럼 이어지고 햇빛이 거의 들지 않아 유럽 어딘가의 오래된 거리 속을 걷는 느낌이 든다. 바르셀로나에 익숙지 않은 여행객들이 보기에는 외지고 위험해 보일 수 있으나 일단 보른 지구로 발을 들여 놓으면 넘쳐나는 예쁜 공방들, 늘어선 꽃집, 천연 가죽만 사용하는 소품점, 신예 디자이너들의 개성 넘치는 작업실 등 구시가지에서는 볼 수 없던 새로운 매력에 사로잡히게 될 것이다. 아기자기하고 개성 넘치는 디자인의 생활 잡화나 패션 소품들을 어렵지 않게 찾을 수 있어 지인 선물을 고르기에도 좋다. 바르셀로나에서 가장 맛있는 크루아상인 호프만Hofmann의 크루아상을 맛보는 것도 필수다. 영화 〈향수〉의 마지막 장면의 배경으로도 사용됐다.

바르셀로나 최고의 젤라토 맛집
고세 디 라테 Gocce di latte [고세 디 라테]

주소 Pla de Palau, 4, 08003 Barcelona **위치** L4 하우메 프리메로(Jaume I)역에서 해변 쪽으로 도보 5분 **시간** 12:00~24:00(일~목), 12:00~24:30(금~토) **가격** €3.3~6

이탈리아어로 '우유 한 방울'이라는 뜻을 가진 이탈리아의 레체, 제노아 출신의 두 주인이 운영하고 있는 젤라토 가게다. 보른 지구에 있으며 젤라토뿐만 아니라 밀크세이크, 팬케이크, 크레이프 등 다양한 디저트를 판매하고 있다. 20여 가지의 다양한 젤라토가 있으며, 색다른 맛을 내는 실험적인 젤라토를 시도해 보는 것도 좋다. 페케나Pequena[Small](€2.9), 메디아나Mediana[Medium](€3.8), 그란데Grande[Large](€5.5)며 늦은 밤까지 영업하니 야경 감상 후 쫀득한 젤라토 한 스쿱과 함께 일정을 마무리하는 것도 좋다.

이베리아식 돼지고기 요리를 맛보고 싶다면
포르크 보이그 페르 투 PORK boig per tu [포르크 보이그 페르 투]

주소 Carrer del Consolat de Mar, 15, 08003 Barcelona **위치** L4 하우메 프리메로(Jaume I)역에서 해변 쪽으로 도보 5분 **시간** 12:30~24:30(일~목), 12:30~다음 날 1:00(금~토) **가격** €15~20(1인 기준) **전화** +34 932 95 66 36

보른 지구와 바르셀로네타역에서 가까운 곳에 위치한 돼지고기 요리 전문 레스토랑이다. 돼지를 모티브로 한 깔끔한 내부 인테리어가 눈길을 끌고, 샐러드, 피자, 파에야 등 다양한 메뉴가 있어 선택의 폭이 넓다. 돼지고기는 부위별로(100g 기준) 주문해 맛볼 수 있고, 가장 유명한 임페리얼 너클 Imperial Knuckle(€30)은 이베리코 정강이 구이로, 겉은 바삭하고 속은 촉

촉한 육질이 특징이며, 2~3인이 배부르게 식사할 수 있는 양이다. 브레이크 타임 없이 영업을 하고 있어 언제든지 식사할 수 있는 장점이 있으며 홈페이지를 통해 예약이 가능하다. 특히 임페리얼 너클의 경우 조리 시간이 40분 소요되므로 시간 절약을 위해 예약 시 사전에 주문을 해놓는 것이 좋다.

 바르셀로네타 해변에 위치한 먹물 파에야 맛집
마리나 베이 Marina Bay [마리나베이]

주소 Carrer de la Marina, 19-21, 08005 Barcelona **위치** L4 시우타델라 빌라 올림피카(Ciutadella Vila Olímpica)역에서 해변 쪽으로 도보 5분 **시간** 11:00~다음 날 2:00 **가격** €20~25 **홈페이지** www.monchos.com/en/restaurante/marina-bay-10.html **전화** +34 93 221 15 14

바르셀로네타에 위치한 해산물 레스토랑이다. 내부로 들어가면 한쪽에 신선한 해산물들이 준비돼 있어 입맛을 자극한다. 새우 요리인 감바스 아 라 가바르디나Grambas a La gabardina(€11.9), 먹물 파에야인 아로스 네그로 데 깔라마르시토스Arroz Negro de calamarcitos(€18.85)가 맛있기로 유명하며, 파에야는 1인분씩 주문도 가능하다. 레스토랑 규모가 큰 편이라 기다리지 않고 식사할 수 있는 장점이 있으며, 특히 2층 창가 쪽에 앉으면 바다에 정박돼 있는 요트를 볼 수 있다. 바르셀로네타 지역에 위치한 만큼 금액대는 다소 높은 편이지만 한국인들의 입맛에 맞는 음식들로 여행객들의 발길이 끊이지 않는 레스토랑이다.

바르셀로나에서 가장 아름다운 고딕 양식의 성당
산타마리아 델 마르 성당 Santa Maria del Mar [산타마리아 델 마르]

주소 Plaça de Santa Maria, 1, 08003 Barcelona **위치** L3 리세우(Liceu)역 또는 L4 바르셀로네타(Barceloneta)역에서 도보 5분 후 피카소 미술관 근처 **시간** 월~토: 9:00~13:00, 17:00~20:30/ 일: 10:00~14:00, 17:00~20:00 **요금** €5 *5시 이후 무료 **홈페이지** (사전 예약) www.santamariadelmarbarcelona.org **전화** +34 933 10 23 90

'바다의 성모 마리아'라는 뜻의 산타마리아 델 마르 성당은 14세기경 지중해 무역의 전성기 시대에 부유했던 선주들과 상인들이 기금을 모아 지은 성당이다. 어부들이 바다에 나가기 전 만선과 무사귀환을 기원하며 기도를 올리던 곳이다. 주 제단의 성모 마리아상 아래에는 배 모양의 장식이 놓여져 있고, 성당 정문에는 어부들이 직접 돌을 지고 나르며 성당을 짓는 모습을 부조로 새겨 두었다. 지진과 내전을 겪으며 많이 손실됐고, 벽면 곳곳에 불에 그을린 흔적을 어렵지 않게 찾아볼 수 있으며, 천장의 벽화는 아직 보수 중이지만 여전히 고딕 양식의 진수를 보여 주는 가장 아름다운 건축물로 인정받는다. 주말 오후에는 현지인들이 성당 앞에 둥그렇게 모여 카탈루냐 지방의 전통 춤인 사르다나를 추는 모습을 구경할 수 있고, 시간을 잘 맞춰 가면 클래식 음악회나 성가대 공연도 즐길 수 있다.

이사벨 여왕이 마중 나왔던 곳에 세워진 콜럼버스 동상
콜럼버스의 탑 Mirador de colom [미라도르 데 콜롬]

주소 Plaça Portal de la pau, 08001 Barcelona **위치** L3 드라사네스(Drassanes)역에서 도보 3분 후 람블라 거리 끝 **시간** 8:30~20:30 **요금** €5.4

람블라 거리의 남쪽 끝 파우 광장에 높이 60m의 크리스토퍼 콜럼버스Christopher Columbus(1451~1506)의 탑이 세워져 있다. 1888년 만국 박람회 때 미국과의 교역을 기념하며 지어진 것으로, 콜럼버스가 한 손에 미국의 토산품인 파이프를 들고 다른 한 손으로는 지중해를 가리키며 서 있다. 바다를 가리키는 손은 실제로 아메리카 대륙에 도착했지만 원래 그가 가고자 했던 방향인 인도 쪽을 향하고 있다. 콜럼버스는 아메리카 대륙의 인적·물적 자원을 공수해옴으로써 에스파냐가 막강한 산업국가로 성장하는 데 크게 기여했다. 계단을 따라 지하 내부로 들어가면 탑에 대한 설명과 기념품 상점이 있고, 좁은 내부를 통해 엘리베이터를 타고 올라가면 360도로 개방된 전망대가 있다.

 바르셀로나 최고의 인기 타파스 맛집
퀴멧 & 퀴멧 Quimet & Quimet [퀴멧 & 퀴멧]

주소 Carrer del Poeta Cabanyes, 25, 08004 Barcelona **위치** L2, 3 파랄·렐(Paral·lel)역에서 도보 3분 **시간** 12:00~16:00, 18:00~22:30 **휴무** 토, 일요일 **가격** €5~10 **전화** +34 934 42 31 42

앉을 자리 없이 스탠딩 테이블 몇 개가 전부지만 항상 사람들로 북적이는 타파스 맛집이다. 벽을 꽉 채우고 있는 와인병이 인상적이며, 메뉴판을 보고 주문하거나 원하는 재료를 선택하면 맞춤으로 타파스를 만들어 준다. 대표 메뉴는 살몬Salmon, 요거트 앤 트루그레드 허니Yoghurt & Truggled Honey(€3), 프라운스 앤 베이크드 페퍼Prawns & Baked Pepper(€3)와 이곳에서 직접 만든 스페셜 흑맥주 퀴멧 앤 퀴멧 비어 Quimet&Quimet Beer(€2.7)가 있다. 크기가 큰 편이라 타파스 두 개에 맥주 한 잔이면 한 끼 식사로도 충분하다.

 도심에서 즐기는 해수욕과 쇼핑
바르셀로네타 앤 마레마그눔 La Barceloneta & Maremagnum
[라 바르셀로네타 마레마그눔]

주소 Edifici Maremàgnum, Moll d'Espanya, 5, 08039 Barcelona **위치** ①L4 시우타델라(Ciutadella) 또는 빌라 올림피카(Vila Olimpica)역 하차 ②D20, 59, 45번 버스 타고 플라타 데 라 바르셀로네타(Platja de la Barceloneta) 정류장 하차 **시간** 10:00~22:00 **홈페이지**(사전 예약) es.club-onlyou.com/Maremagnum **전화** +34 932 25 81 00

람블라 거리에서 멀지 않은 곳에 지중해의 낭만으로 가득 찬 바르셀로네타 해변이 펼쳐져 있다. 도심에서 가까운 거리로, 도보도 가능하고 버스나 지하철 이용도 용이해 관광객들에게 가장 사랑받는 해변이다. 평화로운 지중해 해안선을 따라 산책로와 자전거 전용 도로가 말끔하게 정리돼 있고, 해변가는 일광욕이나 서핑, 조깅을 즐기는 사람들로 항상 북적인다. 산책로에서 이어지는 몰 데 라 푸스타Moll de la Fusta 거리에는 해산물 전문 레스토랑이 즐비하고, 카탈루냐 고대 유물이나 영상 같은 역사적 자료를 전시해 놓은 '카탈루냐 역사 박물관'도 웅장하게 서 있다. 몰 데 라 푸스타 거리를 지나면 포트벨 항구 선착장에 고급 요트들이 그림같이 정박돼 있고, 옆으로는 대형 쇼핑몰인 마레마그눔이 들어서 있다. 뜨거운 지중해 태양을 피해 유명 브랜드와 체인점들이 모여 있는 종합 쇼핑몰에서 잠시 열을 식히는 것도 좋다.

바르셀로나 시민들에게 사랑받는 공원
시우타델라 공원 Parc de la Ciutadella [파르크 데 라 시우타델라]

주소 Passeig de Picasso, 21, 08003 Barcelona **위치** L4 바르셀로네타(Barceloneta)역 또는 L1 마리나(Marina)역에서 도보 5분 **전화** +34 638 23 71 15

바르셀로나의 허파 역할을 하는 시우타델라 공원은 본래 군사적 요새로 만들어졌으나 1888년 만국 박람회 개최 구역으로 지정되면서 건축가 조셉 폰세레Josep Fontseré에 의해 만인에게 사랑받는 도심 속 공원으로 탈바꿈했다. 이국적인 열대 식물이 가득하고 조형물들과 아름답게 조화를 이루어 현지인들의 일상생활과 휴식을 엿볼 수 있는 쉼터이자 놀이터로 사랑받고 있다. 당시 학생이었던 가우디가 조셉 폰세레와 공동 설계했다는 분수는 로마 트레비 분수의 영향을 받아 고대 신화를 연상시키듯 웅장하고 화려하며 성스럽다. 공원 중앙에는 보트를 탈 수 있는 호수가 있고 세계의 진귀한 동물을 박제해 전시하고 있는 동물학 박물관도 있다. 이 박물관은 산트 파우 병원이나 카탈루냐 음악당으로 잘 알려진 건축가 몬타네르의 작품으로 박람회 당시에는 레스토랑으로 쓰여졌다.

몬 주 익
Montjuïc

몬주익은 산을 뜻하는 마운틴Mountain과 유대인을 뜻하는 주스Juice를 합쳐 만들어진 단어로, '유대인의 산'이라는 뜻이다. 바르셀로나 남서부에 위치하고 해발 213m로 낮지만 가파른 언덕인 몬주익은 14세기경 스페인에서 쫓겨날 위기에 몰린 유대인들이 모여 살다 결국 핍박받고 처형 당해 묻힌 곳이다. 땅을 파면 유골이 나올 정도로 희생자가 많다 하여 '눈물의 언덕'이라고도 불렸다. 1929년 만

Best Course

L2, 3 Paral-lel역
등산 열차 5분 & 곤돌라 10분

⬇

몬주익 언덕 & 몬주익성

도보 15분
⬇

미라마르 전망대
도보 12분
⬇

호안 미로 미술관
도보 5분
⬇

올림픽 스타디움 & 황영조 기념비

도보 6분
⬇

카탈루냐 미술관
도보 6분
⬇

스페인 마을
도보 6분
⬇

바르셀로나 매직 분수

국 박람회가 열리고, 1992년 올림픽이 개최되면서 문화적으로 주목받으며 바르셀로나의 랜드마크로 자리 잡았으며 바르셀로나 시내와 지중해의 절경을 한눈에 담을 수 있는 가장 멋진 뷰 포인트이기도 하다. 또한 각종 갤러리와 야외극장 및 다양한 레저 시설과 체육 시설이 마련돼 있어 시민들의 문화 휴식 공간으로도 사랑받고 있다.

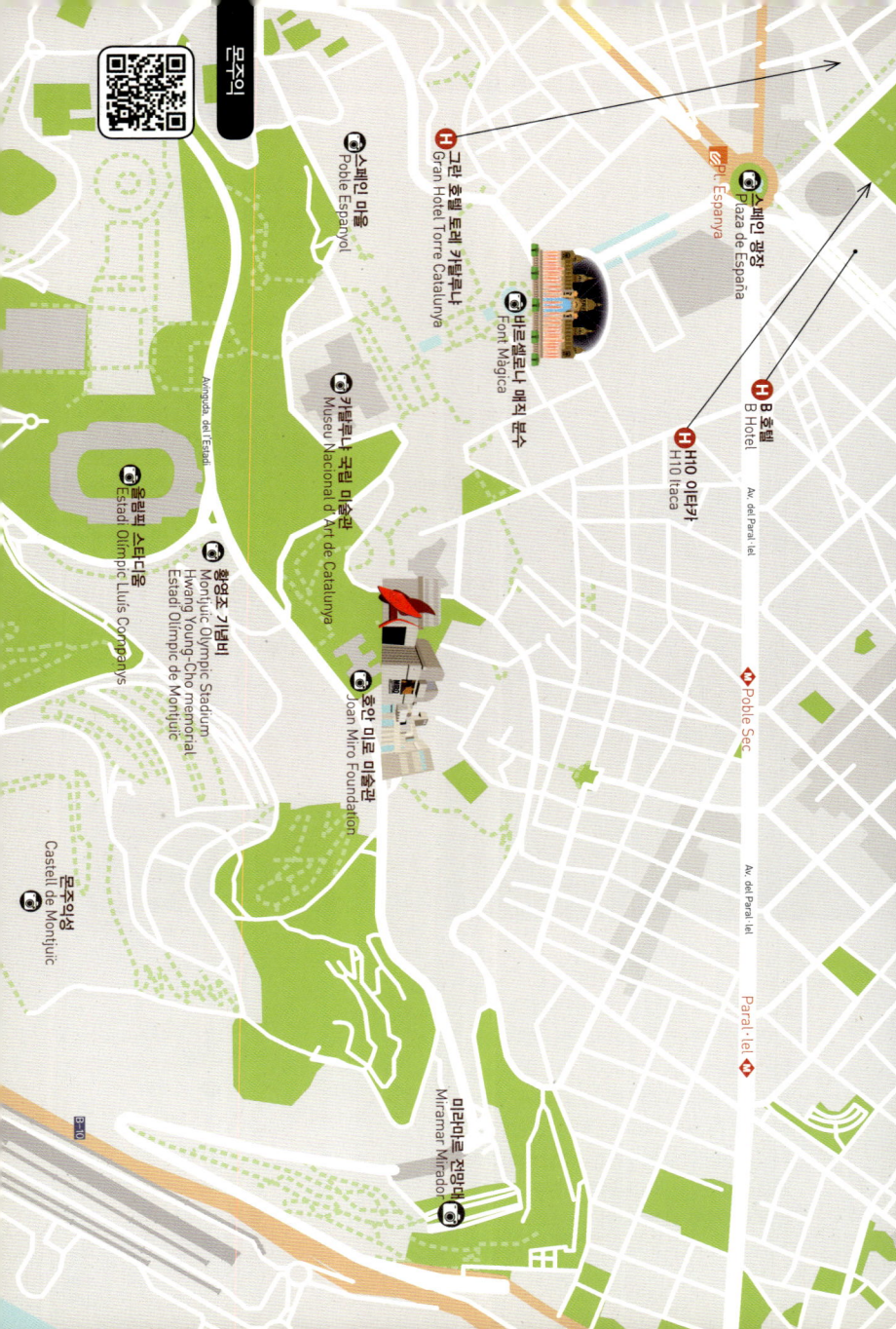

• 찾아가기 •

에스파냐광장Pl. Espanya역에서 나와 바르셀로나 매직 분수쇼를 하는 방향으로 올라가면 카탈루냐 국립 미술관 Museu Nacional d'Art de Catalunya이 있으며 이곳에서 몬주익 언덕을 도보로 모두 둘러볼 수 있다. 또는 L3 파라렐 Paral lel역에서 몬주익 언덕으로 올라가는 푸니쿨라를 이용해 올라갈 수 있으며, 바르셀로나 항구를 바라보며 올라가고 싶다면 미라도르 델 포블 섹 Mirador del Poble Sec 공원에서 텔레페리코 델 푸에르도 Teleférico Del Puerto 케이블카 정류장에서 케이블로 올라갈 수 있다.

📍 **주요 지하철역**
L1, 3, 8호선 에스파냐광장Pl. Espanya역
L2, 3호선 파랄 렐Paral lel역
케이블카 텔레페리코 델 푸에르도Teleférico Del Puerto

스페인의 과거가 묻어 있는 성
몬주익성 Castell de Montjuïc [카스텔 데 몬주익]

주소 Ctra. de Montjuïc, 66, 08038 Barcelona **위치** 150번 버스 타고 카스텔 데 몬주익(Castell de Montjuïc) 정류장 하차 **시간** 10:00~18:00 **요금** €5 **전화** +34 932 56 44 45

몬주익성은 '유대인들의 성'이라는 뜻으로, 1640년 농민전쟁 당시 펠리페 군대에 대항한 반란군들이 단 30일 만에 지어낸 성이다. 원래 바르셀로나 시내와 항구를 감시하는 군사 요새의 용도로 지어진 몬주익성은 프랑코 정권이 들어선 이후부터는 공산주의자를 수용하는 감옥이나 무기 창고, 처형소 등으로 사용됐다. 그 후 1960년 프랑코 총통의 명령으로 수리 보수해 무기를 전시하는 군사 박물관으로 바뀌어 일반인에게도 개방되고 있다. 여름에는 야외 필름 페스티벌이 개최되고, 성의 외곽은 지중해와 바르셀로나 시내를 한눈에 내려다볼 수 있는 최적의 산책로이자 휴식 공간으로 손색이 없다. 걷는 것에 지쳤다면 편하게 곤돌라를 타고 지중해 풍경을 감상하며 여독에 지친 몸을 잠시 쉬어 가는 것도 좋다.

베스트 뷰 포인트 중 한 곳
미라마르 전망대 Miramar Mirador [미라마르 미라도르]

주소 Ctra. de Miramar, 40, 08038 Barcelona **위치** 150번 버스 타고 카스텔 데 몬주익(Castell de Montjuïc) 정류장 하차 후 도보 10분 뒤 몬주익 언덕 위 **시간** 12:00~16:00, 20:00~24:00 **전화** +34 934 43 66 27

'바다를 본다'라는 뜻의 미라마르 전망대는 수려한 지중해와 구시가지 풍경을 한눈에 조망할 수 있는 바르셀로나 최고의 뷰 포인트로 인기가 높다. 낮에는 애완견과 산책을 하거나 요가를 하고, 저녁에는 잔디에 앉아 와인을 마시며 지중해 석양을 즐기는 현지인들을 어렵지 않게 볼 수 있다. 전망대 내부의 카페테리아는 탁 트인 전경을 발 아래 두고 보며 음료와 식사를 즐길 수 있어 여행객들이 잠시 피로를 풀기 위해 많이 찾는 곳이다. 미라마르 전망대의 한편에는 선인장 정원이 꾸며져 있는데, 희귀종을 포함해 200여 점이 넘는 전 세계 선인장들을 이곳에 옮겨 놓아 색다른 재미를 즐길 수 있다.

 스페인이 사랑한 천재적인 화가의 작품을 볼 수 있는 곳
호안 미로 미술관 Fundació Joan Miró [푼다시오 호안 미로]

주소 Parc de Montjuïc, s/n, 08038 Barcelona **위치** 55, 150번 버스 타고 메트로폴리탄스 데 바르셀로나(Metropolitans de Barcelona) 정류장 하차 **시간** 10:00~20:00(화, 수, 금, 토), 10:00~21:00(목), 10:00~15:00(일) *동절기 18:00까지 **휴무** 월요일 **요금** €12 **홈페이지**(사전 예약) www.fmirobcn.org **전화** +34 934 439 470

몬주익 언덕 중턱에 순백색의 모던한 건물이 눈에 띄는데, 이곳이 바로 카탈루냐가 낳은 천재 예술가 호안 미로Joan Miro(1893~1983)의 미술관이다. 그는 천재적인 화가이자 조각가이자 도예가였으며, 추상적이고 자유분방한 작품으로 세계에 이름을 떨친 초현실주의의 거장이다. 이곳은 본래 화가의 작업실이었는데, 미로가 현대 미술의 발전과 신생 예술가들의 성장을 장려하기 위해 1975년 수백여 점의 회화와 조각 등을 기증하며 미술관으로 개관했다. 정식 명칭은 '호안 미로 재단'이다. 미로는 색채 사용에 과감했고 자신의 내면을 거짓이나 꾸밈없이 가장 순수하고 솔직하게 작품에 담아냈다. 마치 아이가 낙서로 그려낸 듯 인위적인 사고를 피하고 그저 의식이 흐르는 대로 그림을 그리는 화법인 오토마티즘의 대표적인 화가이기도 하다. 스페  인 관광청의 로고 역시 '스페인, 태양 아래의 다양한 모습'이라는 슬로건으로 1982년 89세의 호안 미로가 국가에 선물한 것이며 관광 산업이 중요한 스페인에서 40여 년 가까이 사용되는 것으로 보아 스페인 정부가 호안 미로의 예술적인 감각을 얼마나 중요시 하는지를 엿볼 수 있다.

바르셀로나 올림픽의 중심
올림픽 스타디움 Estadi Olímpic Lluís Companys [에스타디 올림픽 류이스 콤파니스]

주소 Avinguda de l'estadi, 60, 08038 Barcelona **위치** 13, 55번 버스 타고 올림픽 스타디움(Olympic Stadium) 정류장 하차 후 몬주익 언덕 위 **전화** +34 426 06 60

1927년 박람회를 위해 처음 지어졌으며 이후 올림픽을 개최하며 전체적으로 재정비했다. 특이한 점은 보통 육상 트랙은 붉은색인데, 이곳은 파란색으로 깔려 있어 선수들의 집중력을 향상시키고 화면으로 보는 시청자들의 눈의 피로도 덜어 준다고 한다. 1992년 바르셀로나 올림픽에서 황영조 선수가 금메달을 목에 걸었던 역사적 마라톤 경기의 결승점이기도 하다. 이후에는 축구 대표팀의 홈구장으로 사용되거나 유명 음악가들의 콘서트를 개최해 경기장 활용 방법의 모범 사례로 뽑힌다. 스타디움 앞에는 번개 모양을 형상화한 듯한 하얀색의 거대한 조형물이 있는데, 세계적인 건축가 칼라바트라가 디자인한 '칼라바트라 송신탑'으로 올림픽 방송을 전 세계로 송신했던 몬주익 커뮤니케이션 타워다.

몬주익의 영웅, 마라토너 황영조를 기린 곳
황영조 기념비 Montjuic Olympic Stadium Hwang Young-Cho memorial Estadi Olímpic de Montjuïc [몬주익 올림픽 스타디움 황영조 메모리얼 에스타디 올림픽 데 몬주익]

주소 Avinguda de l'estadi, 60, 08038 Barcelona **위치** 올림픽 스타디움 옆

1936년 베를린 올림픽의 손기정 선수 이후 56년 만에 두 번째로 아시아에서 마라톤 우승자가 나왔는데, 바로 1992년 바르셀로나 올림픽 금메달리스트 황영조 선수다. 올림픽 스타디움 바로 맞은편에 황영조 선수의 기념비가 세워져 있다. 황영조 선수는 경주 말미에 경사가 가팔라 죽음의 코스로 불리는 몬주익 언덕에서 선두를 다투던 일본의 모리시타 고이치 선수를 제치고 극적으로 금메달을 목에 걸어 대한민국을 열광하게 만들었던 감동적인 역사를 선물한 사람이다. 그날 처음으로 올림픽 스타디움에 애국가가 울려 퍼졌고 사람들은 그를 '몬주익의 영웅'이라 불렀다.

'전능하신 그리스도' 벽화가 있는 로마네스크의 보고
카탈루냐 국립 미술관 Museu Nacional d'Art de Catalunya
[무제우 나씨오날 드 아르떼 카탈루냐]

주소 Palau Nacional, Parc de Montjuïc, s/n, 08038 Barcelona **위치** L1, 3, 8 플라자 에스파냐(Plaza Espana)역에서 몬주익 언덕 방향으로 도보 10분 **시간** 10:00~20:00(화~토), 10:00~15:00(일) **휴무** 월요일 **요금** €12 **홈페이지**(사전 예약) www.museunacional.cat **전화** +34 936 22 03 60

로마네스크 미술의 보고로 알려진 카탈루냐 국립 미술관은 원래 전시관으로 지어졌던 건물을 수리해 1934년 미술관으로 개관했으며, 19~20세기 카탈루냐 중세 미술을 중심으로 근세 이후의 작품까지 시대를 아우르는 방대한 컬렉션으로 유명하다. 특히 로마네스크 벽화는 유럽에서 그 우위를 견줄 데가 없는 독보적인 컬렉션으로 인정받고 있으며, 연대순으로 전시돼 있어 이해와 감상이 용이하다. 카탈루냐 전 지역에 분포돼 있던 벽화나 천장화 같은 수많은 유물이 전쟁과 건물 개·보수 등으로 점점 훼손되자 이를 한곳에 모아 보존하기 위해 미술관으로 옮겨 놓은 것이다. 수집된 벽화들은 미술관에서 최대한 원본에 가깝도록 복원했고, 원래 있던 성당의 벽 모습을 그대로 재현하며 벽화를 설치했다. 대표작으로 클레멘트Sant Climent 성당의 벽화 '전능하신 그리스도'가 있다. 미술관 정문 앞은 바르셀로나 매직 분수 쇼를 감상할 수 있는 최적의 장소로도 유명한데, 미술관을 등지고 바르셀로나 시내를 배경으로 하여 감상하는 매직 분수 쇼는 그야말로 장관이다. 혹 분수 쇼가 열리지 않았다면, 미술관 앞 계단에 앉아 거리의 악사가 연주하는 음악을 들으며 지는 석양을 감상하는 것만으로도 충분히 낭만적이니 놓치지 말자.

스페인을 한눈에 볼 수 있는 미니어처 마을
스페인마을 Poble Espanyol de Montjuic [포블 에스파뇰 데 몬주익]

주소 Av Francesc Ferrer i Guardia, 13, 08038 Barcelona **위치** 13, 23, 150번 버스 타고 포블레 에스파뇰(Poble Espanyol) 정류장 하차 후 몬주익 언덕 위 **시간** 8:00~20:00(월), 8:00~24:00(화, 수, 목, 일), 9:00~다음 날 3:00(금, 토) **요금** €12.6(성인), €10.5(학생) **홈페이지**(사전 예약) www.poble-espanyol.com **전화** +34 935 08 63 00

스페인 전역의 유명한 건축물들을 그대로 재현해 놓은 테마파크로, 1929년 박람회 당시에만 전시할 목적으로 지어졌다가 인기가 많아 지금까지 운영되고 있다. 분위기를 압도하는 거대한 입구는 아빌라의 성채를 본떠 만든 것이고, 100여 개가 넘는 내부 건물은 스페인 각 지방 고유의 전통 방식으로 지어져 실제 그 도시에 와 있는 것 같은 느낌을 받는다. 다양한 문화와 건축 양식을 한자리에서 비교 감상해 볼 수 있어 가장 마음에 드는 건물을 찾아보는 것도 재미있다. 뿐만 아니라 수십 개의 공방과 레스토랑, 각 지역의 특산품을 판매하는 기념품점 등이 즐비해 볼거리가 많다. 장인들이 직접 입김을 불어가며 만드는 유리 공예는 특히 인기가 많다.

세계 3대 분수 쇼 중 하나
바르셀로나 매직 분수 Font Màgica [폰트 마히카]

주소 Plaça de Carles Buïgas, 1, 08038 Barcelona **위치** L1, 3, 8 플라자 에스파냐(Plaza Espana)역에서 몬주익 언덕 방향으로 도보 5분 **홈페이지**(사전 예약) www.bcn.es/fontmagica

바르셀로나 매직 분수는 1929년 국제 박람회 개최를 위해 에스파냐 광장에 만들어진 바르셀로나의 가장 큰 분수이자 랜드마크다. 건축가 카를레스 뷔가스Carles Buigas가 '빛의 예술'이라는 프로젝트로 기획해 만들었으며 국제 박람회의 위대한 성공작 중 하나로 평가받는다. 세계 3대 분수에 들 정도로 그 아름다움과 명성이 자자해 분수 쇼를 즐기려는 사람들로 인산인해를 이룬다. 바르셀로나 매직 분수는 3,620개의 분출구에서 1초에 2,600L 물을 최고 54m까지 내뿜어 화려한 볼거리를 제공하는데, 클래식, 재즈, 팝 등 다양한 장르의 음악에 맞춰 형형색색의 휘황찬란한 물줄기가 춤을 추듯이 황홀해 바르셀로나 저녁의 스카이라인과 어우러져 가장 인기 있는 명소 중 하나가 됐다. 분수 가까이에서 음악을 들으며 시원한 물줄기를 온몸으로 느끼는 것도 좋지만, 카탈루냐 국립 미술관까지 올라가서 멀리 구시가지의 풍경을 함께 내려다보는 것 역시 또 다른 장관을 연출하니 놓치지 말자. 관광객이 많이 몰리는 만큼 좋은 자리에서 보려면 쇼가 시작하기 전에 미리 자리를 잡아야 하고, 소매치기를 당하지 않도록 주의해야 한다. 분수 쇼 시간은 계절에 따라 달라지기 때문에 미리 확인이 필수며, 보통 30분~1시간 이상 관람하기 때문에 충분히 즐기기 위해 간단한 음료와 간식을 미리 준비하면 좋다.

Tip.
분수 쇼 시간표

4~5월	목·금·토 21:00~22:00
6~9월	수·목·금·토·일 21:30~22:30 (21:30, 22:00, 30분씩)
10월	목·금·토 21:00~22:00
11~3월	목·금·토 20:00~1:00
1~2월	매년 정기 보수 기간이 있으니 확인 요망

※ 매년 날짜와 시간이 상이하게 변경될 수 있으니 다시 한 번 체크하는 것이 좋다.

 바르셀로나 뷰 포인트 중 유명한 곳
스페인광장 Plaza de España [플라자 데 에스파냐]

주소 Av. del Para lel, 08015 Barcelona **위치** L1, 3, 8 플라자 에스파냐(Plaza Espana)역에서 바로

1929년 박람회 당시 만들어진 로터리 형태의 광장으로, 가운데는 조각으로 장식된 중앙탑이 서 있고, 남동쪽으로는 47m 높이의 베네치아 쌍둥이 타워가 입구를 지키듯 우뚝 솟아 있으며, 그 뒤로 몬주익 언덕과 카탈루냐 국립 미술관이 그림처럼 펼쳐진다. 광장 옆으로 복합 쇼핑몰 아레나가 있다. 아레나는 원래 바르셀로나에서 가장 큰 투우 경기장이었으나 도시에서 투우 경기가 금지되면서 지붕을 얹고 개조해 복합 쇼핑몰로 사용하고 있다. 옥상 전망대는 무료로 이용할 수 있을 뿐더러 몬주익 언덕을 포함한 바르셀로나 시내를 한눈에 내려다볼 수 있는 뷰 포인트로 알려져 있다.

· 바르셀로나 조금 더 보기 ·

바르셀로나의 인기 관광지 중에는 시내 중심에서 다소 떨어진 곳에도 있다. 단기 일정이라면 쉽게 방문하기 어렵겠지만, 바르셀로나에서 3~4일 이상 머문다면 방문해 볼 만하다. 물론 단기 일정에서도 꼭 가고 싶다면 충분히 찾아갈 수 있는 곳들이다.

바르셀로나의 미래를 상징하는 건축물
아그바 타워 Torre Agbar / A gbar Tower [토레 아그바]

주소 Avinguda Diagonal, 211, 08018 Barcelona **위치** L1 글로리에스(Glòries)역에서 도보 5분 **시간** 9:00~18:00 **휴무** 토, 일요일

물을 뜻하는 단어 '아구아agua'와 바르셀로나Barcelona의 머리글자를 따서 만든 이름인 아그바 타워는 프랑스 저명한 건축가 장 누벨Jean Nouvel이 설계한 건물로, 지상 34층, 지하 4층, 144m의 거대한 몸집을 자랑하는 바르셀로나에서 세 번째로 높은 건물이다. 2005년 저층의 격자형 중세 도시 한가운데에 미사일이 솟아나는 듯한 수직 형태의 파격적인 현대식 건축물은 몬세라트의 둥근 괴암에서 디자인 영감을 받았다. 기존의 바르셀로나에서는 볼 수 없었던 디자인으로, 많은 사람에게 신선한 충격을 안겨 주었다. 밤 9시부터 11시까지는 4,000여 개의 LED 조명이 더해져 더욱 장관을 이룬다. 처음에는 바르셀로나와 어울리지 않는다는 비판도 있었지만, 이제는 사그라다 파밀리아 성당과 함께 바르셀로나의 랜드마크로 각광받고 있다. 세계적인 식수 회사인 그룹 아구아스 데 바르셀로나Group Aguas de Barcelona의 본사 건물로 사용되고 있고, 1층은 전시장으로 무료 개방하고 있다.

세계에서 가장 아름다운 병원 건축물
산 파우 병원 Hospital de Santa Creu i Sant Pau [호스피탈 데 라 산타 크레우 이 산트 파우]

주소 Carrer de Sant Quintí, 89, 08041 Barcelona **위치** ①L5 캄프 데 아르파(Camp de l'Arpa)역에서 도보 5분 ②사그라다 파밀리아 성당에서 도보 10분 **시간** 10:00~16:30(11~3월), 10:00~18:30(4~10월), 10:00~14:30(주말) **휴무** 1월 1, 6일, 12월 25일 **요금** €13 **홈페이지** (사전 예약) www.santpaubarcelona.org(사전 예약 권장) **전화** +34 932 91 90 00

가우디와 동시대를 살며 어깨를 나란히 했던 도메네크 이 몬타네르Domenech i Montaner의 마지막 작품으로, '파우 길Pau Gil'이라는 은행가의 기부로 지어졌으며 총 48개 동으로 이루어진 최초의 현대식 병원이다. 형형색색의 타일과 예술 작품들 그리고 아름다운 정원 등 아무도 이곳이 병원이었다고는 믿지 않을 정도로 화려하고 우아하게 꾸며져 있어 세계에서 가장 아름다운 병원으로 불린다. 무데하르와 아르누보 등 여러 가지 건축 양식이 혼합돼 병원이라기보다는 차라리 궁전이나 박물관을 연상시킬 정도다. 아름다운 것을 보는 것만으로도 치료에 도움이 된다고 생각한 몬타네르의 철학이 담겨 있다. 뿐만 아니라 지하 통로를 연결해 건물 간 이동을 편리하게 했고, 도처에 성자의 조각상을 장식해 환자의 빠른 쾌유를 빌었다. 2009년까지 실제 병원으로 사용됐고, 지금은 연구나 세미나가 열리는 장소로 활용되고 있다. 1997년 유네스코 세계 문화유산에 등재됐다.

FC 바르셀로나의 홈구장, 카탈루냐의 자존심
캄푸 누 Camp Nou [캄푸 누]

주소 C. d'Aristides Maillol, 12, 08028 Barcelona **위치** ①L5 콜블랑(Collblanc)역에서 도보 9분 ② L3 팔라우 레이알(Palau Reial)역에서 도보 7분 **시간** 캄푸누 투어 시간: 10:00~18:30(평일, 토요일), 10:00~14:30(일요일) *경기가 있는 날은 불가 **휴무** 1월 1, 6일, 12월 25일 **요금** €35(캄푸 누 투어 플러스), €26(베이직 투어) **홈페이지** 캄푸 누 투어(사전 예약 권장): www.fcbarcelona.com/en/tickets/camp-nou-experience/ 축구 경기(사전 예약 권장): www.fcbarcelona.com/en/tickets/football

유럽에서 가장 큰 구장이며 현재 관중석은 99,000여 석에 달한다. 또한 2021년까지 증축 공사를 통해 100,500명까지 수용할 수 있게 될 예정이다. FC 바르셀로나는 카탈루냐의 자랑이자 전 세계 팬들에게 끝없는 사랑을 받고 있는 구단인데, 그 구단의 홈구장이다. 기존 경기장의 공식 이름은 에스타디 델 FC 바르셀로나Estadi del FC Barcelona였으나, 2000년에 팬들의 요구로 '새로운 경기장'이라는 뜻의 '캄푸 누Camp Nou'로 변경됐다. 이곳에서는 경기 관람 외에도 FC 바르셀로나의 역사를 볼 수 있는 뮤지엄과 구장을 둘러볼 수 있는 캄푸 누 투어가 상시 진행 중이며 FC 바르셀로나의 다양한 기념품을 구입할 수 있는 숍까지 함께 있어 전 세계 축구팬들에겐 반드시 방문해야 하는 곳으로 알려져 있다.

> **바르셀로나 추천 숙소**

바르셀로나의 카탈루냐 광장은 람블라 거리의 시작점이자 공항버스가 24시간 운행하는 교통의 중심지다. 따라서 바르셀로나 여행의 시작과 끝은 '카탈루냐 광장'이라 해도 과언이 아니기 때문에 인근에서 숙박하는 것이 효율적인 여행이 된다. 또는 예산과 다음 도시로의 이동 등을 고려해 산츠역 또는 스페인 광장 인근의 호텔에서 숙박하는 것도 추천한다.

스위트 애비뉴 바르셀로나
Suites Avenue Barcelona

주소 Passeig de Gràcia, 83, 08008 Barcelona **위치** 디아고날(Diagonal)역에서 도보 3분 **가격** 20~30만 원대 **홈페이지** suitesavenue.com **전화** +34 934 87 41 59

일본인 건축가 도요이토가 길 건너편에 위치한 카사 밀라에서 영감을 받아 설계한 건물에 위치한 아파트먼트다. 독특한 건물 외관이 눈길을 끈다. 호텔처럼 리셉션에 직원이 상시 상주하고 있어 체크인, 체크아웃 시 편리하다. 객실은 블랙 앤 화이트 톤으로 디자인했으며 넓은 객실과 주방 시설이 잘 갖춰져 있어 가족 여행객에게 인기가 많다.

아파트먼츠 식스티포
Apartments Sixtyfour

주소 Passeig de Gràcia, 64, 08007 Barcelona **위치** ①파세이그 데 그라시아(Passeig de Gracia)역에서 도보 5분 ②카탈루냐 광장에서 도보 10분 **가격** 25~35만 원대 **홈페이지** sixtyfourapartments.com **전화** +34 648 18 25 97

그라시아 거리에 위치해 있으며, 지하철역과 버스 정류장이 가까워 접근성이 뛰어난 아파트먼트다. 가우디의 건축물인 카사 바트요와 카사 밀라 또한 도보 5분 내에 위치해 있다. 주방, 세탁 시설이 갖추어져 있어 가족 여행 시 편하게 투숙 가능하다.

BCN 얼반 호텔스 그란 더컷 바르셀로나
Bcn Urban Hotels Gran Ducat, Barcelona

주소 Ronda de Sant Pere, 15, 08010 Barcelona **위치** ①우르키나오나(Urquinaona)역에서 도보 5분 ②카탈루냐 광장에서 도보 3분 **가격** 10~15만 원대 **홈페이지** bcnurbanhotelsgranducat.com **전화** +34 933 42 63 70

카탈루냐 광장에서 도보 3분 거리에 위치한 3성급 호텔이다. 인근에 슈퍼마켓, 스타벅스, 맥도날드 등 각종 편의 시설이 인접해 있어 편리하게 이용할 수 있다. 객실 규모는 크지 않지만 접근성을 1순위로 여기는 자유 여행객들에게 추천하는 호텔이다.

재즈 호텔
Jazz Hotel

주소 Carrer de Pelai, 3, 08001 Barcelona **위치** ①우니베르시타트(Universitat)역에서 도보 1분 ②카탈루냐 광장에서 도보 7분 **가격** 15~20만 원대 **홈페이지** hoteljazz.com **전화** +34 935 52 96 96

우니베르시타트Universitat 역에서 도보 1분 거리에 있으며, 카탈루냐 광장과도 인접한 3성급 호텔이다. 현대적이고 모던한 느낌의 호텔로, 여타 3성급 호텔에 비해 가격이 살짝 높은 편이지만 호텔 직원들의 서비스와 위치가 좋고 넓은 객실을 가지고 있어 관광객들에게 인기가 많은 호텔 중 하나다.

올리비아 플라자
Olivia Plaza

주소 Plaça de Catalunya, 19, 08002 Barcelona **위치** 카탈루냐 광장 바로 앞 **가격** 30~40만 원대 **홈페이지** oliviaplazahotel.com **전화** +34 933 16 87 00

바르셀로나의 중심 카탈루냐 광장에 위치한 4성급 호텔로, 접근성과 시설면에서 두루 장점을 가지고 있는 곳이다. 공항버스 정류장에서도 도보 3분, 람블라 거리에서 도보 5분 거리로 관광과 이동의 중심지에 자리 잡고 있다. 객실 업그레이드 시 카탈루냐 광장 또는 고딕 지구를 룸에서 볼 수 있다.

 ## 1898 호텔
1898 Hotel

주소 La Rambla, 109, 08002 Barcelona **위치** ①카탈루냐 광장에서 도보 5분 ②람블라 거리에서 바로 **가격** 30만 원대 **홈페이지** hotel1898.com **전화** +34 935 52 95 52

카탈루냐 광장에서 도보 7분 거리, 람블라 거리에 위치한 5성급 호텔이다. 오랜 세월의 흔적이 느껴지는 고풍스러운 내부와 클래식한 객실이 특징이다. 루프톱 수영장에서는 바르셀로나 시내가 한눈에 들어와 여유 있는 시간을 보내기에 적격이며, 스파 시설도 갖추어져 있다.

 ## W 호텔 바르셀로나
W Hotel Barcelona

주소 Placa de la Rosa dels Vents, 1, Final Passeig de Joan de Borbó, 08039 Barcelona **위치** 바르셀로네타(Barceloneta)역에서 도보 15분 **가격** 50~70만 원대 **홈페이지** w-barcelona.com **전화** +34 932 95 28 00

바르셀로네타 해변에 자리한 5성급 호텔로, 돛단배 모양의 외관이 인상적이며, 바르셀로네타의 랜드마크다. 시내 중심부까지 택시로 약 15분이 소요돼 다소 거리가 멀지만 여유 있는 시간을 보내고 싶은 사람에게 추천하는 곳이다. 객실 업그레이드 시 룸에서 바르셀로나의 해변을 한눈에 담을 수 있다.

 ## 비 호텔
B Hotel

주소 Gran Via de les Corts Catalanes, 389-391, 08015 Barcelona **위치** 스페인 광장에서 도보 3분 **가격** 15~25만 원대 **홈페이지** b-hotel.com **전화** +34 935 52 95 00

스페인 광장에 위치한 현대적인 디자인 호텔로, 아레나 몰과도 인접해 있다. 늦은 밤 바르셀로나 매직 분수 쇼를 관람한 후 호텔까지 도보로 10분이면 올 수 있어 부담이 없으며, 루프톱에 위치한 수영장 '비-풀B-Pool'에서 바라보는 광장의 모습이 인상적이다.

 ### 그란 호텔 토레 카탈루냐
Gran Hotel Torre Catalunya

주소 Av. de Roma, 2-4, 08014 Barcelona **위치** 산츠(Sants)역에서 도보 1분 **가격** 20~25만 원대 **홈페이지** torrecatalunya.com **전화** +34 936 00 69 66

산츠역 바로 앞에 위치한 높은 건물로, 이 지역의 랜드마크 역할을 하고 있는 호텔이다. 모든 객실은 모던한 디자인으로 마감돼 있으며 스탠다드 객실부터 객실의 크기가 다른 호텔에 비해 크고 깔끔하게 정리돼 있어 비즈니스 출장을 위한 방문객은 물론 일반 여행객에게도 인기가 높다. 또한 산츠역에서 탑승 가능한 두 개의 지하철 노선은 바르셀로나의 거의 모든 관광지를 갈 수 있어 여행을 다니기에도 편리하다.

 ### H10 이타카
H10 Itaca

주소 Av. de Roma, 22, 08015 Barcelona **위치** 산츠(Sants)역에서 도보 8분 **가격** 10~15만 원대 **홈페이지** h10hotels.com **전화** +34 932 26 55 94

스페인 체인 호텔인 H10 계열로 가성비가 좋은 호텔 중 하나다. 산츠역에서 도보 8분 거리에 있어 열차로 도시 간 이동을 하는 경우 접근성이 좋아 추천하는 곳이다. 객실은 모던한 디자인으로 인기가 많다. 호텔 바로 근처에 슈퍼마켓이 있어 간단한 음료나 먹거리를 구입하기에도 좋다.

· 바르셀로나 한 걸음 더 ·

몬세라트

M o n t s e r r a t

바르셀로나에서 53km 떨어진 곳에 해발 1,229m의 산세가 험난하고 6만 개가 넘는 봉우리들이 마치 톱으로 잘라놓은 것 같다 하여 '톱니 모양 산'이라 하는 몬세라트가 있다. 안토니 가우디의 최대 역작 '성가족 성당' 역시 몬세라트의 모습에서 영감을 받았다고 전해진다. 몬세라트 산 중턱에는 카탈루냐의 정신적 지주이자 스페인이 가장 숭상하는 검은 마리아상을 모신 수도원이 있다. 가우디의 많은

Best Course

몬세라트 수도원
도보 3분
⬇
몬세라트 바실리타

도보 3분
⬇
검은 마리아상

도보 3분
⬇
몬세라트 수도원 성가대
도보 3분
⬇
동굴 레스토랑

영감을 준 몬세라트에는 수비라치의 〈천국의 계단〉, 산 조르디 조각상 등 천재 건축가의 조각과 주철 작품을 감상할 수 있는데, 이를 노천 박물관Open air museum이라 부르고 있다. 몬세라트의 전경이 수려하게 펼쳐지는 산 미겔 십자가san miguel cross에 오르면 깎아지른 듯한 절벽 위의 수도원과 날씨의 운이 따라 준다면 멀리 지중해와 피레네산맥까지 한눈에 담을 수 있다.

• 찾아가기 •

몬세라트로 이동하는 FGC열차는 바르셀로나 에스파냐광장역 Barcelona-Pl.Espanya(지하철 1호선, 3호선) R5 게이트에서 만레사 Manresa행 탑승 후 약 1시간 정도 소요된다. 몬세라트 수도원으로 올라가는 방법에 따라 하차하는 곳이 다르니 유의하자. 산악 열차 Rack Railway 탑승 시 모니스트롤 데 몬세랏 Monistrol de Montserrat역 하차, 케이블카 Cable Car 탑승 시 몬세랏 아에리 Montserrat Aeri역 하차.

📍 몬세라트 통합권

Trans Montserrat €35.3
마드리드 에스파냐역 지하철 왕복 티켓+왕복 기차+산악 열차 or 케이블카+푸니쿨라+오디오 비주얼 갤러리

TOT Montserrat €53.85
Trans Montserrat 티켓+박물관+점심 식사(셀프 식당)

> **Tip.**
> - 기차에 타면 진행 방향 왼쪽 창가 쪽으로 앉아야 멋진 풍경을 보며 갈 수 있다.
> - 몬세라트 수도원 성가대를 보고 싶다면 오전 10시 이전 열차를 탑승하는 것을 추천한다.

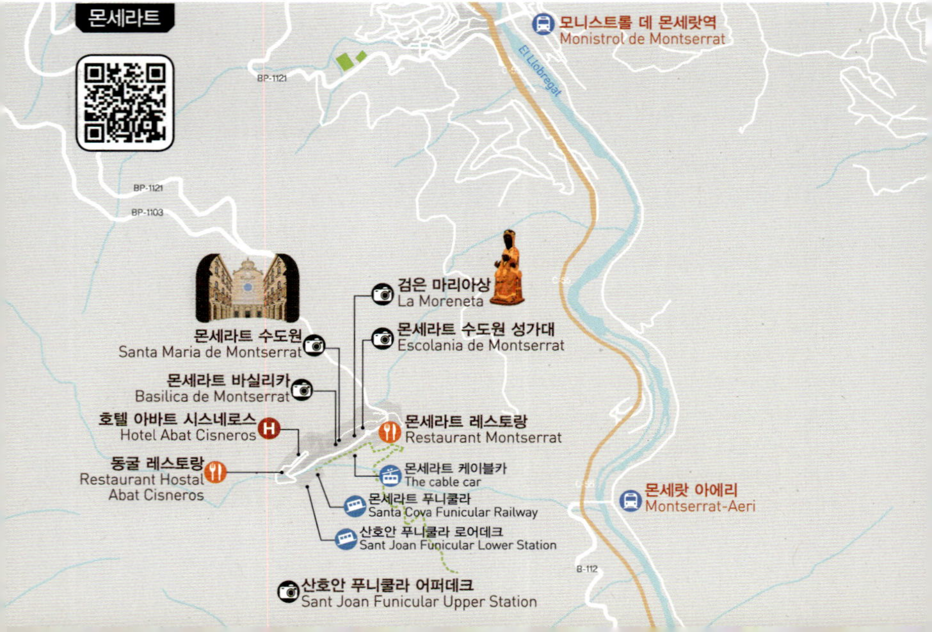

몬세라트

- 모니스트롤 데 몬세랏역 Monistrol de Montserrat
- 검은 마리아상 La Moreneta
- 몬세라트 수도원 Santa Maria de Montserrat
- 몬세라트 수도원 성가대 Escolania de Montserrat
- 몬세라트 바실리카 Basilica de Montserrat
- 호텔 아바트 시스네로스 Hotel Abat Cisneros
- 몬세라트 레스토랑 Restaurant Montserrat
- 동굴 레스토랑 Restaurant Hostal Abat Cisneros
- 몬세라트 케이블카 The cable car
- 몬세랏 아에리 Montserrat-Aeri
- 몬세라트 푸니쿨라 Santa Cova Funicular Railway
- 산호안 푸니쿨라 로어데크 Sant Joan Funicular Lower Station
- 산호안 푸니쿨라 어퍼데크 Sant Joan Funicular Upper Station

베네딕트 수도회가 있는 스페인 3대 순례지
몬세라트 수도원 Santa Maria de Montserrat [산타 마리아 데 몬세랏]

주소 08199 Montserrat, Barcelona **위치** 몬세라트 이동 방법과 동일 **시간** 7:00~19:00 **요금** 무료 **홈페이지**(사전 예약) www.abadiamontserrat.cat **전화** +34 938 77 77 77

해발 725m 뾰족한 톱날 산에 자리한 몬세라트 수도원은 이곳에서 화려한 옷과 검을 바치고 넝마를 선택한 이냐시오 성인을 시작으로 지금까지도 많은 순례자가 찾아오는 곳이며, 현재 80여 명의 베네딕트 수도회 수도사가 거주하고 있다. 이곳은 산티아고 데 콤포스텔라, 사라고사의 필라르 성당과 함께 스페인의 3대 순례지로 꼽힌다. 11세기에 건축된 몬세라트 수도원은 13세기 검은 마리아상이 순례지로 추가되면서 1410년에 대 수도원으로 승격됐다. 그러나 1811년에 수도원은 나폴레옹 군대에 의해 대부분 파괴됐다가 19세기에 모두 재건됐다. 수도원 안에는 바실리카와 검은 마리아상이 함께 있으며 내부의 박물관에는 미켈란젤로, 엘 그레코, 달리, 피카소 등의 작품들을 비롯해 스페인, 이탈리아 화가들의 귀중한 1,300여 개의 작품과 성서·고고학 박물관 등이 함께 있다.

검은 마리아상이 안치돼 있는 곳
몬세라트 바실리카 Basilica de Montserrat [바실리카 데 몬세랏]

주소 08199 Montserrat, Barcelona **위치** 몬세라트 이동 방법과 동일 **시간** 7:00~19:00 **요금** 무료 **홈페이지**(사전 예약) www.abadiamontserrat.cat **전화** +34 938 77 77 77

몬세라트 수도원 안에 있는 몬세라트 바실리카는 르네상스 양식과 전통적인 카탈로니아 건축 양식을 사용하는 고딕 양식의 건축물이다. 성당의 내부는 길이가 68m이고 폭이 21m이며 성당의 돔 꼭대기까지 33m나 된다. 성당 정문의 상단에 있는 조각상은 가운데 예수님을 중심으로 열두 제자들의 모습을 조각해 놓은 것이다. 대성당 입구 왼쪽에는 예수회를 설립한 로욜라의 이냐시오 성인 조각상이 자리하고 있다. 검을 풀면서 지팡이를 짚는 모습이다. 그리고 좌측면에 외벽면과 암벽 사이 공간에 양초 봉헌대를 설치해 놓았다. 이 성당은 역대 스페인 국왕들이 모두 다녀갔으며 콜럼버스를 비롯해 독일의 괴테, 바그너 등과 같은 사람들도 이곳을 성지로서 다녀갔던 기록이 있다. 바실리카의 첫 번째 예배당은 세인트 피터스를 기념하고 있고, 두 번째는 로욜라의 세인트 이냐시오를 기리는 것이고, 세 번째는 세인트 마틴 칼라티우스를 기리는 것이다. 이곳에서 가장 유명한 검은 마리아상을 만나 볼 수 있다.

카탈루냐의 수호 성녀
검은 마리아상 La Moreneta [라 모레네타]

주소 Carrer de Mallorca, 401, 08013 Barcelona **위치** 몬세라트 이동 방법과 동일 **시간** 9:00~18:00(11~2월), 9:00~19:00(3월, 10월), 9:00~20:00(4~9월)/ 9:00~14:00(12월 25, 26일, 1월 1, 6일) **요금** €15(기본), €22(기본+영어 오디오 가이드), €24(기본+종탑) **홈페이지**(사전 예약) www.sagradafamilia.org **전화** +34 932 080 414

1881년 교황 레오 13세에 의해 카탈루냐 수호 성모상으로 지정됐다. 95cm의 목재상인 검은 마리아상은 비잔틴 양식으로 여러 가지 색채가 칠해져 있으며 지혜의 왕좌 Throne of Wisdom라는 포즈를 취하고 있는데 얇은 몸체와 가늘고 긴 얼굴이 특징이다. 또한 오른손에 둥근 구체는 지구를 표현하고 있는데, 이 구체는 유일하게 유리 보호벽 밖으로 나와 있어 이 구체에 손을 얹고 소원을 빌면 이뤄진다고 한다. 검은 마리아상은 애초에 검은 목재를 사용한 것이 아니라 오랜 시간에 걸쳐 양초의 그을림에 의해 검게 변했다는 설과 목재 위에 바른 니스가 세월이 지나 검게 변했다는 설 등 여러 가지 가설이 있다.

> **Tip.**
> 최근 방사성 탄소 연대 측정 결과로는 검은 마리아상은 12세기에 만들어 졌으며 18세기에 마지막으로 덧칠된 흔적을 발견했다고 한다. 전설과 과학 중 어느 쪽을 믿을지는 각자의 몫이다.

세계 3대 소년 합창단
몬세라트 수도원 성가대 Escolania de Montserrat [에스꼴라니아 데 몬세랏]

주소 08199 Montserrat, Barcelona **위치** 몬세라트 이동 방법과 동일 **시간** 7:00~19:00 **요금** 무료 **홈페이지** (사전 예약) www.abadiamontserrat.cat **전화** +34 938 77 77 77

> **Tip.**
> **공연 시간**
> 여름 방학, 해외 공연 시 공연하지 않으니 공식 사이트(www.escolania.cat)에서 일정 확인이 필요하다.
> **월~목** 13:00, 18:45, **금** 13:00, **토** 공연 없음, **일, 공휴일** 12:00, 18:45

몬세라트 소년 합창단(몬세라트 수도원 성가대)은 빈 소년 합창단, 파리 나무십자가 합창단과 함께 세계 3대 소년 합창단 중 하나며 14세기부터 시작돼 가장 오래된 소년 합창단이다. 베네딕토회 수도원인 산타마리아 수도원에 속해 있는 소프라노와 알토로 이뤄진 소년 합창단은 9세에서 14세 사이의 50명 이상의 소년들로 구성돼 있다. 합창 단원들은 음악 교육 기관에서 4년간 수준 높은 교육을 받고 있어 세계적인 명성을 얻을 정도로 음악성의 수준이 높다. 평일에는 2~3곡의 연습곡을 들어볼 수 있으며 일요일에는 미사 중에도 성가대의 합창을 들어볼 수 있다.

몬세라트의 전체적인 전경을 보기 원한다면
산호안 푸니쿨라 어퍼데크 Sant Joan Funicular Upper Station [산호안 푸니쿨라 어퍼데크]

주소 08293 Monestir de Montserrat, Barcelona **위치** 몬세라트 이동 방법과 동일 **시간** 10:00~16:50(겨울), 10:00~18:50(여름) **요금** 통합권 구입 시 포함/ 별도 구매 시: €7.9(성인 편도), €12.15(왕복) **홈페이지** www.cremalleerademontserrat.cat/en/cable-cars/sant-joan-funicular-railway

몬세라트의 정상에서 더 넓은 풍경을 보기 원한다면 통합권에 포함돼 있는 티켓으로 산호안 푸니쿨라를 타고 산호안 푸니쿨라 어퍼데크Sant Joan Funicular Upper Station까지 올라가 보자. 산호안 푸니쿨라는 산호안 채플과 수도원을 연결하기 위해 1918년에 지어졌으며 1997년에 새단장했다. 최대 경사로가 65%로 스페인에서 가장 가파른 등산 열차다. 푸니쿨라 한 대당 60명 정도가 탑승 가능하며 천장과 사방이 유리로 되어 있어 푸니쿨라를 타고 올라가면서 몬세라트의 전체 전경을 한눈에 담아낼 수 있다. 몬세라트 정상 중 하나이자 가장 많은 사람이 찾는 산타 막달레나 전망대Miranda de Santa Magdalena(1,030m) 혹은 가장 높은 전망대인 헤로니Sant Jeroni(1,236m)까지 트레킹을 즐길 수도 있다.

Tip.
2019년 2월 1일부터 재정비를 시작해 2020년 1분기에 재오픈 예정이다.

몬세라트의 분위기를 그대로 느낄 수 있는 레스토랑
동굴 레스토랑 Restaurant Hostal Abat Cisneros [레스타우란트 호스탈 아밧 시스네로스]

주소 08199 Montserrat, Barcelona **위치** 몬세라트 이동 방법과 동일 **시간** 12:30~15:30(점심), 20:00~21:45(저녁) **가격** €27.5(런치 메뉴), €35~40(디너 메뉴) **홈페이지**(사전 예약) www.montserratvisita.com/en/organize-the-visit/where-to-eat/restaurant-hostal-abat-cisneros **전화** +34 93 877 77 01

16세기 마구간으로 이용되던 커다란 석조 아치로 이루어져 있으며 벽은 암석으로 되어 있어 내부 인테리어가 인상적인 레스토랑이다. 아바트 시스네로스Abat Cisneros 호텔과 함께 있다. 점심 메뉴가 인당 €20~30 내외로 합리적인 가격에 맛도 좋은 편이다. 하지만 그만큼 인기가 많은 레스토랑이라 성수기나 관광객이 몰리는 시간에 가야 한다면 예약은 필수다.

몬세라트의 협곡 전경이 보이는 곳
호텔 아바트 시스네로스 Hotel Abat Cisneros [호텔 아밧 시스네로스]

주소 08199 Montserrat, Barcelona **위치** 몬세라트 이동 방법과 동일 **홈페이지** (사전 예약) www.montserratvisita.com/en/organize-the-visit/where-to-sleep **전화** +34 93 877 77 01

1563년에 지어져 순례자들을 위한 숙소로 운영됐던 건물을 1950년대에 호텔로 개조해 관광객에게 오픈했다. 몬세라트 바실리카 바로 옆에 있으며 몬세라트의 협곡 전경을 즐길 수 있어 많은 관광객에게 사랑받는 숙소다. 총 82개의 객실이 있으며 여름 시즌에는 반드시 예약을 해야 한다.

단란하게 식사를 즐길 수 있는 레스토랑
몬세라트 레스토랑 Restaurant Montserrat [레스타우란트 몬세랏]

주소 08199 Montserrat, Barcelona **위치** 몬세라트 이동 방법과 동일 **시간** 12:15~16:00 **가격** €19~25(세트 메뉴) **홈페이지** (사전 예약) www.montserratvisita.com/en/organize-the-visit/where-to-eat/restaurant-montserrat **전화** +34 93 877 77 01

최대 900명까지 수용 가능한 레스토랑으로, 미라도르 델스 아포스톨스Mirador dels Apostols 1층에 있다. 페레 부스케츠Pere Busquets 신부에 의해 설계된 이 레스토랑은 산타 코바 및 협곡의 탁 트인 전망을 함께 누릴 수 있다.

Madrid

마드리드

스페인의 심장, 경제와 문화의 중심 도시

1561년 펠리페 2세는 물이 풍부한 마드리드를 수도로 정한 후 이곳에 왕궁을 짓고 천도를 단행했다. 그 후 정치적인 기능만 가지고 있던 마드리드는 바르셀로나보다 도시 규모가 작았지만 19세기 이후 철도가 놓여지면서 인구가 급격히 증가했다. 현재는 스페인의 정치, 경제, 문화의 중심지가 됐고, 유럽에서 5번째로 인구가 많은 도시이자 스페인 제1의 경제 도시로 탈바꿈했다. 이베리아반도, 스페인 중심에 위치한 수도, 마드리드는 지리적 요점 때문에 스페인 곳곳으로 교통이 편리하게 연결돼 많은 관광객이 스페인 여행의 출발점으로 여기고 있다. 역사적인 장소와 거리들, 현대적 인프라가 어우러진 이곳은 모던하면서도 여느 유럽과 같은 고풍스러움을 한번에 느낄 수 있다. 또한 스페인 각지의 문화가 쉽게 전파되고 융합돼, 스페인의 모든 문화를 느낄 수 있는 곳이기도 하다. 게다가 마드리드는 프라도 미술관, 국립 소피아 왕비 예술 센터, 티센 보르네미사 미술관 등 미술관과 박물관이 위치해 있어 유럽에서 가장 많은 명작을 한번에 즐길 수 있는 도시이기도 하다. 이곳에서 미술 작품 여행을 하는 사람들에게는 "마드리드 여행은 한 달도 모자르다"라는 이야기가 있을 정도로 유럽 미술 작품의 보고이기도 하다.

마드리드 교통법

마드리드는 바하라스 국제공항을 중심으로 스페인으로 향하는 거의 모든 항공사가 취항하고 있어 스페인 그 어느 도시보다 항공 이동이 용이하다. 또한 스페인 한가운데에 있는 이점으로 스페인 전역은 물론 주변 국가인 포르투갈, 프랑스 등과 철도 노선 연결이 잘돼 있으며, 마드리드 주변의 톨레도, 세고비아, 아란후에스 등 많은 역사적인 도시를 쉽게 연결할 수 있다.

◎ 마드리드와 주요 도시 간 교통편 및 이동 시간

근교 열차 이동

마드리드 ➡ 톨레도(아토차Atocha 탑승)	33분
마드리드 ➡ 세고비아(차마르틴Chamartin 탑승)	30분

버스 이동

마드리드 ➡ 톨레도(플라자 엘립티카 터미널Plaza Eliptica 탑승)	1시간
마드리드 ➡ 세고비아(몽클로아 터미널Moncloa 탑승)	1시간 30분

주요 도시 이동

마드리드 ➡ 코르도바(아토차Atocha 탑승)	1시간 45분
마드리드 ➡ 세비야(아토차Atocha 탑승)	1시간 45분
마드리드 ➡ 바르셀로나(아토차Atocha 탑승)	2시간 45분
마드리드 ➡ 그라나다(아토차Atocha 탑승)	4시간 50분
마드리드 ➡ 말라가(아토차Atocha 탑승)	2시간 40분

공항에서 마드리드 시내

마드리드 바하라스 국제공항Madrid-Barajas International Airport은 마드리드 북동쪽 13km 부근에 있는 스페인의 관문으로, 4개의 터미널을 갖춘 유럽에서도 손꼽히는 대형 국제공항이다. 기존 제1~3터미널은 한 건물로 연결돼 있지만 2006년 새로 만들어진 제4터미널과 2014년에 완공된 제4S터미널(인천공항 탑승동과 같은 구조)은 기존 터미널과 떨어져 있기 때문에 공항 내 이동 시 셔틀을 이용해야 하며 터미널 간 이동 시 시간이 오래 걸리기 때문에 주의해야 한다.

○ **지하철** Metro T1~3터미널역과 T4터미널역이 있다. T1~3터미널역의 지하철은 T2에서 탑승이 가능하며 T4는 따로 연결돼 있어 시내에서 공항으로 갈 때 주의하는 것이 좋다. 8호선 아에로푸에르또Aeropuerto역에서 지하철을 탑승하면 되고, 시내까지는 약 40분~1시간 정도 소요된다.

- **운행 시간**: 6:05~다음 날 1:30
- **요금**: €4.50~5(Single ticket for Metro zone A airport supplement)
  €6(Combined single ticket airport supplement)

○ **세르카니아스** Cercanías 스페인 철도청인 렌페Renfe에서 운영하는 근교 철도다. T4터미널에서만 탑승할 수 있으며, 아토차Atocha역(25분 소요), 차마르틴Chamartín역(11분 소요), 프린시페 피오Príncipe Pío역(38분 소요) 등 마드리드 시내 주요 역에서 승차가 가능하다. 편도 요금은 €2.60이고 유레일패스로도 이용할 수 있다.

- **운행 시간**: 5:44~23:31(공항 기준), 6:02~23:31(프린시페 피오역 기준)
- **요금**: €2.60(편도), €5.20(왕복)

○ **공항버스** Aerobus 203번 버스 혹은 '익스프레스 아에로푸에르토'라고 불리는 공항버스는 24시간 운행하며 모든 터미널에 전용 버스 정류장이 있다. 공항에서 아토차역까지 바로 이동이 가능하며 약 40분이 소요된다. 버스 티켓은 버스에서 현금으로 구입이 가능하며 €20 미만의 현금만 거스름돈을 받을 수 있으니 유의하자. 15분 간격으로 운행되며 심야 시간인 23:30~다음 날 6:00에는 매시간 35분에 운행된다(심야 버스는 시벨리스 광장에서 하차).

- **요금**: €5(편도)

○ **시내버스** 200번 버스는 아베니다 데 아메리카Avenida de América까지 운행하며 모든 터미널에서 탑승 가능하다. 가격이 저렴하지만 일반 여행자들에게 추천하는 이동 수단은 아니다.

- **운행 시간**: 5:00~23:30 • **요금**: €1.50(편도)

○ **택시** Taxi 바르셀로나 국제공항에서 시내까지 택시를 이용할 경우, 시내까지 약 15~20분이 소요된다. 이동 시간도 빠르며 비용은 €30로 고정돼 있기 때문에 인원이 3명 이상이라면 택시를 이용하는 것도 추천한다.

마드리드 시내 교통

마드리드 시내 교통은 지하철, 버스, 교외 열차, 교외 버스 등이 있다. 마드리드 시내를 관광할 경우에는 대부분의 관광지가 시내 중심에 몰려 있어 약간의 체력만 있다면 대부분의 관광지를 도보로 이동 가능하다.

티켓 구분	티켓 설명	티켓 요금
Sencillo Metro Zona A	A구간 내 1회권	€1.5
Metrobus 10 Viajes	A구간 내 10회권	€12.2
Billete Sencillo + Suplemento	공항-시내 편도(공항세 포함)	€5

○ **지하철** Metro 지하철은 마드리드 관광객이 가장 많이 사용하는 교통수단이다. 12개의 노선, 360개가 넘는 정류장이 있는 복잡한 구조지만 시내 여행을 위해서는 빨간색인 2호선, 하늘색인 1호선이 이용의 대부분이며 레알 마드리드 구장을 가기 위해서는 10호선만 알아두면 된다. 또한 거의 대부분의 관광지는 A구역Zone A에 위치해 있으니 티켓 구입 시 참고하자.

○ **교외 버스** Interurban Buses 마드리드 근교 여행을 위해 가장 많이 사용하는 교통수단이다. 가장 많이 방문하는 근교인 세고비아, 톨레도, 아란후에스, 친촌, 엘에스코리알 등 마드리드의 수많은 근교를 가기 위한 방법으로 여행자들에게 사랑받고 있다. 열차보다 훨씬 저렴하며 티켓은 자동 발매기에서 구입하거나 기사에게 직접 구입할 수도 있으며 또는 마드리드 여행자 패스Zone T로도 이용 가능하다.

주요 노선별 버스 터미널(지하철역)

마드리드 ➡ 톨레도	플라자 엘립티카Plaza Eliptica 터미널 M6, M11
마드리드 ➡ 세고비아	몽클로아Moncloa 터미널 M3, M6
마드리드 ➡ 바르셀로나	아베니다 데 아메리카Avenida De America 터미널 M4, M6, M7, M9

○ **교외 열차** Cercanias Madrid 세르카니아스 열차는 마드리드 시내와 근교 도시를 연결하는 열차며 유레일패스로도 이용이 가능하다. 대표적으로는 마드리드 공항 T4 터미널에서 아토차역으로 이동 시 많이 사용되며 그 외에 마드리드 주요 기차역에서 교외 이동 시 사용된다.

○ **버스** EMT 마드리드 시내에서 지하철로 이동할 수 없는 구석구석을 버스로 이동할 수 있으며 24시간 운영해 지하철 운행이 멈춘 후에도 심야 버스를 이용할 수 있다는 장점이 있다.

○ **택시** Taxi 기본요금 €2.4(1km마다 €0.98 추가)로 목적지까지 편하게 이동하고 싶다면 다른 유럽 도시보다 비교적 저렴한 택시를 이용해 보자(단, 심야 및 주말, 공휴일에는 할증 요금 적용).

구시가지 &
마드리드 왕궁 주변

Calle de las Huertas &
Palacio Real

마드리드는 유럽에서 3번째로 큰 도시지만 대부분의 관광지는 구시가지를 중심으로 몰려 있다. 마드리드 관광지의 중심은 솔 광장

이다. 서쪽으로는 마드리드의 상징인 마요르 광장을 지나 마드리드 왕궁을 만나 볼 수 있으며, 동쪽으로는 프라도 미술관을 비롯해 국립 소피아 왕립 예술 센터와 티센 보르네미사 미술관 등을 함께 만나 볼 수 있다. 구시가지는 마드리드에서 역사가 가장 오래된 지역으로 꼭 관광지를 방문하지 않더라도 좁은 골목 골목을 돌아보는 것만으로도 과거 스페인의 모습을 온전히 느낄 수 있다.

Best Course

2호선
Banco de España역
바로 앞
⊕
시벨레스 광장
도보 3분
⊕
시벨레스 궁전
도보 7분
⊕
산페르난도 왕립 미술 아카데미
도보 5분
⊕
솔 광장
도보 7분
⊕
데스칼사스 레알레스 수도원
도보 5분
⊕
산 미구엘 시장(점심)
도보 3분
⊕
마요르 광장
도보 7분
⊕
카사 에르난즈(쇼핑)
도보 5분
⊕
마드리드 왕궁
도보 10분
⊕
스페인 광장
도보 18분
⊕
산 안토니오 데 라 플로리다 성당

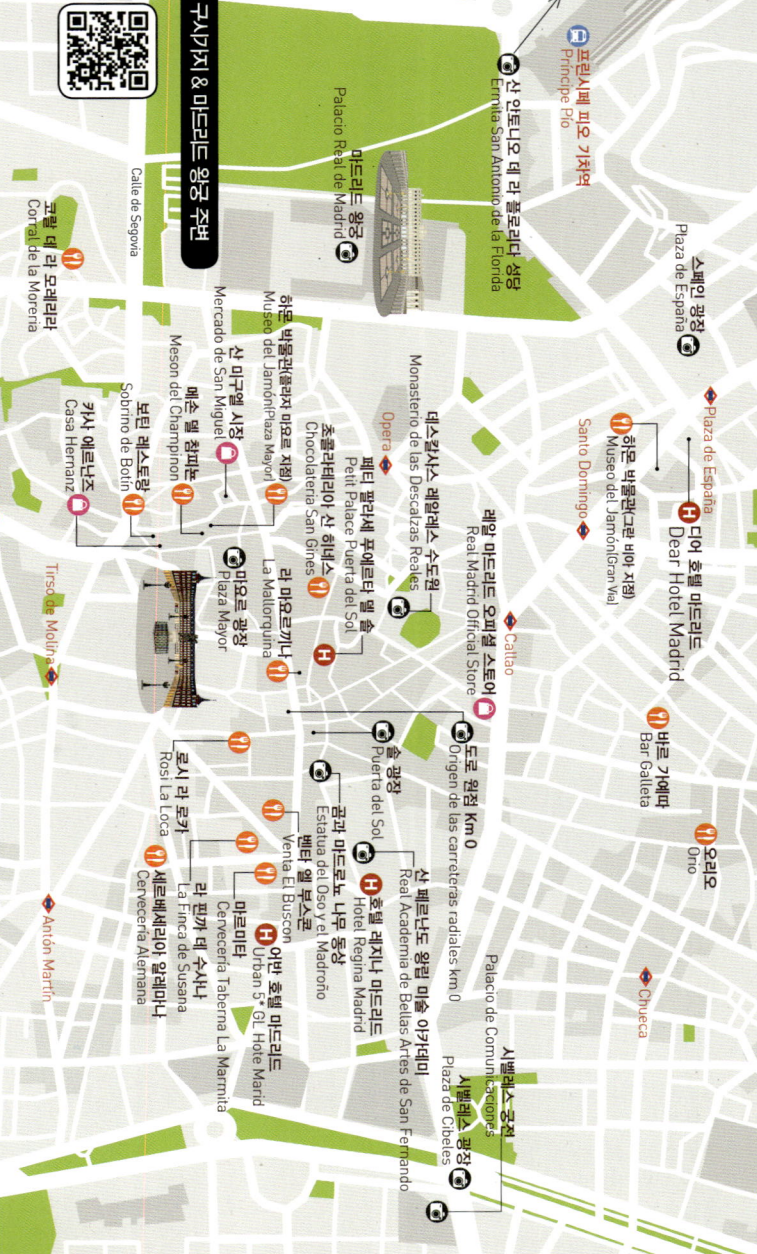

• 찾아가기 •

마드리드 관광지의 중심이자 가장 번화한 지역인 솔 광장 Puerta del Sol에서 모든 관광지가 도보로 가능하다. 솔Sol역은 지하철 1, 2, 3호선이 연결돼 있으며, 왕궁 근처에서 여행을 시작하고 싶다면 지하철 2, 5호선이 연결돼 있는 오페라 Opera역에서 여행을 시작하면 된다. 공항버스가 정차하는 시벨레스 Cibeles 정류장 앞에 있는 방코 데 에스파냐 Banco de España역(2019년 공사 중)에서도 도보로 관광을 시작할 수 있다.

주요 지하철역
지하철 1, 2, 3호선 솔Sol역
지하철 2, 5호선 오페라Opera역
지하철 2호선 세비야Sevilla역

마드리드 투어리스트 트래블 패스 Tourist Travel Pass
마드리드에서 정해진 기간 동안 지하철, 버스, 교외 버스, 교외 열차 등을 무제한 사용할 수 있는 티켓으로, 마드리드를 여행하기 위한 실용적인 패스 중에 하나이다. 마드리드 시내에서만 사용할 수 있는 Zone A 티켓과 근교까지 여행할 수 있는 Zone T 티켓으로 나누어져 있으며 공항, 기차역, 지하철역 등 어디서든지 쉽게 구매가 가능하다.

Zone A	1일권 €8.4	Zone T	1일권 €17
	2일권 €14.2		2일권 €28.4
	3일권 €18.4		3일권 €35.4
	5일권 €26.8		5일권 €50.8
	7일권 €35.4		7일권 €70.8

마드리드 교통의 중심지
시벨레스 광장 Plaza de Cibeles [플라자 데 시벨레스]

주소 Calle de Alcalá, 3, 28014 Madrid **위치** 지하철 2호선 방코 데 에스파냐 (Banco De España)역에서 도보 3분

마드리드 시내 중심에 있는 원형 광장으로, 오래전에는 마드리드 광장으로 불렸지만 1782년 광장의 중심에 시벨레스 분수가 생기면서 지금의 이름을 갖게 됐다. 시벨레스는 그리스 로마 신화에 등장하는 키벨레 여신으로, 모든 신들의 어머니(대모신)다. 항상 사자와 함께 등장하는 여신이라 전쟁, 동물의 신이라 불리기도 하며, 분수대의 키벨레 여신도 두 마리의 사자가 끄는 마차를 타고 있다. 마드리드 교통의 중심지며, 많은 역사, 사회적 이슈가 이곳을 무대로 하고 있다. 참고로 레알 마드리드 경기가 있을 때는 팬들이 팀의 승리를 기원하며 분수에 모여든다. 한편 분수대를 감싸고 있는 도로는 매우 복잡한 로터리로 운영되고 있고, 분수에 들어가는 것은 금지돼 있을 뿐 아니라 매우 위험하니 주의하자.

세계에서 가장 아름다운 우체국이었던 건물
시벨레스 궁전 Palacio de Comunicaciones [팔라시오 데 코무니카시오네스]

주소 Plaza Cibeles, 1, 28014 Madrid **위치** 지하철 2호선 방코 데 에스파냐(Banco De España)역에서 도보 3분 ②203번, N27번 버스 타고 시벨레스 광장 하차 후 도보 1분 **시간** 10:00~20:00/ 전망대: 10:30~13:30, 16:00~19:00(입구에서 티켓 구입 시 관람 시간 지정, 30분 관람 제한) **휴관** 월요일 **요금** 무료(문화 센터 및 건물 내부 관람), €2(전망대) **홈페이지** www.centrocentro.org/ **전화** +34 914 80 00 08

하얀색의 화려한 건물인 시벨레스 궁전(전기 통신 궁전Palacio de Telecomunicaciones이라 불리기도 함)은 시벨레스 광장에 있으며 왕족이나 귀족이 거주하는 궁전은 아니다. 1919년 완공된 후 우체국, 전화국으로 이용되다가 우편의 수요가 감소하면서 2003년 우체국으로서의 기능을 종료하고, 2011년 시민들을 위한 도서관, 갤러리, 휴게실 등 복합 문화 센터로 무료 공개했다. 시벨레스 분수를 배경으로 하는 궁전은 마드리드의 상징적 이미지 중 하나며, 문화 센터 입구의 매표소에서 티켓을 구입하면 전망대 미라도르 마드리드Mirador Madrid에 올라 마드리드 시내 전경을 감상할 수 있다.

다양한 시대의 작품을 한자리에서 볼 수 있는 미술관
산 페르난도 왕립 미술 아카데미 Real Academia de Bellas Artes de San Fernando
[레알 아카데미아 데 벨라스 아르테 데 산 페르난도]

주소 Calle de Alcalá, 13, 28014 Madrid **위치** ①지하철 1, 2, 3호선 솔(Sol)역에서 도보 3분 ②지하철 2호선 세비야(Sevilla)역에서 도보 2분 ③51번 버스 타고 알칼라 푸에르타 델 솔(Alcala-Pta.del sol) 정류장 하차 후 도보 2분 **시간** 10:00~15:00 **휴관** 매주 월요일, 1월 1, 6일, 5월 1, 30일, 9월 9일, 12월 24, 25, 31일 및 마드리드 축제 기간 **요금** €8(일반), €4(65세 이상, 25세 이하 학생증 소지자, 그룹), 무료(18세 미만) **홈페이지** www.realacademiabellasartessanfernando.com/es **전화** +34 915 24 08 64

1752년 페르난도 6세 왕의 명령으로 설립된 왕립 예술 학교와 부설 미술관이다. 프라도 미술관, 소피아 미술관에 비해 규모는 작지만 15세기부터 20세기까지 다양한 시대의 작품을 한자리에 전시하고 있으며, 고야, 피카소, 루벤스 등 거장들의 작품도 다수 소장하고 있다. 3층 규모의 전시실은 1층에는 15세기 회화 작품이 많고, 위층으로 올라갈수록 현대 작품을 전시하고 있다. 바로크 양식의 외관, 신고전주의 양식의 내부 인테리어의 건물 자체도 하나의 예술 작품으로 볼 수 있다.

마드리드 지리적, 문화적 중심
솔 광장 Plaza Puerta del Sol [플라자 푸에르타 델 솔]

주소 Plaza de la Puerta del Sol, s/n, 28013 Madrid **위치** ①지하철 1, 2, 3호선 솔(Sol)역에서 바로 ②마드리드 궁전에서 도보 10분

흔히 '태양이 지지 않는 나라' 하면 영국을 떠올리지만, 영국보다 100년 앞선 16세기 후반에 이를 실현한 스페인이 원조라 할 수 있다. 스페인의 가장 전성기인 이 시기에 톨레도에서 마드리드로 수도를 옮기면서 조성된 광장으로, 마드리드 왕궁으로 가는 길목에 있어 '태양의 문 Puerta del Sol'이라는 뜻을 갖게 됐다. 광장 주변에 여행 기념품점과 음식점이 모여 있으며, 3개의 지하철 노선이 만나는 여행의 중심이 되는 곳이라 언제나 많은 사람들로 붐빈다. 광장 중심에는 17세기 스페인 제국의 재도약을 꾀한 왕 카를로스 3세의 동상이 서 있다.

솔 광 장
INSIDE

도로 원점 Km 0 Origen de las carreteras radiales km 0

9개의 길이 뻗어 나가는 솔 광장은 스페인의 모든 도로의 원점이다. 도로 원점을 밟고 가면 다시 이곳에 돌아오게 된다는 이야기 때문에 많은 관광객이 이곳에서 발 사진을 찍으며 기념사진을 올리기도 한다.

곰과 마드로뇨 나무 동상 Estatua del Oso y el Madroño

마드리드시의 문장Cost of Arm of Madrid에도 그려져 있는 딸기나무 곰은 마드리드의 상징이다. 오래전에 마드리드에 곰과 딸기나무Madroño(실제 딸기는 아니다)가 많았기 때문에 도시의 상징이 됐으며, 솔 광장의 딸기나무 곰 동상은 솔 광장의 만남의 장소로도 인기가 많다. 여담으로 산에 갔다 곰을 만나 나무 위로 도망친 소년이 엄마에게 소리치며 도망치라고 "Madre(엄마), id(도망가)"라고 말한 것이 마드리드랑 발음이 비슷해 도시명이 지어진 것이 아닐까 하는 이야기도 있다.

우리나라 입맛에 맞는 파에야 맛집
로시 라 로카 Rosi La Loca [로시 라 로카]

주소 Calle Cadiz 4, 28012 Madrid **위치** ①솔(Sol)역에서 도보 3분 ②솔 광장에서 도보 2분 **시간** 12:00~다음 날 2:00 **휴무** 연중무휴 **가격** €6~8(타파스), €26~35(파에야) **전화** +34 915 32 66 81

솔 광장 가까이에 있는 스페인 전통 음식점으로, 아시아계 손님의 대부분은 우리나라 여행객일 정도로 우리나라에 많이 알려진 곳이다. 한국어를 할 줄 아는 직원이 있는 경우도 있고, 전체적으로 친절한 직원들 때문에 더욱 인기가 많다. 우리나라 입맛에 잘 맞는 해산물 파에야인 파에야 데 마리스코 Paella de marisco(€28)는 1인분은 판매하지 않는다. 혼자 방문한다면 대부분의 경우 타파스 메뉴에서 선택을 해야 하는데 훈제 문어인 뿔뽀 아우마다pulpo ahumada(€8), 가지 튀김인 칩스 데 베렝헤나스chips de berenjenas(€4) 등을 추천한다.

 가격 대비 푸짐한 바비큐 맛집
벤타 엘 부스콘 Venta El Buscon [벤따 엘 부스꼰]

주소 Calle Victoria 5-7, 28012 Madrid **위치** 솔 광장에서 도보 3분 **시간** 9:00~다음 날 1:30(일~수), 9:00~다음 날 2:00(목), 9:00~다음 날 2:30(금~토) **가격** 약 €23~(2인 기준) **전화** +34 915 22 54 12

화려한 스페인 전통 타일 속에 세고비아 전통 의상을 입은 남자가 그려진 개성 있는 외관을 갖고 있는 음식점이다. 고기를 좋아하는 사람, 특히 푸짐하게 식사를 원하는 사람들에게 추천하는 곳으로, 돼지고기, 소고기, 닭고기, 소시지 4가지가 나오는 모둠 바비큐인 빠리야다 데 까르네Parrillada de Carne(€23)는 성인 남성 둘이 먹기에도 남을 만큼 푸짐하며, 샐러드까지 함께 제공된다. 고기가 조금 질기다는 평도 있지만, 질보다는 양으로 승부하는 곳임을 감안하면 만족할 만한 곳이다.

 오랜 역사, 합리적인 가격의 제과점
라 마요르끼나 La Mallorquina [라 마요르끼나]

주소 Calle Mayor, 2, 28013 Madrid **위치** 솔 광장에서 맥도날드 & KFC 건너편 **시간** 8:30~21:15 **휴무** 연중무휴 **가격** €1~(빵, 쿠키, 초콜렛), €20~(케이크), €1.3~(음료) **전화** +34 915 21 12 01

'달콤함이 없는 하루는 의미가 없다'라는 신념으로 1894년부터 3세기에 거쳐 달콤한 케이크와 디저트를 판매하고 있는 마드리드의 대표적인 제과점이다. 매일 아침 전통 방식으로 구워내는 빵과 케이크, 쿠키로 하루 종일 사람들이 붐빈다. 오랜 역사와 변함없는 인기를 얻고 있으면서도 다른 곳과 비교해 가격의 차이가 없으며, 포장뿐 아니라 2층에 마련된 살롱에서는 음료와 함께 케이크, 쿠키를 맛볼 수 있다. 계절 메뉴도 수십 가지가 있으며, 마카롱(€1~1.5), 빵(€2~5), 조각 케이크(€3~5) 정도다.

헤밍웨이가 즐겨 찾았던 타파스 바
세르베세리아 알레마나 Cervecería Alemana [세르베세리아 알레마나]

주소 Plaza Sta. Ana, 6, 28012 Madrid **위치** ①지하철 1호선 안톤 마틴(Anton martin)역에서 도보 5분 ② M1번 버스 타고 산타 안나(Santa Ana) 정류장 하차 후 바로 **시간** 11:00~24:30(월,수, 목, 일), 11:00~다음 날 2:00(금, 토) **휴무** 화요일 **가격** €20~ **전화** +34 914 29 70 33

마드리드 시내 중심에 있는 작은 광장 중 하나인 아나 광장Plaza Santa Ana에 있는 타파스 바다. 관광객뿐만 아니라 현지인들에게도 인기 있는 곳으로 헤밍웨이의 소설 《태양은 다시 떠오른다The Sun Also Rises》에 등장하기도 했고, 헤밍웨이가 마드리드에 머물 때는 매일 들러 맥주를 즐기던 곳이기도 하다. 헤밍웨이는 굉장한 주당이었던 것으로 알려져 있는데, 《노인과 바다》를 집필하던 쿠바의 아바나에서는 매일 모히토를 3잔 정도씩 마시고, 많이 마신 날은 앉은 자리에서 모히토 8잔을 마셨다고 한다. 우리나라 소주로 치면 최소 3병 이상이다.

여행객을 위한 합리적 예산의 레스토랑
라 핀까 데 수사나 La Finca de Susana [라 핀까 데 수사나]

주소 Calle del Príncipe, 10, 28012 Madrid **위치** ①M1번 버스 타고 까나레하스(Canalejas) 정류장 하차 후 도보 1분 ②지하철 2호선 세비야(Sevilla)역에서 도보 5분 **시간** 일~화: 13:00~15:45, 20:30~23:30/ 목~토: 13:00~15:45, 20:15~24:00 **가격** €8~ **전화** +34 914 29 76 78

가격 대비 만족도가 높은 스페인 정통 레스토랑으로, 우리나라 가이드북은 물론 《론니플래닛》과 같은 외국계 가이드북에서도 빠짐없이 소개되는 곳이다. 오후에 잠시 쉬는 시에스타(낮잠 자는 시간)도 있고, 20~30분 정도 대기는 기본이라 방문하기 애매한 경우도 있지만, 대부분의 메뉴가 €10 이내이며, 점심시간에 오늘의 메뉴인 메뉴 델 디아menu del dia를 전채, 메인, 디저트 3코스를 €11.65라는 파격적인 가격으로 판매하고 있어 여행객들에게 인기가 많다.

캐주얼한 분위기의 합리적 가격대의 음식점
마르미타 Cervecería Taberna La Marmita [쎄르베사리아 타르베나 라 마르미타]

주소 Calle del Príncipe, 3, 28012 Madrid **위치** ①M1번 버스 타고 까나레하스(Canalejas) 정류장 하차 후 바로 ②지하철 2호선 세비야(Sevilla)역에서 도보 5분 **시간** 10:30~24:00 **휴무** 연중무휴 **가격** €12~ **전화** +34 914 29 86 35

마드리드 시내에서 여행객들에게 가격 대비 만족도가 높은 레스토랑 '라 핀까 데 수사나'의 바로 건너편에 있는 레스토랑이다. 전 세계 여행객이 몰리는 수사나의 웨이팅이 길다면 마르미타를 도전해 보자. 수사나보다는 조금 비싼 파에야(€14.50), 런치 3코스 메뉴(€12.90)지만, 다른 음식점에 비하면 저렴한 편이며, 음식에 대한 만족도도 높은 편이다. 굳이 아쉬운 점을 찾자면 수사나처럼 레스토랑 분위기보다는 펍과 같은 캐주얼한 느낌이며, 관광객보다는 마드리드 현지인들이 많이 방문하는 곳이다.

왕실과 귀족 여성들의 종교 활동 겸 사교 장소
데스칼사스 레알레스 수도원 Monasterio de las Descalzas Reales [모나스테리오 데 라스 데스칼사스 레알레스]

주소 Plaza de las Descalzas, s/n, 28013 Madrid **위치** ①지하철 1, 2, 3호선 솔(Sol)역에서 도보 5분 **시간** 화~토: 10:00~14:00, 16:00~18:30/ 일요일과 공휴일: 10:00~15:00 **휴관** 월요일 **요금** €6(일반), 무료(5세 미만) **홈페이지** www.patrimonionacional.es/real-sitio/monasterio-de-las-descalzas-reales **전화** +34 914 54 88 00

마드리드의 관광 시설 중 가장 독특한 곳이다. 하루 방문객 수도 정해져 있고, 개별 관람이 아닌 매시간별로 진행되는 영어 가이드 투어로만 둘러볼 수 있다. 1557년 카를로스 5세의 공주가 본인이 태어난 대저택을 수녀들을 위한 수도원으로 헌납했다. 이후 왕실과 귀족 여인들이 이곳에 머물며 종교 활동을 하며, 자연스레 진귀한 미술품과 화려한 장식으로 꾸며지게 됐다. 특히 2층 태피스트리 룸의 패널들은 루벤스가 그린 〈성찬의 승리〉를 바탕으로 제작한 것이다. 가이드 투어로만 관람할 수 있고, 매표소에서 티켓을 구입할 때 투어 시간을 정할 수 있다. 영어 가이드 투어는 하루 1~2회뿐이기 때문에 오전에 방문해서 시간을 확인하고 일정을 시작하는 것이 좋다.

바스크 지역 방식의 핀초 타파스 바
오리오 Orio [오리오]

주소 c/ Fuencarral, 49, 28043 Madrid **위치** 그란 비아(Gran Via)역에서 북쪽으로 올라가다 보면 왼편(약 5분 소요) **시간** 10:00~다음 날 1:00 **휴무** 연중무휴 **가격** €1.9(핀초 한 개당)

뷔페식으로 된 핀초 바다. 접시를 들고 먹고 싶은 만큼 핀초를 가져다가 먹고, 나가기 전에 핀초에 꽂힌 이쑤시개 개수를 세서 계산한다. 일반적인 핀초는 뷔페식으로 가져와서 먹는 것이고, 바로 나온 스페셜 핀초는 종업원이 들고 다니면서 추천한다. 핀초와 와인도 잘 어울리는데, 특히 하우스와인인 자꼴라가 인기다. 바르셀로나와 발렌시아에도 있는 체인점이다.

 비스킷을 테마로 한 카페
바르 가예따 Bar Galleta [바르 가예따]

주소 Calle Corredera Baja de San Pablo, 31, 28004 Madrid **위치** ①지하철 2호선 노비씨아또(Noviciado)역에서 도보 7분 ②지하철 2호선 산토 도밍고(Santo Domingo)역에서 도보 5분 **시간** 13:00~다음 날 1:00(일~목), 13:00~다음 날 2:00(금, 토) **가격** €11~20 **전화** +34 619 83 05 03

나무 인테리어로 아늑한 분위기를 연출한 아기자기한 카페로, 비스킷과 쿠키를 메인으로 하고 있다. €5.50 균일가로 판매하는 디저트 외에도 €10~15 전후의 런치 메뉴도 다양하게 갖추고 있다. 카페 분위기의 레스토랑에 가깝지만, 저녁 시간에는 와인과 상그리아를 마시기도 좋고, 늦은 시간까지 영업을 한다.

시장이 아닌 푸드 코트 겸 술집 골목
산미구엘 시장 Mercado de San Miguel [메르까도 데 산 미겔]

주소 Plaza de San Miguel, 3, 28005 Madrid **위치** ①지하철 1, 2, 3호선 솔(Sol)역에서 약 도보 7분 ②마요르 광장에서 도보 1분 **시간** 10:00~24:00(일~수), 10:00~다음 날 2:00(목~토) **전화** +34 915 42 49 36

1916년부터 영업을 시작한 산 미구엘 시장은 오랜 기간 동안 마드리드의 대표적인 재래시장이었다. 마드리드의 식탁을 책임져 온 시장이었지만 화재로 인해 폐쇄됐다가 개인 투자자가 시장을 인수하고 6년간의 리뉴얼을 거쳐 2009년 재 오픈하면서 시장이 아닌 푸드 코트, 술집 골목 같은 분위기로 바뀌었다. 30여 개의 음식점이 영업을 하고 있으며, 해산물과 하몬, 치즈 등 다양한 타파스와 한 잔씩 파는 와인 또는 카바(스파클링 와인), 맥주 등을 즐길 수 있다. 시장처럼 활기찬 분위기를 느끼며 식사하기 좋기 때문에 마드리드를 찾는 여행객들에게 많은 인기를 얻고 있다. 최근 리모델링을 통해 철골을 세우고 통유리로 둘러싸면서, 개방형이던 시장이 실내 시장으로 다시 태어났다. 흔히 생각하는 재래시장과는 달리 굉장히 깔끔한 분위기 선술집이 늘어서 있다.

 레알 마드리드 축구팀의 공식 기념품 숍
레알 마드리드 오피셜 스토어 Real Madrid Official Store [레알 마드리드 오피시알 스토어]

주소 Calle Gran Vía, 31, 28013 Madrid **위치** 지하철 1, 2, 3호선 솔(Sol)역에서 도보 3분 **시간** 10:00~21:00
가격 € 5~200 **전화** +34 917 55 45 38

축구 팬이라면 마드리드 여행 중 산티아고 베르나베우 스타디움 투어를 가는 경우가 많은데, 혹시 시간 또는 여행 동반자의 취향 때문에 스타디움 투어를 할 여유가 없다면, 마드리드 시내의 오피셜 매장을 방문하는 것으로 위안을 삼을 수 있다. 유니폼뿐만 아니라 축구용품, 문구류, 생활 잡화 등 다양한 공식 제품을 판매하고 있으며, 공식 유니폼을 구입하면 그 자리에서 등 번호와 이름을 새겨 주기도 한다. 레알 마드리드의 오피셜 매장은 마드리드 시내 솔 광장 인근에도 있을 뿐 아니라 라이벌 지역인 바르셀로나의 람블라 거리, 공항 등에도 있다.

 마드리드의 또 다른 중심
마요르 광장 Plaza Mayor [플라자 마요르]

주소 Plaza Mayor, 28012 Madrid **위치** 지하철 1, 2, 3호선 솔(Sol)역에서 도보 5분

고풍스러운 건물이 둘러싸고 있는 정방향 광장으로, 15세기 시내에서 가장 큰 시장이 열리던 곳이다. 가까이에 왕궁이 생기면서 펠리페 3세의 명령으로 지금의 모습을 갖추기 시작했다. 광장을 드나들 수 있게 9개의 아치형 문을 만들어 두어 어디서든 쉽게 찾아올 수 있으며, 광장 중심에는 펠리페 3세의 기마상이 세워져 있다. 매주 일요일 아침에는 골동품 시장이 열리고, 12월 한 달 동안은 전통적인 크리스마스 마켓이 이곳에서 열린다. 또한 마드리드에서 가장 큰 투어 리스트 인포메이션 센터가 있어 많은 관광객이 찾고 있다.

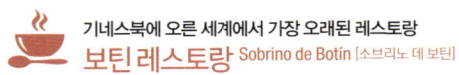

기네스북에 오른 세계에서 가장 오래된 레스토랑
보틴 레스토랑 Sobrino de Botín [소브리노 데 보틴]

주소 C/ de Cuchilleros, 17, 28005 Madrid **위치** 마요르 광장에서 도보 3분 **시간** 13:00~16:00, 20:00~24:00 **가격** €25(코치니요 아사도), €24(감바스) **전화** +34 913 664 217

1725년 프랑스 요리사인 장 보틴Jean Botin과 그의 아내가 작은 여관을 겸한 식당으로 영업을 시작한 곳이다. 1987년 세계에서 가장 오래된 레스토랑으로 기네스북에 등재되기도 했으며, 세월이 흐름에 따라 건물 일부가 증개축을 하기도 했지만, 18세기 후반에 만들어진 목재 오븐을 비롯해 레스토랑 곳곳에 옛 자취가 고스란히 남겨져 있다. 특히 오래된 목재 오븐에서 나오는 특유의 풍미가 더해져 다른 곳과는 비교할 수 없는 맛을 낸다고 한다. 지금의 레스토랑은 20세기 초에 주인이 바뀌어 곤살레스González 가족이 3대째 운영하고 있으며, 식사 중에 간단한 공연을 하는 경우도 있다. 스페인 북부의 세고비아 지방 요리를 메인으로 하며, 대표 메뉴는 새끼 돼지구이인 코치니요 아사도cochinillo asado(약 €25, 1인분)와 양고기 구이인 코르데로 아사도Cordero Asado(약 €25, 1인분)다. 코치니요 아사도는 한 마리가 통째로 나오는 게 아니라 다리 또는 몸통 등 랜덤으로 나온다.

> **Tip.**
> ### 헤밍웨이의 소설 속 보틴
> 《노인과 바다The Old Man and the Sea》로 친숙한 소설가 헤밍웨이는 푸근한 할아버지 같은 인상이지만 제1차 세계대전에 참전했고, 스페인 내전에서는 혁명군 편에서 활동하기도 했다. 그의 대표작 중 하나인《누구를 위하여 종은 울리나For Whom The Bell Tolls》는 스페인 내전에서 겪은 이야기를 바탕으로 하고 있으며, 이 밖에도 다양한 작품이 스페인 생활을 바탕으로 지어졌다. 특히 마드리드의 레스토랑 '보틴'은 그의 소설《태양은 다시 떠오른다The Sun Also Rises》,《오후의 죽음Death in the Afternoon》에서 언급된 것으로 보아, 헤밍웨이 본인이 좋아했던 레스토랑이 아닐까 여겨진다.

 120년 전통의 본고장 추로스
초콜라테리아 산 히네스
Chocolateria San Gines [초콜라테리아 산 히네스]

주소 Pasadizo de San Gines, 5, 28013 Madrid **위치** ①산 히네스 성당 앞 ②마요르 광장에서 도보 2분 **시간** 24시간 영업 **휴무** 연중무휴 **가격** €2~4 **전화** +34 913 65 65 46

1894년에 오픈한 초콜라테리아로, 일반 카페 메뉴와 케이크 등도 판매하지만 이곳을 찾는 가장 큰 이유는 추로스다. 기름에 튀긴 것이 맞나 싶을 정도로 담백한 추로스는 설탕을 뿌리지 않고 나온다. 스페인에서는 추로스를 걸쭉한 스페인 스타일의 핫초코에 찍어 먹는다. 120년 전통을 자랑하는 이곳은 24시간 영업을 하고 있기 때문에 여행 중 언제든지 방문할 수 있고, 메뉴도 스페인어와 영어를 함께 표시하고 있다. 추로스 6개(€1.3), 카푸치노(€2.5), 핫초코(€2.6)와 맥주(€2.6)도 판매하고 있다.

하몬을 파는 스페인식 정육 식당
하몬 박물관 Museo del Jamon [뮤제오 델 하몽]

하몬 박물관이라는 뜻을 갖고 있지만 우리나라의 정육 식당 같은 분위기가 나는 음식점이다. 마드리드 시내에 6개 매장이 있는데, 바처럼 운영되기도 하며 테이블이 있는 곳도 있다. 하몬 외에도 치즈, 보카디요(스페인식 샌드위치) 등의 다양한 메뉴가 있어 식사를 하기도 좋고, 와인을 곁들여 안주 삼아 먹기도 좋다. 최상급 하몬은 도토리를 먹여 키운 이베리코산 흑돼지의 다리를 이용한 '하몬 이베리코 데 베요타Jamon iberico de bellota'며, 저렴한 하몬은 흑돼지가 아닌 일반 돼지를 이용하기도 한다.

알카라 지점[Alcalá]
주소 Alcalá Street 155, Madrid **위치** 지하철 2, 4호선 고야(Goya)역에서 도보 1분 **시간** 8:00~23:00/ 8:00~24:00(금, 토) **가격** €1~5(단품), €7~15(하몬) **전화** 91 541 20 23

아토차 지점[Atocha]
주소 Calle de Atocha, 54, 28012 Madrid **위치** 지하철 1호선 안톤 마틴(Anton Martin)역에서 도보 1분 **시간** 9:00~23:00(금, 토는 24:00까지) **가격** €1~5(단품), €7~15(하몬) **전화** 91 369 22 04

그란 비아 지점[Gran Via]
주소 72 Gran Vía Street, Madrid **위치** 지하철 2호선 에스파냐광장(Plaza de Espana)역에서 그란 비아 거리 따라 도보 5분 **시간** 9:00~24:00(금, 토는 다음 날 1:00까지) **가격** €1~5(단품), €7~15(하몬) **전화** 91 541 20 23

플라자 마요르 지점[Plaza Mayor]
주소 Plaza Mayor, 18, 28012 Madrid **위치** 마요르 광장과 산 미구엘 시장 사이 (가장 많은 관광객이 방문하는 지점) **시간** 8:00~24:30 **가격** €1~5(단품), €7~15(하몬) **전화** 915 42 26 32

 꽃할배에 소개된 양송이버섯 레스토랑
메손 델 참피뇬 Meson del Champinon [메손 델 참피뇬]

주소 C/ Cava de San Miguel, 17, 28005 Madrid **위치** 산 미구엘 시장에서 도보 1분 **시간** 12:00~다음 날 1:30(일~월), 12:00~다음 날 2:00(화~토) **가격** €7.30~ **전화** +34 915 59 67 90

언뜻 보면 챔피언의 집mesón del champion처럼 보이지만 '버섯의 집meson del champinon'이라는 뜻을 갖고 있는 음식점이다. 당연히 대표 메뉴는 양송이버섯 요리인 참피뇬champiñón(€7.30)이며, 우리나라에 없는 고추 품종인 파드론 페퍼 튀김인 삐미엔또스 드 빠드론Pimientos de Padrón(€7.50)도 인기가 많다. 인기에 비해 대부분의 음식이 저렴하며, 와인도 €10 예산부터 즐길 수 있다. TV 프로그램이었던 〈꽃보다 할배 스페인 편〉 7화에서 헤밍웨이의 단골집으로 소개되기도 했다.

 오랜 전통의 에스파듀 전문점
카사 에르난즈 Casa Hernanz [카사 에르난즈]

주소 Calle de Toledo, 18, 28005 Madrid **위치** 마요르 광장에서 도보 2분 **시간** 월~금: 9:00~13:30, 16:30~20:00/ 토: 10:00~14:00 **휴무** 일요일 **가격** € 20~50 **전화** +34 913 66 54 50

1845년부터 4대에 거쳐 가족들에 의해 운영되는 오랜 역사의 정통 에스파듀 전문점이다. 전통 수제 방식으로 오직 에스파듀만을 170여 년간 만들고 있는 카사 에르난즈는 클래식한 스타일을 기본으로 하며 다양한 디자인과 색상, 합리적인 가격으로 인기를 끌고 있다. 바르셀로나의 알파르가테아 Alpargatera와 함께 우리나라 여행객들에게 인기가 많은 곳이며 두 곳은 가격대도 비슷하다. 낮 시간에는 문전성시, 느긋한 쇼핑을 원한다면 아침 시간을 이용하자. 시간이 충분하다면 맞춤 제작도 가능하며, 가격이 바르셀로나보다 더 저렴하며 디자인도 많아 선택의 폭이 넓다.

> **Tip.**
>
> ### 에스파듀 Espadille
>
> 천연 소재로 만들어 친환경 신발로 알려진 스페인의 전통 신발이다. 4세기경 북부 카탈루냐 지방에서 만들어지기 시작했는데, 황마를 꼬아서 만드는 방식이 우리나라의 짚신과도 비슷하다. 1970년대 프랑스의 이브 생로랑 캔버스와 린넨, 가죽 등을 이용해 현대적인 디자인을 더한 에스파듀를 소개하면서 패션 아이템으로 자리 잡게 됐다. 에스파듀는 프랑스어며 스페인에서는 '에스빠르데냐 espardenya' 또는 '알빠르가따alpargata'라 불린다.
>
>

마드리드의 숨겨진 박물관이라 불리는 왕궁
마드리드 왕궁 Palacio Real de Madrid [팔라씨오 레알 데 마드리드]

주소 Calle de Bailén, s/n, 28071 Madrid **위치** ①지하철 2, 5호선 오페라(Opera)역에서 도보 5분 ② 3, 148번, N16번 버스 타고 바이렌 마요르(Bailén‒Mayor) 정류장 하차 후 도보 3분 **시간** 10:00~18:00(10~3월), 10:00~20:00(4~9월) **요금** €10(일반), €5(5~16세 어린이, 25세 이하 국제학생증 소지자), 무료(5세 미만 어린이, 국제 교사증 소지자) **홈페이지** www.patrimonionacional.es **전화** +34 91 454 8700

마드리드 시내 서쪽에 있는 마드리드 궁전은 스페인 국왕(현재의 국왕은 펠리페 6세)의 왕궁으로 '오리엔테 궁전'이라 불리기도 한다. 실제 국왕과 왕족이 거주하는 곳은 마드리드 근교의 사르스에라 궁전이며, 마드리드 궁전은 스페인 정부가 소유하고, 국가의 주요 행사에 사용되고 있다. 공식 행사로 사용되는 경우를 제외하고는 일반에 공개되고 있다. 현재의 궁전이 있는 장소는 마드리드가 '마이리트Myrit'라 불리던 10세기에 요새로 지어진 이후, 1561년 펠리페 2세가 수도를 마드리드로 천도하면서부터 궁전으로 이용됐다. 1734년 12월 24일 화재로 전소되고, 현재의 궁전은 1738년 프랑스 루이 14세의 손자인 펠리페 5세가 베르사유 궁전에서 영감을 받고, 베르사유 궁전만큼 화려하게 지은 것이다. 왕궁의 연면적(135,000㎡)으로는 유럽에서 가장 큰 궁전으로 꼽히며, 일반에는 일부만 공개하지만 총 3,418개의 방이 있다.

스트라디바리우스 컬렉션 Stradivarius de la colección

베라스케스, 고야 등 스페인의 궁정 화가들의 작품, 스페인 국왕의 왕관, 중세 시대의 갑옷 등 마드리드의 숨겨진 박물관이라 불릴 만큼 많은 소장품이 있다. 소장품 중 스트라디바리우스의 악기(바이올린 2대, 비올라 1대, 첼로 1대)는 마드리드 왕궁의 대표적인 소장품이다. 스트라디바리우스의 악기는 1700년대 전후로 제작된 것이 보다 높은 가치를 갖고, 이전에 사용한 사람들의 명성에 의해서도 가치가 달라진다. 마드리드 왕궁의 스트라디바리우스는 1696년 카를로스 2세가 주문하고 악기를 받기 전에 사망했는데, 뒤를 이은 펠리페 5세가 악기 구입을 거부했다. 하지만 바이올린 연주를 즐겼던 카를로스 5세가 1775년에 악기의 구매 대금을 지불하고 인수했다. 이러한 스토리가 더해진 데다, 세계 유일의 스트라디바리우스의 악기로 현악 4중주 구성을 한 곳에 모아 두고 있어, 4대의 가격은 최소 €1억(1,300억 원)라고 한다.

왕관의 방 Sala de la Corona

스페인 왕가의 상징 중 하나인 왕관 코로나 레알 데 에스파냐 Corona real de España는 스페인 부르봉 왕조의 초대왕이자 마드리드 왕궁을 지은 펠리페 5세 때부터 전해지고 있다. 행사가 있을 때만 왕관이 일반에 공개되는 것이 전통이었지만, 펠리페 6세가 즉위한 2014년 이후 마드리드 왕궁의 왕관의 방에서 일반에 공개하고 있다. 부왕인 후안 카를로스 1세의 사치스러운 행동이 문제가 된 후 즉위했기 때문인지 왕관에는 보석을 일절 사용하지 않고 은에 금으로 도금한 심플한 디자인으로 제작했다.

왕좌의 방 Salón del Trono

마드리드 왕궁이 지어진 이래 유일하게 본래의 모습, 기능을 그대로 유지하고 있는 곳으로, 스페인 국왕의 권위를 상징하는 공간이다. 프랑스 베르사유 궁전Château de Versailles에서 가장 화려한 공간인 거울의 방La Galerie des Glaces을 모티브로 만들어졌으며, 붉은 카펫과 금도금을 한 가구와 조각상, 화려한 샹들리에, 스페인 궁정 예술가들이 남긴 천장화 등이 볼거리다.

오리엔테 광장 Plaza de Oriente

마드리드 왕궁의 동쪽, 시내 방향에 있는 공원처럼 조성된 광장이다. 네 마리의 사자가 떠받치고 있는 펠리페 4세의 기마상이 세워져 있고, 분수 옆의 가로수길을 따라 스페인을 통치한 역대 국왕들의 조각상들이 세워져 있다. 시내에서 마드리드 왕궁으로 이동하면서 자연스레 지나는 곳으로 왕궁 관람 전후로 잠시 휴식을 취하기 좋다.

근위병 교대식 Cambio de Guardia

매주 수요일 11시부터 14시 사이 오리엔테 광장 앞에서 30분 간격으로 약식 근위병 교대식을 볼 수 있다. 매월 첫 번째 수요일 12시 아르메리아 광장Plaza de la Armería(알무데나 성당 앞)에서는 알폰소 7세(1104~1157) 재위 시절의 화려한 근위병 교대식 Relevo Solemne을 재현하고 있다. 100명의 근위병과 100명의 기마병이 행진하는 장관을 연출한다.

마드리드에서 가장 오래된 타블라오
코랄 데 라 모레리라 Corral de la Morería [코랄 데 라 모레리아]

주소 c/ Morería, 17, 28005 Madrid **위치** 마드리드 왕궁을 바라보고 우측의 남쪽으로 뻗은 다리를 건너자마자 우측 골목 안 (도보 5분) **시간** 18:00 ~다음 날 12:00 **휴무** 연중무휴 **가격** €38~43(플라멩코 공연), €5~12(타파), €15~40(요리) **홈페이지** www.corraldelamoreria.com/en/index2.html

멋진 플라멩코 공연을 볼 수 있는 타블라오로, 길게 늘어진 테이블에 사람들이 같이 앉아 있고, 한편에 마련된 무대에서 공연을 하는 타블라오다. 마드리드에서 가장 유명한 곳이어서 예약을 하고 가는 것이 좋다. 시간대에 따라 음료만 마시면서 공연을 관람할 수 있는 시간, 식사를 같이 해야 하는 시간으로 구분되는데, 공연만 €40 정도되며, 식사비는 별도다. 미쉐린에서 인정받은 식당인 만큼 음식 맛도 보장되며, 플라멩코 공연 수준도 높은 편이다.

돈키호테의 동상이 서 있는 광장
스페인 광장 Plaza de España [플라자 데 에스파냐]

주소 Plaza de España, 28008 Madrid **위치** 지하철 3, 10호선 플라자 드 에스파냐(Plaza de España)역에서 바로

마드리드의 쇼핑 거리, 그란 비아의 서쪽에 위치한 광장으로, 《돈키호테》의 작가 세르반테스의 사후 300주년을 기념해 세운 기념비로 유명하다. 기념비 위쪽에는 석조 조각인 세르반테스가 아래에 있는 애마 로시난테를 탄 돈키호테와 조랑말을 탄 산초 판사(이름이 판사다)를 내려다보고 있다. TV 프로그램 〈꽃보다 할배〉에서 이순재가 추억을 떠올리며 늦은 시간에도 찾아간 곳으로 소개됐으며, 프란시스코 고야가 그린 〈마드리드, 1808년 5월 3일〉의 무대이자 프랑스군에 의해 학살이 자행된 프린시페 피오 언덕의 일부가 지금의 스페인 광장이다.

사랑을 찾기 위해 기도하는 성당
산 안토니오 데 라 플로리다 성당
Ermita San Antonio de la Florida
[에르미타 산 안토니오 데 라 플로리다]

주소 Paseo Florida, 0, 28001 Madrid **위치** ①지하철 6, 10호선 프린시페 피오(Príncipe Pío)역에서 도보 10분 ②46번 버스 타고 산 안토니오 라 플로리다(San Antonio la Florida) 정류장 하차 후 진행 방향으로 도보 1분 **시간** 화~일: 9:30~14:00, 15:00~19:00 **휴관** 월요일, 공휴일, 1월 1, 6일, 5월 1일, 12월 24, 25, 31일 **요금** 무료 **전화** +34 915 47 77 93

고야가 그린 천장화와 함께 그의 무덤이 있는 곳으로 유명한 아담한 성당이다. '라 플로리다'라는 이름의 농장이 있던 자리에 1730년대에 성당이 지어지면서 지금의 이름을 갖게 됐고, 1905년에는 국가 문화재로 지정됐다. 똑같은 모양의 성당이 두 개 있는데, 이는 1928년 성당을 보존하고 박물관으로 이용하기 위해 기도하기 위한 성당을 똑같이 지었기 때문이다. 매년 6월 13일(성 안토니오의 축일)에는 미혼 여성들이 미래의 배우자가 누구인지 안토니오 성인에게 묻기 위해 이곳을 찾는 것으로도 유명하다.

아토차 &
프라도 미술관 주변

Atocha & Museo del Prado

마드리드를 방문하는 여행객들 중 미술 작품에 관심이 없다고 해도 반드시 들르게 되는 프라도 미술관과 마드리드 교통의 중심인 아

토차역이 서로 가까이 위치해 있다. 이 지역은 아토차역 북쪽으로 뻗어 있는 프라도 거리 Paseo del Prado 일대에서 마드리드를 대표하는 3대 미술관을 만나 볼 수 있으며 그와 동시에 마드리드의 허파로 불리는 레티로 공원과 마드리드 왕립 식물원이 함께 위치하고 있어 3대 미술관과 명화를 감상하는 것과 동시에 짙푸른 녹음을 즐기며 휴식을 취할 수 있는 지역이다.

Best Course

지하철 1호선 Estación del Arte역
도보 7분
↓
프라도 미술관

도보 5분
레티로 공원

도보 10분
↓
엘 브리얀테(점심)

도보 3분
↓
국립 소피아 왕비 예술 센터
도보 15분
↓
티센 보르네미사 미술관

• 찾아가기 •

이 지역의 중심이 되는 역은 지하철 1호선 에스타시온 델 아르테Estación del Arte역이다. 아토차역 바로 전 정거장이기도 하며 프라도 미술관까지 도보 7분, 아토차역까지 도보 5분, 국립 소피아 왕비 예술 센터까지 도보 3분, 티센 보르네미사 미술관까지 도보 10분 거리에 위치해 있어 마드리드의 3대 미술관은 물론 교통의 중심인 아토차역까지 모두 도보로 이동이 가능하다.

📍 주요 지하철역

지하철 1호선 에스타시온 델 아르테Estación del Arte역

지하철 2호선 세비야Seville역

궁정 예술의 절정을 전시하는 세계 3대 미술관
프라도 미술관 Museo Nacional del Prado [뮤제오 나씨오날 델 프라도]

주소 Paseo del Prado, s/n, 28014 Madrid **위치** ①지하철 1호선 에스타시온 델 아르테(Estación del Arte) 역에서 도보 6분 ②솔 광장에서 도보 15분 **시간** 10:00~20:00(월~토), 10:00~19:00(일), 10:00~14:00(12월 24~31일, 1월 6일)/ 무료 관람 시간: 18:00~20:00(월~토), 17:00~19:00(일요일, 공휴일) *무료 관람 시간에는 누구든지 무료입장 가능 **휴관** 1월 1일, 5월 1일, 12월 25일 **요금** €15(성인), €7.50(65세 이상), 무료입장(18세 미만, 25세 이하 ISIC국제학생증 소지자, 장애인) **홈페이지** www.museodelprado.es/en **전화** +34 91 330 2800

1785년 스페인의 왕 카를로스 3세가 자연 과학과 관련된 박물관을 만들기 위해 지었지만, 그의 손자 페르난도 7세의 왕비인 마리아 이사벨의 바람으로 미술관으로 변경됐다. 왕궁의 미술품들을 중심으로 1819년 왕립 미술관으로 개관하고, 1868년 현재의 프라도 미술관으로 이름을 바꾸었다. 프라도는 목초지를 뜻하는 말이지만, 현재는 스페인 국민의 문화적 자존심을 상징하는 말로 통하기도 한다. 흔히 뉴욕의 메트로폴리탄 미술관, 영국의 내셔널 갤러리와 함께 세계 3대 미술관으로 꼽히는 프라도 미술관의 소장품은 개관 당시의 스페인 궁정 미술과 이후에 들어온 이탈리아 르네상스 시대의 미술품이 주를 이루고 있다. 참고로 스페인의 미술관 중 유일하게 한국어 음성 가이드가 있는 곳이기도 하다.

Tip.
1. 폐관 2시간 전부터는 무료로 입장할 수 있다.
2. 전체를 둘러보는 데는 최소 4시간 이상이 소요된다.
3. 유료(€4.50)지만 오디오 가이드를 대여하면 큰 재미를 느낄 수 있다.
4. 인터넷으로 사전에 예약하면, 입장료 할인 및 별도의 입구로 빠르게 입장할 수 있다.
5. 주요 작품은 대부분 1층에 위치해 있다.

• 프라도 미술관 •
INSIDE

디에고 벨라스케스의 <시녀들> Las Meninas Diego Velázquez

17세기 중반 스페인의 황금 시대에 최고의 궁정 화가인 디에고 벨라스케스의 대표작이다. 당시로서는 파격적인 구성으로 서양 회화 작품에서 가장 많은 연구가 이루어지는 작품 중 하나로 꼽히며, '예술의 철학', '회화로서 무엇을 나타낼 수 있는지 작가의 자신감과 치밀함을 표현한 걸작이며, 회화 방식이 가진 가능성을 가장 완벽하게 보여 주는 작품'이라는 평을 받고 있다.

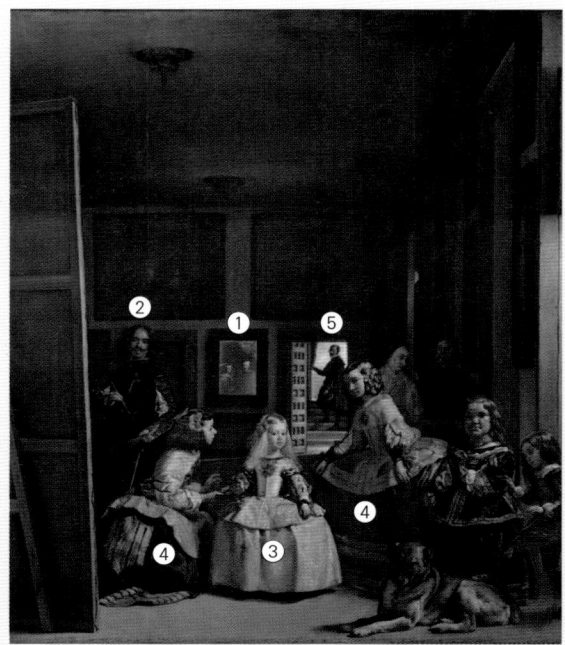

❶ 작품을 바라보는 시선은 바로 뒤쪽 거울에 비치고 있는 펠리페 4세 왕과 왕비다. 엄격한 규칙이 있던 당시 시대를 생각하면 그야말로 파격 그 자체며, 왕과 왕비를 이렇게 표현할 수 있었던 것은 벨라스케스가 왕에게 엄청난 신뢰를 받고 있었다는 것을 알 수 있다.

❷ 르네상스 시대 이전에도 작가들이 작품 속에 자신을 표현하기도 했지만, 이렇게 전면에 드러나는 경우는 많지 않았다. 벨라스케스가 향하는 곳은 작품의 외부, 펠리페 4세 왕과 왕비가 있는 곳으로 추측되며, 그가 그리는 작품도 왕과 왕비의 초상화로 여겨진다.

❸ 작품의 중심에 서 있는 어린아이는 펠리페 4세의 딸인 마르가리타 왕녀다. 왼쪽 볼 부분이 1734년 발생한 화재로 손상됐는데, 이후 복원된 것이다. 화재 이후 작품의 크기가 다소 작아지기도 했다.

❹ 왕녀 좌우에 시녀들이 서 있다. 궁전에서 관리될 때의 작품명은 가족을 뜻하는 <라 파밀리아La Familia>였는데, 1843年 프라도 미술관으로 이전되면서 <시녀들>이라는 이름을 갖게 됐다.

❺ 문 앞에 서 있는 사람은 왕비의 시종으로 추측되지만, 작가의 친척이라는 설도 있다. 방으로 들어오는 것인지, 나가는 것인지 알 수 없는 상황이다. 이러한 호기심 때문에 작품을 감상하는 시선이 뒤로 가며, 자연스레 거울에 비친 왕과 왕비의 모습으로 시선이 옮겨진다.

프란시스코 고야의 <옷을 벗은 마하>, <옷을 입은 마하>
La Maja Desnuda & La Maja Vestida by Francisco de Goya

18세기 중반에 활동한 스페인의 대표적인 낭만주의 화가인 프란시스코 고야의 대표작 중 하나다. 이전까지만 해도 신화 속 주인공을 제외한 일반인의 누드화를 그린다는 것은 금기 시 됐는데, 종교 재판에 불려가는 위험을 감수한 서양 최초의 등신대 누드 작품이다. 이러한 의미 외에도 스페인어로 매력적인 여자를 의미하는 '마하maja'의 모델이 누구인지에 대한 추측 때문에 보다 관심을 끈다. 당시 큰 권력을 갖고 있던 알바 공작의 부인이 모델이라는 설이 가장 유력하다.

고야와 그녀가 내연 관계였는지, 고야의 단순한 짝사랑이었는지는 알 수 없지만, 깊은 관계였던 것은 확실하다. 여담으로 고야는 30점이 넘는 알바 공작의 초상화를 그리기도 했다. 이 중 뉴욕 히스패닉 소사이어티 미술관에서 소장하고 있는 <알바 공작의 초상Portrait of the Duchess of Alba>은 1960년대 작품을 세척하는 과정에서 그녀의 손가락이 가리키고 있는 바닥에 'Solo Goya(오직 고야)'라 쓰인 것이 발견됐다. 또한 그녀가 끼고 있는 두 개의 반지에는 각각 알바Alba, 고야Goya가 쓰여져 있다.

168

프란시스코 고야의 <마드리드, 1808년 5월 3일>
El tres de mayo de 1808 en Madrid by Francisco de Goya

1804년 나폴레옹이 그의 형 조제프 보나파르트를 스페인 왕위로 즉위시키면서 발생한 스페인 독립전쟁(반도 전쟁). 1812년까지 이어진 전쟁 기간 동안 고야는 많은 기록화를 남겼고, 그중 가장 유명한 작품이다. 전체적으로 어두운 분위기에서 가운데 있는 남자만 밝은 옷을 입고 양팔을 벌리고 있는 데서 예수 그리스도가 연상된다. 학살당하는 스페인 시민들은 절망과 두려움이 표현되지만, 프랑스 군인은 뒷모습만 있는 데서 전쟁의 감정 없는 살인, 인간에 대한 인간의 폭력을 고발하고 있다. 훗날 6.25 전쟁에서 벌어진 학살을 접한 파블로 피카소가 그린 <한국에서의 학살 Massacre en Coree, 1951>은 고야의 그림에 영향을 받은 것이다.

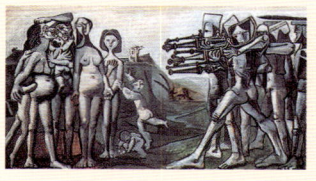

페테르 파울 루벤스의 <파리스의 심판> The Judgement of Paris by Peter Paul Rubens

17세기 바로크 시대를 대표하는 벨기에 화가 페테르 파울 루벤스의 작품이다. 목동이었던 파리스가 헤라(제우스의 아내, 최고의 여신), 아프로디테(미의 여신), 아테나(지혜, 전쟁의 여신) 중 가장 아름다운 여신에게 황금 사과를 주는 장면이다. 권력과 부를 약속한 헤라, 지혜와 전쟁에서의 승리를 약속한 아테나 대신 아름다운 아내를 주기로 한 아프로디테가 가장 아름다운 여신이라 결정했다. 이 일로 인해 헤라와 아테나에게 미움을 받은 파리스가 트로이로 간 후 트로이 전쟁이 일어나게 됐다. 이 신화가 주는 교훈은 여자의 미모만을 바라보면 본인은 물론 나라까지 망치는 수가 생긴다는 것이다. 루벤스는 파리스의 심판을 두 번 그렸으며 1636년 그린 것은 영국의 내셔널 갤러리에 있고, 프라도 미술관의 작품은 1638년 작이다.

유럽 각국의 예술가들의 작품을 전시하는 곳
티센 보르네미사 미술관 Museo Thyssen-Bornemisza [뮤제오 티센 보르네미사]

주소 Paseo del Prado, 8, 28014 Madrid **위치** 프라도 미술관에서 도보 3분 **시간** 12:00~16:00(월), 10:00~19:00(화~일) **휴관** 1월 1일, 5월 1일, 12월 25일 **요금** €12(일반), €10(7명 이상), €8(학생, 12세 이하, 65세 이상, 유스 카드 소지자) *무료입장 일반 전시관: 12:00~16:00(월요일, 마스터카드 소지자에 한함) **홈페이지** www.museothyssen.org/ **전화** +34 917 91 13 70

영국의 엘리자베스 여왕의 예술품 컬렉션에 이어 세계 두 번째로 꼽히는 티센 가문의 예술 컬렉션을 전시하고 있는 미술관이다. 티센 가문의 컬렉션으로 미술관을 만들려 할 때, 유럽 각국에서 유치 경쟁을 했는데, 스페인에 미술관이 세워진 이유가 재미있다. 독일의 철강 재벌인 티센 가문의 후계자인 한스 하인리히 티센 보르네미사Hans Heinrich Thyssen-Bornemisza가 미스 스페인 출신의 여성과 결혼하면서 스페인으로 정했다. 1992년 미술관 개관 후 1년이 지나자 컬렉션의 대부분을 스페인 정부에 저렴한 가격에 매각했다. 단, 모든 컬렉션은 한곳에 전시하며, 대중이 쉽게 볼 수 있고, 티센 보르네미사라는 이름을 그대로 사용하는 것이 조건이었다. 고흐, 세잔, 모네 등 대중적인 유럽 예술가들의 작품이 있어 미술에 대한 지식이 많지 않더라도 부담 없이 관람할 수 있다.

도메니코 기를란다요의 <조반나 토르나부오니의 초상>
Portrait of Giovanna Tornabuoni by Domenico Ghirlandaio

미켈란젤로의 스승인 기를란다요가 15세기 이탈리아 피렌체에서 유행하던 스타일로 그린 초상화다. 이목구비가 뚜렷한 서양인을 표현하기 좋은 측면의 모습에 무표정한 얼굴로 인물의 개성을 표현한 것이 인상적이다. 피렌체 권력가의 딸인 초상화의 주인공은 결혼 후 2년 만에 죽어, 사후에 그려진 초상화다. 초상화의 오른쪽에 쓰여진 라틴어는 작가가 남긴 것이다. '예술에 성격과 영혼을 그려낼 수 있다면, 세상의 그 어느 그림보다 아름다울 것이다(Ars Utinam Mores Animum que Effingere Posses Pulchrior In Terris Nulla Tabella Foret'.

빈센트 반 고흐의 <오베르의 베세노>
Les Vessenots en Auvers by Vincent Van Gogh

빈센트 반 고흐가 자살하기 전 마지막으로 머물던 오베르쉬르 우아즈의 교외인 베세노의 풍경을 그린 작품이다. 베세노의 경관은 지평선 아래 오래된 시골 오두막집이 있고, 밀밭들이 캔버스 밑으로 펼쳐져 있다. 초록과 노란색으로 단순한 색상과 반복적인 붓 놀림은 고흐 말년의 작품 특징이다. 죽음 직전에 야외로 나가 많은 풍경화를 남겼는데 광활한 대지의 자유로움에서 그는 우울함과 외로움을 느낀 것으로 알려져 있다.

마드리드 시민들의 휴식처이자 문화, 레저 공간
레티로 공원 Parque de el Retiro [파르케 데 엘 레티로]

주소 Plaza de la Independencia, 7, 28001 Madrid **위치** ①지하철 1호선 에스타시온 델 아르테(Estación del Arte)역에서 도보 7분 ②지하철 2호선 레티로(Retiro)역에서 바로 ③프라도 미술관에서 도보 4분 **시간** 6:00~24:00(4~9월), 6:00~22:00(10~3월) **전화** +34 917 74 10 00

프라도 미술관 뒤편에 자리한 공원이며 단순히 산책하고 쉬는 것뿐만 아니라 마드리드 시민과 관광객들에게 문화와 레저의 장소로도 이용되고 있다. 보트놀이를 즐길 수 있는 연못 뒤에 있는 알폰소 7세의 동상을 비롯해 20세기 초 스페인 조각가들의 작품이 공원 곳곳에 있다. 1887년 마드리드 엑스포의 전시회장으로 지어진 벨라스케스 궁전, 당시 필리핀에서 온 식물을 키우기 위해 지은 크리스탈 궁전Palacio de Cristal 등 공원 안에 있는 건물들도 볼거리다. 공원 북쪽의 지하철 레티로Retiro역 출구 앞에는 '스페인의 개선문'이라 불리는 알칼라 문Puerta de Alcala이 있다. 마드리드 시내를 감싸던 성벽의 일부로 18세기 후반에 지어졌지만 현재는 문만 남아 있으며, 콘서트 등의 대규모 이벤트가 진행되기도 한다.

바게트로 만든 스페인식 샌드위치 전문점
엘 브리얀테 El Brillante [엘 브리얀테]

주소 Plaza Emperador Carlos V, 8, 28012 Madrid **위치** 지하철 1호선 에스타시온 델 아르테(Estación del Arte)역에서 바로 **시간** 6:30~24:30 **휴무** 연중무휴 **가격** €5~ **전화** +34 915 28 69 66

스페인식 바게트 샌드위치인 보카디요bocadillo로 유명한 음식점이다. 도시 간 열차역인 아토차역 바로 앞에 있다. 역 앞에 있는 음식점이기 때문에 이른 아침부터 이곳에서 식사를 하고 열차 여행을 떠나는 사람도 많고, 포장을 하는 사람들도 많다. 패스트푸드 서브웨이의 샌드위치와 비슷하지만 차이점은 야채가 적다는 것이다. 가장 스페인스러운 메뉴는 단연 하몬Jamon 보카디요와 칼라마레스Calamares(오징어튀김) 보카디요다.

1881년 이후 스페인 예술 작품을 전시하는 미술관
국립 소피아 왕비 예술 센터 Museo Nacional Centro de Arte Reina Sofía
[뮤제오 나씨오날 센트로 데 아르떼 레이나 소피아]

주소 Ronda de Atocha Street 28012, Madrid **위치** ①프라도 미술관에서 도보 10분 ②지하철 1호선 에스타시온 델 아르테(Estación del Arte)역에서 도보 3분 **시간** 10:00~21:00(월, 수~토), 10:00~19:00(일) *단 14:30~19:00는 전시실 1개만 오픈/ 무료입장: 19:00~21:00(월, 수~토), 13:30~19:00(일) *단 4월 18일, 5월 18일, 10월 12일, 12월 6일 하루 종일 무료 **휴관** 매주 화요일, 1월 1일, 1월 6일, 5월 15일, 11월 9일, 12월 24, 25, 31일 **요금** €10(성인, 온라인 8€), 무료입장(18세 미만, 65세 이상, 25세 이하 ISIC국제학생증 소지자, 장애인, 무직자 등) **홈페이지** www.museoreinasofia.es/en **전화** +34 91 774 1000

마드리드의 도시 간 열차 역인 아토차역 바로 앞에 있는 미술관으로, 프라도 미술관, 티센 보르네미사 미술관과 함께 아트 트라이앵글Triángulo del Arte로 불리는 곳이다. 프라도 미술관의 전시 공간이 부족하게 된 1950년대부터 기획돼 1986년 개관 후 왕비에게 헌정되면서 지금의 이름을 갖게 됐으며 흔히 '소피아 미술관'이라 불리기도 한다. 피카소가 태어난 1881년을 기준으로 이전의 작품은 프라도 미술관에 전시하고, 이후의 작품은 소피아 미술관에 전시하고 있다. 피카소, 달리와 같은 스페인 출신의 근현대 예술가들의 작품을 볼 수 있다.

> **Tip.**
> **국립 소피아 왕비 예술 센터 관람 시 알아두자!**
> 1. 대부분의 전시관은 사진 촬영이 가능하지만, 가장 유명한 피카소의 게르니카는 촬영 금지다.
> 2. 무료입장 시간에도 무료 관람 티켓을 받아야만 입장이 가능하다.
> 3. 인터넷으로 사전에 예약하면, 입장료 할인 및 별도의 입구로 빠르게 입장할 수 있다.
> 4. 오디오 가이드(€3.50)를 빌리면 관람을 하는 데 도움이 되지만 한국어 서비스는 없다.

파블로 피카소의 <게르니카> Guernica by Pablo Picasso

스페인 내전 중이던 1937년 4월 26일 나치가 24대의 폭격기로 게르니카의 민간인을 무차별 학살한 것에서 영감을 받고 그린 대작이다. 스페인에서 소장하고 있는 예술 작품 중 가장 가치가 높은 작품 중 하나로 꼽히며, 작품의 규모도 7.76m x 3.49m로 크고 아름답다. 초현실주의와 후기 입체주의적 기법이 혼합돼 있는 이 작품이 1937년 파리 엑스포의 스페인관에 전시되며 게르니카의 참상이 전 세계에 알려지게 됐다. 이 작품을 본 나치의 장교가 피카소에게 "이 작품을 그린 작가인가?"라고 묻자, 피카소가 "아니요. 당신들이 그렸다."라고 대답한 일화가 있으며, 평론가들이 "게르니카 그림 속의 황소는 전체주의, 말은 고통받는 스페인을 상징한다"고 하자, 피카소는 "소는 소이고, 말은 말이다. 이들은 학살을 당한 짐승들일 뿐이다"라고 대답했다고 한다.

달새 Oiseau lunaire

미술관 중앙의 정원에 자리 잡고 있는 조각으로, 초현실주의 화가이자 조각가, 판화가인 호안 미로의 작품이다. 1960년대 미로가 우주에 대해 관심이 많았을 때 진행한 프로젝트로 소피아 미술관 외에도 프랑스 파리 시내의 달새 광장Square de l'oiseau Lunaire 등 여러 곳에 작품이 전시돼 있다. 피카소와도 막역한 사이였던 미로는 스페인을 대표하는 예술가 중 하나로 바르셀로나의 몬주익 광장에는 그의 미술관이 있다.

스페인 최대 규모의 벼룩시장
라스트로 벼룩시장 El Rastro Market [엘 라스트로 마켓]

주소 Calle de la Ribera de Curtidores, 28005 Madrid **위치** ①지하철 5호선 라 라티나(La Latina) 또는 푸에르타 데 톨레도(Puerta de Toledo)역에서 도보 5분 ②마요르 광장에서 도보 10분 **시간** 9:00~15:00(매주 일요일, 공휴일) **전화** +34 915 29 82 10

매주 일요일과 공휴일에 마드리드 시내 남부의 카스코로 광장Plaza de Cascorro에서 열리는 벼룩시장으로, 스페인 최대 규모를 자랑한다. 중세부터 가죽 제품을 만들기 위해 사냥 후 가죽을 말리던 곳이라 흔적을 뜻하는 '라스트로'라 불리기 시작했으며, 지금도 가죽 제품이 가장 유명하며 중고품뿐 아니라 새 제품도 판매하고 있다. 가죽 제품, 앤티크한 소품, 골동품뿐 아니라 여행 기념품과 소소한 액세서리, 의류 등도 판매하고 있다. 기념품장만 500년의 역사를 가진 세계 3대 벼룩시장이다. 남북전쟁의 골동품부터 최신품까지 없는 것 빼고 다 있다고 알려져 있다. 다만 여행객은 바가지를 쓰기 쉽고 소매치기가 많아 물건 구입에는 유의하는 것이 좋다. 오전 11시가 가장 바쁜 시간대다.

`· 마드리드 조금 더 보기 ·`

전 세계에서 가장 사랑받는 축구팀 레알 마드리드의 홈구장
산티아고 베르나베우 경기장 Santiago Bernabéu Stadium
[에스타디오 산티아고 베르나베우]

주소 Av. de Concha Espina, 1, 28036 Madrid **위치** 지하철 10호선 산티아고 베르나베우(Santiago Bernabéu)역에서 도보 3분 **시간** 10:00~19:30(월~토), 10:30~18:30(공휴일) *경기가 있는 날은 경기 시작 5시간 전까지만 관람 가능 **휴관** 1월 1일, 5월 1일, 12월 25일 **요금** €25(일반), €25(일반+오디오 가이드)
홈페이지 www.realmadrid.com/

1974년 처음 개장해 현재 81,044명의 관객을 수용할 수 있는 구장이 됐다. 세계에서 가장 잘 알려져 있으며 명성이 높은 이 구장은 이미 2007년 1,000번째 경기를 진행했으며 현재 UEFA 선정 최고 등급의 경기장으로 선정되기도 했다. 레알 마드리드의 홈구장에서 축구 경기를 보는 것은 물론 레알 마드리드의 역사를 볼 수 있는 공식 박물관은 최고 클럽 역사의 공간Best Club in History Room, 트로피 전시Trophy Exhibition, 스타디움 파노라믹 뷰The Ponoramic View off the Stadium 등 수많은 볼거리를 제공하고 있어 전 세계 레알 마드리드 팬들에게 끝없는 즐거움을 제공하고 있다.

> 마드리드
> 추천 숙소

마드리드는 스페인 여행의 시작점 또는 마지막 일정이 되는 도시다. 따라서 공항버스 정류장(시벨레스 광장, 아토차역) 또는 안달루시아 지역, 바르셀로나로 가는 열차가 출/도착하는 아토차역 인근에서 숙박할 경우 짐을 가지고 이동하는 동선을 최소화 할 수 있다. 만약 마드리드에서 2박 이상을 하며 시내 곳곳을 여행할 예정이라면 중심부인 솔 광장 인근에서의 숙박을 추천한다.

 ### 디어 호텔 마드리드
Dear Hotel

주소 Gran Vía, 80, 28013 Madrid **위치** 스페인 광장에서 도보 1분 **가격** 15~20만 원대 **홈페이지** dearhotelmadrid.com **전화** +34 914 12 32 00

스페인 광장 맞은편 그란 비아 거리에 위치한 4성급 부티크 호텔이다. 솔 광장, 마요르 광장, 마드리드 왕궁 모두 도보 10분 거리에 위치해 있다. 깔끔한 외관과 함께 객실 내부의 소품들도 모두 감각적인 디자인으로 구성돼 있어 젊은 여행객들의 선호도가 높다. 또한 옥상에 있는 루프톱 수영장이 여행객에게 많은 사랑을 받고 있다.

 ### 호텔 레지나 마드리드
Hotel Regina Madrid

주소 Calle de Alcalá, 19, 28014 Madrid **위치** ①세비야(Sevilla)역에서 도보 1분 ②솔 광장에서 도보 7분 **가격** 10~15만 원대 **홈페이지** hotelreginamadrid.com **전화** +34 915 21 47 25

솔 광장에서 도보 6분 거리에 위치한 3성급 호텔이다. 공항버스 정류장이 위치한 시벨레스 광장에서도 도보 10분 거리로 접근성이 좋다. 금액 대비 위치 및 컨디션이 양호하며 최근 리모델링이 진행돼 내/외부 모두 현대적인 느낌으로 탈바꿈했다.

 ### 어반 호텔 마드리드
Urban Hotel Madrid

주소 Carrera de S. Jerónimo, 34, 28014 Madrid **위치** ①솔 광장에서 도보 5분 ②티센 보르네미사 미술관에서 도보 5분 **가격** 25~30만 원대 **홈페이지** hotelurban.com **전화** +34 917 87 77 70

TV프로그램 〈꽃보다 할배〉에서 스페인 일정을 마무리하며 숙박한 5성급 호텔이다. 호텔 주인이 고고학계의 거물인 만큼 호텔도 오리엔탈리즘 스타일을 추구하고 있다. 현대적인 호텔 속에 전통적인 작품들이 조화롭게 어우러져 있으며 특히 로비에 이집트 작품만 따로 모아 놓은 '박물관실'이 눈길을 끈다.

 ### 프티 팰리스 푸에르타 델 솔
Petit Palace Puerta del Sol

주소 Arenal, 4, 28013 Madrid **위치** 솔 광장에서 도보 3분 **가격** 15~25만 원대 **홈페이지** petitpalacepuertadelsol.com **전화** +34 915 21 05 42

솔 광장과 인접해 있는 3성급 호텔로, 마드리드 시내에 있는 프티 팰리스 Petit Palace 계열 호텔 중 가장 위치가 좋다. 깔끔하고 현대적인 호텔로 신선한 생과일 주스가 제공되는 조식이 맛 좋기도 유명하다.

 ### 파세오 델 아르테 호텔
Paseo del Arte Hotel

주소 Calle de Atocha, 123, 28012 Madrid **위치** ①아토차역에서 도보 8분 ②프라도 미술관에서 도보 7분 **가격** 20~25만 원 **홈페이지** hotelpaseodelartemadrid.com **전화** +34 912 98 48 00

아토차역에서 도보 8분 거리에 위치한 4성급 호텔로, 중심부인 솔 광장까지는 도보 15분이 소요된다. 프라도 미술관, 국립 소피아 왕비 예술 센터와도 인접해 있으며, 특히 열차로 도시 간 이동 시 접근성이 매우 좋다.

 ### 에릭 보켈 부티크 아파트먼트 아토차 스위트
Eric Vokel Boutique Apartments-Atocha Suites

주소 Calle de Vizcaya, 9, 28045 Madrid **위치** ①아토차역에서 도보 5분 ②프라도 미술관에서 도보 10분 **가격** 15~25만 원대 **홈페이지** ericvokel.com **전화** +34 934 33 46 31

아토차역에서 도보 5분 거리에 위치한 아파트먼트다. 인근에 슈퍼마켓과 지하철역이 위치해 있어 편리함과 접근성을 두루 갖추었다. 객실마다 주방과 세탁 시설 및 발코니가 갖추어져 있다. 또한 옥상에는 야외 수영장이 있어 여유로운 시간을 보내기에 좋다.

 ### 푸에르타 아메리카 호텔
Silken Puerta America Hotel

주소 Avenida de América, 41, 28002 Madrid **위치** 카르타헤나(Cartagena)역에서 도보 10분 **가격** 20~25만 원대 **홈페이지** hoteles-silken.com **전화** +34 917 44 54 00

각 층마다 세계적으로 유명한 건축가와 디자이너들이 자신들만의 콘셉트로 내부를 꾸민 독특한 호텔이다. 체크인 시 층별로 방 스타일을 확인하고 직접 고를 수 있다. 마드리드 중심부와는 다소 거리가 떨어져 있으나 특별한 호텔에서 숙박을 원한다면 추천하는 곳이다.

더 웨스틴 팔라세 호텔
The Westin Palace Hotel

주소 Plaza de las Cortes, 7, 28014 Madrid **위치** ①시벨리스 광장에서 도보 1분 ②프라도 미술관에서 도보 5분 **가격** 35~50만 원대 **홈페이지** westinpalacemadrid.com **전화** +34 913 60 80 00

시벨레스 광장에 위치한 역사적인 호텔로, 1912년에 지어졌다. 프라도 미술관 맞은편에 위치해 있으며 시내 중심부까지 도보 이동이 가능하다. 객실 내에 커피나 차를 마실 수 있는 포트가 없는 대신 1일 1회 객실로 무료 커피 또는 차 서비스가 제공되고 있다.

• 마드리드 한 걸음 더 •

톨 레 도
Toledo

3면이 타호강으로 둘러싸여 있는 도시 톨레도는 이베리아반도 중앙 카스티야 라만차 평원의 언덕에 있는 인구 83,000명의 작은 도시다. 여름에는 기온이 40℃를 육박하고 겨울에는 영하 10℃를 밑도는 전형적인 대륙성 기후를 띠는 톨레도는 세계 문화유산의 도시로 지정된 것보다 화가 '엘 그레코El Greco가 사랑한 도시'로 더 유명하다. 1560년 마드리드 천도 이전까지는 스페인 정치 및 상공업 발달의 중

Best Course

톨레도 버스 터미널
도보 10분
⬇
타베라 추기경 병원
도보 10분
⬇
소코도베르 광장
도보 3분
⬇
산타 크루즈 미술관
도보 5분
⬇
톨레도 알카사르
도보 10분
⬇
톨레도 대성당
도보 10분
⬇
산토토메 성당
도보 3분
⬇
엘 그레코 미술관

도보 3분
⬇
유대인 회당
도보 15분
⬇
톨레도 파라도르
(또는, 톨레도 파라도르를 우선 관람 후 기존 순서대로 관람해도 좋다)

심지기도 했다. 그중에서도 무기산업이 크게 흥했는데 이는 지금까지도 면도기나 의료기기 등의 칼날 또는 전자기기의 생산으로 이어지고 있으며, 각종 축산물과 농산물의 집산지이기도 했다. 현재는 관광과 문화의 도시인 만큼 산업의 80% 이상이 서비스업에 집중돼 있다. 톨레도의 구시가지들은 견고한 성벽에 의해 둘러싸여 있어 천천히 거닐며 골목골목마다 고색창연한 중세기의 풍치가 남다르다.

• 찾아가기 •

마드리드에서 톨레도 이동하기

ALSA버스

마드리드 지하철 6호선 플라자 엘립티카Plaza Eliptica역에서 버스 탑승

소요 시간 60~90분 **배차 간격** 30분 *다이렉트 버스 추천 €9.77(편도)

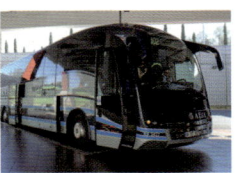

기차

마드리드 남쪽에 위치한 아토차역Estación de Atoca에서 기차가 연결된다. 기차가 버스보다 빠르지만 기차역에서 시내까지 가는 거리보다 버스 터미널에서 시내까지 가는 길이 더 가까우니 버스가 더 편리하다.

[아토차역]

13:50~14:23, 14:50~15:23,
15:50~16:23

[톨레도–마드리드]

19:20~19:54, 20:25~20:58

소요 시간 30~40분 **요금** €7.75(편도), €15.5(왕복)

참고 사항

★ 플라자 엘립티카역에서 터미널 오토 버스 표지판 따라가다 던킨도너츠 옆 알사ALSA 버스 터미널 매표소(거의 정각, 30분에 출발)에서 톨레도행 직행버스는 7번 플렛폼에서 탑승한다.

★ 톨레도 버스 터미널 밖으로 나가, 길바닥에 분홍색 도색을 따라 5분 정도 가면 에스컬레이터가 나오며 에스컬레이터 끝까지 올라가 길을 따라 걸으면 소코도베르 광장이 나온다(소코트랜 타는 곳이 보임).

★ 톨레도 버스 터미널에서 톨레도 구시가지 입구까지 택시로 5분 소요되며, 요금은 €6다.

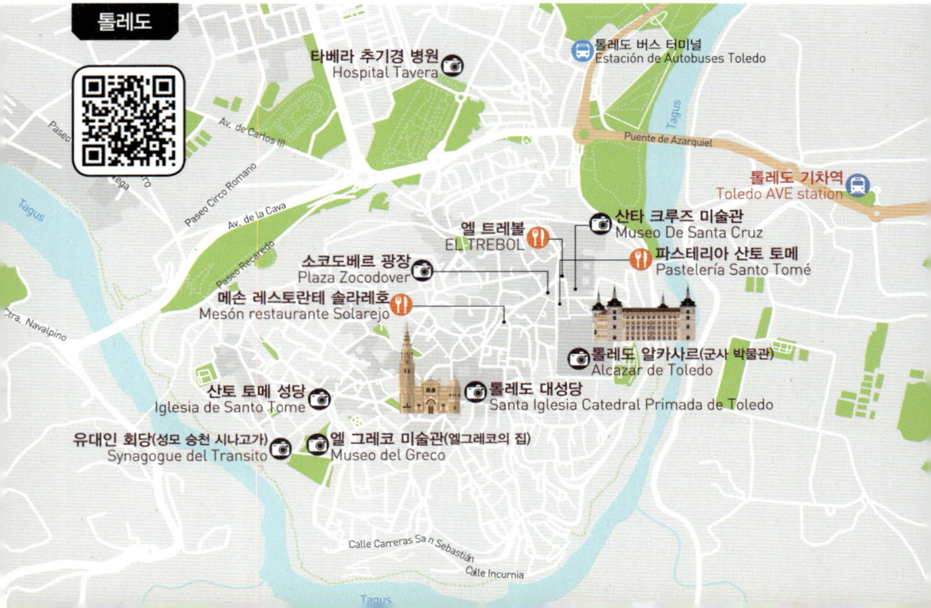
톨레도
타베라 추기경 병원
Hospital Tavera
톨레도 버스 터미널
Estación de Autobuses Toledo
Tagus
Puente de Azarquiel
Av. de Carlos III
Paseo Circo Romano
Av. de la Cava
Paseo Recaredo
톨레도 기차역
Toledo AVE station
엘 트레볼
EL TREBOL
산타 크루즈 미술관
Museo De Santa Cruz
소코도베르 광장
Plaza Zocodover
파스테리아 산토 토메
Pastelería Santo Tomé
메손 레스토란테 솔라레호
Mesón restaurante Solarejo
Ctra. Navalpino
톨레도 알카사르(군사 박물관)
Alcazar de Toledo
산토 토메 성당
Iglesia de Santo Tome
톨레도 대성당
Santa Iglesia Catedral Primada de Toledo
유대인 회당(성모 승천 시나고가)
Synagogue del Transito
엘 그레코 미술관(엘그레코의 집)
Museo del Greco
Calle Carreras San Sebastián
Calle Incurnia
Tagus

톨레도 시내 교통

톨레도는 작은 마을이기 때문에 시내 관광은 도보로 충분하다. 다만 다른 도시로 이동하는 버스 터미널이나 기차역은 조금 거리가 있어 버스를 이용하는 것이 좋다. 시 외곽의 톨레도 파라도르를 갈 때는 버스를 이용하거나 택시를 이용해야만 한다. 티켓은 버스 내 기사에게 구입하며, 톨레도의 모든 버스는 소코도베르 광장 Plaza de Zocodover을 지나가는데, 버스 터미널에서는 5번, 12번(버스 터미널 지하에서 탑승), 기차역에서는 5번, 11번 버스가 연결된다.

소코트렌 Zocotren

소코도베르 광장 Plaza de Zocodover에서 출발해, 45분 동안 톨레도를 둘러보는 미니 열차다. 우리나라의 코끼리 열차와 비슷하다. 톨레도 외곽을 돌고 다시 시내로 들어오는 코스이기 때문에 신혼부부도 오른쪽에 앞뒤로 앉으라고 할 정도로 오른쪽에 앉아야 톨레도를 볼 수 있다. 소코토베르 광장에서 기차를 쉽게 발견할 수 있으며, 맞은편 약국이 있는 골목으로 조금 들어가면 티켓 판매처가 있다.

시간 11:00~19:00(매시간 30분 간격으로 출발) **요금** €5.5(성인), €2.6(어린이) *중간에 하차할 수 없음

> **Tip.**
> 소코트렌과 2층 투어 버스 탑승 시 오른쪽에 앉아야 더 좋은 뷰를 감상할 수 있다. 특히 2층 투어 버스에서 2층에 탑승할 경우 계절에 따라 몹시 덥거나 추울 수 있으니 날씨에 대비하자.

2층 투어 버스

톨레도 외곽을 도는 2층 투어 버스 티켓을 구입 후 24시간 동안 주요 관광지 지역에서 자유롭게 하차 후 다시 탑승할 수 있는 장점이 있어 최근에 많은 관광객의 이용이 늘고 있는 추세다. 버스 터미널, 기차역에서도 모두 승하차가 가능하며 톨레도 알카사르, 산마르틴 다리, 전망대 뷰 포인트 등 주요 외곽 관광지에서 자유롭게 하차가 가능하다.

시간 9:35~20:05(4~10월), 10:00~17:00(11~3월) **요금** €15(성인), €9.9(15세까지) **홈페이지** city-sightseeing.com/en/28/toledo/423/hop-on-hop-off-toledo

> **Tip.**
> 1일권을 구입한 경우에는 매일 낮 12시에 소코도베르 광장에서 시작하는 톨레도 구시가지 워킹 투어(영어 & 스페인 가이드)에 참여할 수 있다. 약 1시간 30분가량 소요되며 투어 마지막에는 와인 한 잔과 타파스 한 조각을 맛볼 수도 있다.

 중세 시대의 모습을 그대로 품은 톨레도의 중심
소코도베르 광장 Plaza Zocodover [플라자 소코토베르]

주소 Plaza Zocodover, s/n, 45001 Toledo **위치** 톨레도 버스 터미널에서 시티 버스 라인 5번 타고 소코도베르 광장에서 하차

톨레도의 중심지에 있는 광장이며 구시가지로 들어가는 톨레도 관광의 시작점이다. 관광 열차도 운행하고 있어 톨레도를 둘러보기에 편하다. 매주 화요일마다 가축 등을 파는 재래시장이 열리던 곳이었으며, 톨레도인들이 투우 경기를 관람하던 곳이기도 하다. 옛날만큼 붐비지는 않지만 지금도 여전히 화요일에는 재래시장을 볼 수 있고, 광장 주변에는 많은 노천카페와 식당들이 줄지어 들어서 있어 현지인들의 만남의 광장이기도 하다.

저렴하게 여러 가지를 맛볼 수 있는 곳
엘 트레볼 EL TREBOL [엘 트레볼]

주소 Santa Fe, 1, 45001 Toledo **위치** 소코도베르 광장 거리에서 인포메이션센터 지나 바로 왼쪽 골목 안 **시간** 11:00~24:00 **가격** €2.5~15 **홈페이지** cerveceriatrebol.com/ **전화** +34 925 28 12 97

소코도베르 광장 주변에 위치해 있어 손쉽게 방문할 수 있다. 깔끔한 내부 디자인과 함께 그릴 메뉴와 간단한 타파스를 함께 주문해서 여러 가지 음식을 저렴한 가격에 배부르게 먹을 수 있어 관광객들에게 인기가 높다. 12시 이후로는 일반적으로 대기를 해야 할 정도로 현지인에게도 인기가 많은 곳이다.

종교적 색채가 강한 미술관
산타 크루즈 미술관 Museo De Santa Cruz [뮤제오 데 산타 크루즈]

주소 C/ Miguel de Cervantes, 3 45001 Toledo **위치** 톨레도 버스 터미널에서 시티 버스 라인 5번 타고 소코도베르 광장에서 하차 후 도보 1분 **시간** 10:00~19:00(일요일 10:00~14:30) **요금** 4€(월~토), 무료입장(17:30~18:30) **홈페이지** (사전 예약) www.patrimoniohistoricoclm.es/museo-de-santa-cruz **전화** +34 925 22 14 02

15세기 고아를 위한 자선 병원으로 지어진 건물을 이용한 미술관으로, 가톨릭 종교적 색채가 강한 미술관이다. 세 개의 전시실이 있는데 제1실은 로마 시대부터 이슬람 지배기의 예술, 고고학 자료가 전시돼 있고, 제2실에는 고야와 엘 그레코 등 스페인 궁정 작가의 종교화가 전시돼 있다. 제3실은 대중 문화와 지역 공예품 등이 전시돼 있다. 오랫동안 무료 운영됐지만 2016년 이후 유료로 전환되면서 방문객이 다소 줄어든 덕분에 보다 쾌적하게 작품을

감상할 수 있다. 병원 건물이었다는 것이 믿기지 않을 만큼 화려한 입구와 여러 양식이 조화를 이루고 있는 미술관 실내도 볼 만하며, 특히 2층 화장실은 넓은 창문을 통해 톨레도의 아름다운 풍경을 볼 수 있는 것으로도 유명하다.

 톨레도에서 반드시 맛봐야 하는 전통 과자
파스테리아 산토 토메 Pastelería Santo Tomé [파스테리아 산토 토메]

주소 Plaza de Zocotober 7, Toledo **위치** 소코도베르 광장 거리에서 인포메이션 센터 지나 버스 정류장 가기 전 **시간** 9:00~22:00 **가격** €1.5~30 **홈페이지** mazapan.com/ **전화** +34 925 22 11 68

우리나라 생과자를 떠올리게 하는 톨레도의 명품 과자 마자판 Mazapan. 아몬드 가루와 설탕을 반죽해서 만든 톨레도 전통 과자며, 여행자들 사이에서 톨레도에 가서 꼭 먹어 봐야 하는 것으로 유명하다. 톨레도에서 마자판으로 가장 유명한 이 과자점은 1856년부터 6대째 이어온 마자판의 명가다. 본점은 시내 안쪽 산토 토메 성당 주변에 있어 소코도베르 광장에 있는 분점이 인기가 좋다. 무게로 팔기도 하고, 개수별로 팔기도 한다.

톨레도를 지킨 요새
톨레도 알카사르(군사 박물관) Alcazar de Toledo [알카사르 데 톨레도]

주소 Calle de la Union, s/n, 45001 Toledo **위치** 톨레도 버스 터미널에서 시티 버스 라인 5번 타고 소코도베르 광장에서 하차 후 도보 5분 **시간** 11:00~17:00 **휴무** 수요일 **요금** 5€(일요일 10:00~17:00, 무료) **홈페이지**(사전 예약) www.museo.ejercito.es **전화** +34 925 23 88 00

알카사르는 에스파냐어로 '성(城)'이라는 뜻이며, 톨레도에서 가장 높은 곳인 세르반테스 언덕에 자리 잡고 있어 한눈에 알아볼 수 있다. 톨레도 알카사르는 처음에 로마인들이 지었던 요새이자 보루였는데, 이후에 통치정권의 변화에 따라 이 성보의 역할도 계속해서 변화해 왔다. 스페인 내전의 아픔을 고스란히 품고 있는 톨레도 알카사르는 1936년 내전 당시 크게 훼손됐다가 이후에 프란시스코 프랑코(1892~1975)에 의해 군사 박물관으로 개축됐다. 1, 2층에는 각종 군복과 군용품, 총기류, 대포들이 전시돼 있으며, 또한 내전 당시 정부군 소속의 카벨로 장군이 톨레도로 쳐들어 왔으나 연이어 함락에 실패하자, 당시 톨레도를 굳건히 지키던 모스카르도 장군에게 전화를 걸어 그의 아들의 목숨을 담보로 위협하며 투항할 것을 요구했는데, 이 유명한 일화의 통화 녹음도 들어볼 수 있다. 당시 모스카르도 장군은 아들에게 "국가를 위해 너의 영혼을 신에게 맡기거라!"라고 하며 끝까지 투항하지 않았고, 이후에 프랑코가 내전에서 승리하는 데 큰 역할을 했다. 톨레도 알카사르의 지하실은 내전 당시 병사들에게 제공했던 병실과 침실을 그대로 재현해 놓기도 했다.

 화려하고 섬세한 조각, 예술품이 가득한 성당
톨레도 대성당 Santa Iglesia Catedral Primada de Toledo [산타 이글레시아 까떼드랄 프리마다 데 톨레도]

주소 Calle Cardenal Cisneros, 1, 45002 Toledo **위치** 톨레도 버스 터미널에서 시티 버스 라인 5번 타고 소코도베르 광장에서 하차 **시간** 8:00~18:30 **요금** 11€ **홈페이지**(사전 예약) www.catedralprimada.es/ **전화** +34 925 222 241

정식 명칭이 '톨레도 성모마리아 성당'인 이곳은 레콩키스타(이교도 추방 운동)의 완성을 기념하기 위해 1226년 페르난도 3세 시대에 건설이 시작돼 1493년 알폰소 8세 때 완성된 성당이다. 스페인의 3대 고딕 성당으로 알려져 있으며 웅장한 건축과 아름다운 조각의 기예가 매우 정교하고 아름다워 천연의 것을 능가한다는 영예로운 평가를 받는다. 일찍이 고대 로마 시대부터 이곳은 종교적 성지였는데, 646년에 톨레도의 주교가 정식으로 이곳을 천주교 예배당의 반열에 올려놓았다. 대성당은 원래 고딕 양식으로 지어졌으나 오랜 시대에 거쳐 현재에는 다양한 예술적 양식이 혼재하게 됐다. 성당 내부에서 무데하르 양식을 어렵지 않게 찾아볼 수 있는데, 88개의 기둥으로 만들어진 회랑이 그러하다. 성물실Sacristia에서는 엘 그레코의 대표작인 <그리스도의 옷을 벗김>, <베드로의 눈물>뿐만 아니라 고야, 반 다이크, 리베라 등의 명화를 감상할 수 있으며, 보물실Tesoro에서는 다양한 종교적 유물을 볼 수 있다. 이슬람교가 지배했던 그라나다를 정복한 과정을 섬세하게 조각해 놓은 성가대실과 성서의 내용을 담아냈다는 화려한 스테인드글라스도 빼놓을 수 없는 볼거리다.

 엘 그레코의 대표작이 있는 성당
산토 토메 성당 Iglesia de Santo Tomé [이글레시아 데 산토 토메]

주소 Plaza del Conde, 4, 45002 Toledo **위치** 톨레도 버스 터미널에서 도보 20분 **시간** 10:00~18:45(3~10월 중순), 10:00~17:45(10월 중순부터 2월) **휴관** 1월 1일, 12월 25일 **요금** €2.80 **홈페이지**(사전 예약) www.toledomonumental.com/santotome.html **전화** +34 925 256098

산토 토메 성당은, 생전에 깊은 신앙심으로 널리 자비를 베풀었을 뿐 아니라 사후에도 교회에 크게 기부했던 '돈 곤살로 루이스 오르가스 백작'을 그리기 위해 지어졌으며, 〈천지창조〉, 〈최후의 만찬〉과 함께 세계 3대 성화로 손꼽히는 엘 그레코의 〈오르가스 백작의 매장〉의 원작이 소장돼 있다. 산토 토메 성당은 이 그림을 보기 위해 간다고 해도 과언이 아니다. 이 그림은 오르가스 백작이 죽자 성인들이 나타나 백작의 매장을 도왔다는 성스러운 장면을 그리고 있으며 위, 아래 두 부분으로 화면을 나누어 천상의 세계와 지상의 세계를 구분지었다. 윗부분은 엘 그레코식 스페인 화풍으로 예수가 빛과 구름에 둘러싸여 신비로움을 극대화 했으며 백작의 영혼을 천계로 받아들이기 위해 좌우 대칭의 구도로 길을 트고 있는 모습이다. 아랫부분은 성 아우구스티누스와 성 스테파투스가 죽은 오르가스 백작의 영혼을 예수가 있는 천상의 세계로 올려 보내기 위
해 직접 매장하고 있는 장면으로 이탈리아식 작풍을 느낄 수 있다. 황금빛 옷을 입은 두 명의 성인(성 스테판, 성 어거스틴) 뒤쪽으로 마치 인사하듯 손을 들고 정면을 바라보고 있는 것은 엘 그레코 자신이며, 좌측 하단의 어린아이는 훗날 화가가 되는 엘 그레코의 아들이다. 산토 토메 성당은 참관하려는 사람이 많아 길게 줄을 서는 경우가 많으니 문이 열리자마자 일찍 갈 것을 권유한다.

톨레도를 대표하는 중세 예술가의 집
엘 그레코 미술관(엘 그레코의 집) Museo del Greco [뮤제오 델 그레꼬]

주소 Paseo Tránsito, s/n, 45002 Toledo **위치** 산토 토메 성당에서 도보 5분 **시간** 9:30~19:30 **요금** 3€ **홈페이지**(사전 예약) museodelgreco.mcu.es **전화** +34 925 21 69 67

스페인의 수도를 마드리드로 이전하기 전인 16세기 중반 궁정 화가로 활동한 엘 그레코의 작품을 중심으로 하고 있는 미술관이며, 실제로 그가 살던 집을 이용하고 있어 '엘 그레코의 집' 미술관이라 불리기도 한다. 어둡고 채도가 높은 색을 많이 사용하고, 과장과 왜곡이 심한 인물 표현 등으로 당시 유행하던 화풍과는 전혀 다른 느낌의 그림을 그렸다. 궁정 화가 생활도 짧게 하게 된 그의 화풍은 16세기 매너리즘이라는 독특한 예술 사조로 발전했으며, 훗날 추상주의, 표현주의에도 영향을 미쳤다. 엘 그레코의 작품은 미술관 외에도 대성당의 성물실에도 전시돼 있으며, 가장 유명한 작품은 '톨레도의 풍경'이다.

 중세 시기의 가장 아름다운 비문이 있는 유대교 예배당
유대인 회당(성모 승천 시나고가) Synagogue del Transito [시나고가 델 뜨란시토]

주소 Calle Samuel Levi, s/n, 45002 Toledo **위치** 엘 그레코 미술관에서 도보 5분 **시간** 9:30~19:30(화~토), 10:00~15:00(일요일, 공휴일) **휴관** 월요일 **요금** 3€ **전화** +34 925 22 36 65

14세기에 지어진 무데하르 양식의 건물은 본래 유대교 예배당이다. 1492년 스페인에는 유대인 추방령이 내려지게 되는데, 이때 추방됐던 유대인들이 자취를 감춘 뒤 가톨릭 성당으로 사용됐던 곳이다. 이곳의 원래 이름은 한 유대인의 이름이었던 '사무엘 하 레비 시나고가'였는데, 이후에 성모 승천을 주제로 한 제단의 그림 장식에서 이름을 따 '성모 승천 시나고가'라고 부르게 됐다. 길이 25m, 폭 10m의 신랑에 화려한 조각으로 장식해 놓은 격자 모양의 천정, 기하학적이고 독특한 아랍 문양이 있는 벽면 그리고 54개의 아름다운 아치형 창문이 매우 황홀하다. 현재는 유대교 박물관으로 사용되고 있어 스페인의 종교, 문화 유적과 문물을 감상할 수 있다.

엘 그레코의 작품들을 볼 수 있는 박물관
타베라 추기경 병원 Hospital Tavera [호스피탈 타베라]

주소 Calle Duque de Lerma, 2, 45003 Toledo **위치** 톨레도 버스 터미널에서 도보 10분 **시간** 10:00~14:30, 15:00~16:30 **요금** 6€(full ticket), 4€(엘 그레코 작품 전용 티켓) **홈페이지**(사전 예약) www.toledomonumental.com/santotome.html **전화** +34 925 256098

산후안 바우티스타 병원이라고도 불리는 타베라 병원은 타베라 추기경에 의해 1541~1603년까지 62년에 걸쳐 지어졌다. 코바루비아스Covarrubias라는 유명한 건축가에 의해 설계됐으며 스페인 최초의 르네상스 양식의 건축물이다. 현재 박물관으로 운영되고 있으며, 엘 그레코의 주요 작품인 〈성가족〉, 〈타베라 추기경의 초상〉을 감상할 수 있다. 또한 리베라Rivera, 베루게테Berruguete, 틴토레토Tintoretto, 티치아노Titian 등의 작품을 감상할 수 있다. 그 외 병원 지하에 있는 성당과 과거의 약 조제실까지 많은 볼거리가 있다.

톨레도의 가장 아름다운 전망을 볼 수 있는 호텔
톨레도 파라도르 Parador de Toledo [파라도르 데 톨레도]

주소 Cerro del Emperador, s/n 45002 Toledo **위치** 톨레도 파라도르 가는 팁 참고 **홈페이지** (사전 예약) www.parador.es/en/paradores/parador-de-toledo **전화** +34 925 22 18 50

톨레도에도 국영 호텔인 파라도르가 있는데 타 도시의 파라도르보다 인기가 높다. 파라도르는 시내에서 버스로 10분 정도 이동해야 갈 수 있다. 이곳에서 보는 타호강을 끼고 있는 톨레도의 전경은 스페인 대표 화가인 엘 그레코가 사랑한 전경이기도 하다. 이곳은 숙박을 하지 않더라도 커피숍에 들러 차 한잔의 여유를 즐기며 톨레도를 바라볼 수 있기 때문에 많은 관광객이 찾고 있다. 해 질 무렵 불빛이 들어오는 톨레도의 시내 야경은 파라도르에서 보는 것이 최고다. 파라도르를 다녀올 때는 오는 길에 산마르틴 다리에서 하차해 시내를 도보로 관광하는 것을 추천한다. 산마르틴 다리에서 보는 타호강과 톨레도의 모습은 톨레도의 또 다른 멋이다.

Tip.
톨레도 파라도르 가는 법
숙박을 위해 기차역에서 간다면 택시를 타고 이동하는 것이 가장 좋다. 그 외에 소코도베르 광장에서 71번 버스(€1.4) 타고 이동한다. 버스는 1시간에 한 대씩 운행하며 매시간 45분에 출발한다. 약 10분 정도 지나 C.Circunvalacion(Parador)에서 내리면 되는데, 비슷한 이름의 정류장이 많으니 운전기사에게 파라도르에 도착하면 알려 달라고 하는 것이 좋다. 내린 곳에서 길 건너 파라도르 진입로로 들어가야 하는데, 횡단보도나 신호등 시설이 없어 주의하는 것이 좋다. 특히 해가 지면 파라도르 리셉션에서 택시를 이용하는 것(€12~15)이 좋다.

. 마드리드 한 걸음 더 .

세고비아
Segovia

세고비아는 마드리드에서 1시간 거리에 있는 카스티야레온 지방의 과다라마산맥 해발 1,000m에 자리 잡은 세고비아 주의 주도다. 인구 5만 명의 작은 도시지만 유구한 역사와 아름다운 경관 그리고 고대 로마 시대와 중세기의 유적들이 2000년이 넘는 시간 동안 잘

Best Course

세고비아 버스 터미널

도보 5분
⬇

로마 수도교

도보 10분
⬇

세고비아 대성당

도보 10분
⬇

세고비아 알카사르

보존돼 있어 1985년 유네스코 세계 문화유산의 도시로 선정됐다. 본래 군사적 목적에 의해 건설된 도시로, 여러 차례 흥망성쇠를 겪었으나, 11세기 알폰소 10세가 세고비아를 사랑해 수도로 정한 이후 수백 년 동안 카스티야 왕국의 정치, 경제, 문화의 중심지가 됐다. 월트디즈니 백설공주성의 모델로 유명한 세고비아 알카사르, 로마인들의 기술이 돋보이는 로마 수도교, 카테드랄의 귀부인이라 불리는 우아한 모습의 성당 카테드랄까지 당일치기 여행 코스로 인기가 많다.

• 찾아가기 •

📍 마드리드에서 세고비아 이동하기

AVANZA 버스(시간표 홈페이지 www.avanzabus.com 확인)
마드리드 지하철 3호선 몽클로아Moncloa 역에서 지하 2층으로 내려가면 세고비아Segovia 표지판 방향으로 좌회전해 던킨도너츠 매장 옆 아반자Avanza 부스에서 티켓 구입이 가능하다.

첫차 6:30(평일), 8:00(주말) **막차** 21:30(평일), 21:30(토), 22:30(일)
소요 시간 1시간 20분(직행) **배차 간격** 30~45분 **요금** 4.05€(왕복 €8.1)/ 온라인 예약 시 1매당 €1 수수료

> **참고 사항**
> ★ 2018년 8월 8일부터 버스 회사는 AVANZA로 변경됐다.
> ★ 터미널에서 수도교까지 500m, 터미널을 등지고 길 건너 5분 정도 직진하면 세고비아 입구인 로마 수도교에 도착

기차
마드리드 북쪽에 위치한 차마르틴Estación de Chamartín역에서 기차가 연결된다. 기차 종류에 따라 가격과 소요 시간 그리고 도착 역까지 모두 다르다. 가장 빠른 편은 세고비아 시외곽의 에스타치온 데 구이오마르Estación de Segovia-Guiomar까지 약 30분 정도 소요되지만, 요금이 편도 €20 이상 필요하고, 느린 것은 2시간 소요되며 버스보다 저렴하고 시내 근처의 세고비아Estación de Segovia역으로 이동한다. 시내 근처의 세고비아역에서 시내까지 들어가는 것을 고려한다면 버스가 편리하다.

운행 시간(AVE) 7:15~21:30 **소요 시간** 30분(편도) **배차 간격** 30~40분 **요금** €12~24(편도)

> **참고 사항**
> ★ 세고비아역에서 나오자마자 11번 시내버스 타고 로마 수도교가 보이면 내리면 된다(걷기엔 먼 거리). 요금은 €1.03다.

📍 세고비아 시내 교통

세고비아는 아주 작은 마을이어서 관광지를 둘러보는 데 도보로 가능하다. 버스 터미널도 시내와 가까워서 10분 정도 걸으면 로마 수도교가 있는 아소게호 광장Plaza del Azoguejo에 갈 수 있고, 로마 수도교에서 세고비아 알카사르까지 15~20분 정도면 이동이 가능하다. 다만, 세고비아에서 기차를 이용한다면, 세고비아 시내까지 버스를 이용해야 한다. 에스타치온 데 구이오마르Estación de Segovia-Guiomar까지는 11, 12번 버스 타고 아소게호 광장에서 40분 정도 이동해야 하고, 에스타치온 데 세고비아Estación de Segovia까지는 6번 버스 타고 버스 터미널에서 20분 정도 이동해야 한다(버스 요금은 편도 약 €1).

고대 로마인들의 건축 기술의 보고
로마 수도교 Acueducto de Romano [아쿠둑또 데 로마노]

주소 Plaza del Azoguejo, 1, 40001 Segovia **위치** 아소게호 광장 안 **시간** 24시간

약 2,300여 년 전 로마 제국의 확장과 더불어 물에 대한 수요가 급증하게 됐다. 17km나 떨어진 먼 산에서 깨끗한 물을 끌어와 식수나 생활용수로 사용해야 했는데, 이를 위해 긴 수로를 연결하면서 산이나 계곡으로 막힌 곳에 터널을 뚫고 다리를 세우는 과정이 필요했다. 그중 다리에 해당하는 것이 바로 로마 수도교다. 길이 813m, 높이 28m의 이 놀라운 건축물은 과다라마산맥에서 가져와 다듬은 화강암만을 사용해 서로 끼우고 쌓아 올리는 방법으로 축조됐고, 못이나 시멘트 등의 접합 도구는 전혀 사용되지 않았음에도 불구하고 2000년이 넘는 시간 동안 어마어마한 무게를 버티며 지금까지도 완벽한 모습으로 보존돼 있다. 고대 로마인의 뛰어난 건축 기술과 과학 발전을 엿볼 수 있다. 로마인들은 이렇게 끌어온 맑은 물을 농장이나 공중목욕탕, 분수 화장실 등에 사용했고, 사유지에 수돗물로 공급해 식수와 생활용수를 해결했다. 로마 제국은 3세기 무렵까지 11개가 넘는 수도교를 건설했지만 거의 무너지거나 파괴돼 없어졌고, 세고비아의 수도교는 11세기경 무어인들에 의해 손상됐다가 15세기에 완벽히 복원돼 유네스코 문화유산으로 등재됐다. 로마 수도교는 인구 100만 이상의 고대 로마를 지탱하던 중요한 사회적 기반 시설이며, 도시에 충분한 물을 공급함으로써 위생과 안전을 보장했고 고대 로마 제국 영토 확장의 초석이 됐다. 지금은 유물로 안전하게 보존하기 위해 수도관을 따로 설치해 필요 시에만 사용하고 있으며, 근처 차량 운행을 금지하고 보행자 전용 구역으로 지정하는 등 각고의 노력을 기울이고 있다. 왼쪽 계단을 따라 올라가 보면 놀랍도록 웅장한 로마 수도교 전경을 한눈에 감상할 수 있다.

세고비아에서 가장 유명한 아사도 전문 레스토랑
메종 데 칸디도 Meson de Condido [메종 데 꼰디또]

주소 Plaza del Azoguejo, 5, Segovia **위치** 아소게호 광장에서 투어리스트 인포메이션 센터 맞은편 **시간** 13:00~16:30, 20:00~23:00 **가격** €24(코치니요 아사도) **홈페이지** www.mesondecandido.es **전화** +34 921 42 59 11

로마 수도교 광장에 위치하고 있는 레스토랑으로, 관광객은 물론 스페인 사람들에게도 유명한 레스토랑이다. 세고비아의 대표 요리 코치니요 아사도(새끼 돼지 요리)로 유명한 이 레스토랑은 카스티야 지방의 전통 요리를 맛볼 수 있다. 여름 시즌에는 실외에 식사 공간이 마련되는데, 로마 수도교를 바라보며 식사를 즐길 수 있어 세고비아에 온 것을 실감할 수 있는 장소다. 실외에서는 언제나 식사가 가능하지만, 실내의 경우 한정된 시간에만 식사가 가능하다.

 세고비아 전통 음식을 코스로 즐길 수 있는 곳
레스토랑 카사레스 Restaurante Casares [레스타우란떼 까사레스]

주소 Av. del Padre Claret, 2, 40001 Segovia **위치** 메종 데 칸디도 반대편 **시간** 9:00~다음 날 1:00(목 18:00) **가격** €22(오늘의 메뉴), €27(세고비아 전통 메뉴) **홈페이지** www.restaurantecasares.com/ **전화** +34 921 04 77 12

로마 수도교 광장의 메종 데 칸디도 레스토랑 반대편에 있다. 4~5kg이 넘지 않는 새끼 돼지를 엄선해 사용하는 것으로 유명하며, 오늘의 메뉴 혹은 세고비아 전통 메뉴 등 €20~30대에 카스티야 수프, 코치니요 아사도, 세고비아 전통 디저트인 폰체까지 포함된 코스를 맛볼 수 있어 관광객들에게 인기가 높다.

세고비아와 120년의 역사를 함께한 레스토랑
카사 두케 Casa Duque [레스타우란떼 까사 두케]

주소 Calle Cervantes, 12, 40001 Segovia **위치** 로마 수도교에서 세고비아 대성당 가는 방향으로 도보 2분 **시간** 12:00~17:30, 20:30~23:30 **가격** €30~50 **홈페이지** www.restauranteduque.es/ **전화** +34 921 462 487

카사 두케는 세고비아에서 손꼽히는 레스토랑 중 하나다. 1895년에 오픈해 약 120년 이상의 역사를 가지고 있으며 내부 장식은 성에 들어와 있는 듯한 느낌의 전통 양식으로 꾸며져 있다. 레스토랑 내부 벽에는 오픈했을 때부터 지금까지 이 레스토랑과 함께했던 많은 기념비적인 사진으로 장식돼 있다. 가격은 다른 곳에 비해 약간 높은 편이지만 수준 높은 서비스와 최상급의 재료로 만든 세고비아 전통 방식의 애저구이와 좋은 와인을 함께 즐길 수 있는 몇 안 되는 레스토랑 중 하나다.

합리적인 가격으로 즐기는 세고비아 전통 음식
아사도르 마리벨 Asador Maribel [아사도르 마리벨]

주소 Av. del Padre Claret, 16, 40001 Segovia **위치** 아소게호 광장에서 로마 수도교를 등지고 도보 10분 **시간** 9:00~24:00 **가격** €20~25 **홈페이지** www.restaurantemaribel.es/para-llevar/ **전화** +34 921 441 141

아사도르 마리벨 레스토랑은 세고비아 로마 수도교에서 구시가지 광장 반대편 쪽에 위치하고 있다. 애저구이는 물론 합리적인 가격대로 높은 수준의 세고비아 전통 음식을 제공하는 곳이다. 또한 야외 테라스에서 로마 수도교의 전체 풍경을 바라보며 식사할 수 있어 저녁 시간에는 커플 관광객들에게 인기가 많다.

세고비아 전통 디저트 '폰체'를 맛볼 수 있는 곳
리몬 이 멘타 Limon y Menta [리몬 이 멘타]

주소 C/ Isabel la católica, 2, 40001 Segovia **위치** 세고비아 대성당 앞 마요르 광장 안 **시간** 9:00~21:30(토, 일은 20:30까지) **가격** €3~12 **전화** +34 921 46 22 57

'레몬과 민트'라는 뜻을 가진 마요르 광장에 위치한 세고비아의 유명한 빵집이다. 다양한 디저트를 판매하고 있으며 그중에서도 세고비아 전통 디저트인 폰체Ponche가 가장 유명하다. 촉촉한 스펀지케이크를 마지팬으로 감싸고 그 위에 슈가 파우더를 뿌린 뒤 크로스 패턴을 새긴 것이 특징이다. 폰체 세고비아노 Ponche Segoviano(€12), 작은 조각 케이크 크기인 포르시온 데 폰체Porcion de Ponche(€3)로 매우 달기 때문에 작은 사이즈로 구매해 맛보는 것을 추천한다.

스페인 고딕 양식의 마지막 작품
세고비아 대성당 Catedral de Segovia [까떼드랄 데 세고비아]

주소 C/ Marqués del Arco, 1 40001 Segovia **위치** 아소게호 광장에서 도보 10분 **시간** 9:30~19:00(월~토), 13:00~19:00(일) **요금** €3(입장료), €3(탑) **전화** +34 921 46 22 05

길이 105m, 폭 50m에 화려한 첨탑으로 장식된 이 거대한 규모의 아름다운 성당은 '대성당의 귀부인'이라고 불릴 정도로 세련되고 우아한 자태를 뽐낸다. 1511년 반란으로 인해 원래 있었던 성당이 무너진 뒤, 1525년에 카를로스 1세의 명으로 재건이 시작돼 1768년 에스파냐의 마지막 고딕 양식 성당으로 완성됐다. 성당 내부의 화려한 스테인드글라스와 아름다운 조각들은 충만한 자연 채광에 힘입어 더욱 눈부시게 빛난다. 회랑 부근에 있는 몇 개의 큰 방은 부속 박물관으로 꾸며져 있는데, 회화와 공예품 등 다양하고 유서 깊은 유물들이 전시돼 있다. 그중에서도 중세기의 유명한 은 세공사 라파엘 곤살레스Rafael González의 작품 〈성체안치기聖體安置器〉는 매우 뛰어난 걸작으로 평가받고 있다. 한편, 유모의 실수로 창문에서 떨어져 죽은 엔리케 2세 아들의 묘비도 있다. 자신의 실수로 왕자가 죽게 되자 그 즉시 유모도 창문으로 뛰어내렸다는 가슴 아픈 일화가 있다.

월트디즈니 로고의 모델이 된 성
세고비아 알카사르 Alcázar de Segovia [알카사르 데 세고비아]

주소 Plaza Reina Victoria Eugenia, s/n, 40003 Segovia **위치** 아소게호 광장에서 도보 20분 **시간** 10:00~20:00(4~10월), 10:00~18:00(11~3월), 휴일 **요금** €5.5(일반), €2.5(탑), €8(통합권) **홈페이지**(사전 예약) www.alcazardesegovia.com/ **전화** +34 921 46 07 59

월트디즈니 만화 백설공주의 성으로 더 잘 알려진 이곳은, 12세기 이전에 만들어진 요새에 지어진 고성이다. 세고비아의 광활한 대지와 두 개의 하천이 보이는 전망 좋은 곳에 역대 카스티야 왕들이 가장 사랑했던 성인 세고비아 알카사르가 자리 잡고 있다. 이 아름다운 성은 무데하르 양식으로 지어졌는데, 이사벨 여왕의 즉위식과 펠리페 2세의 결혼식이 거행된 곳으로도 유명하다. 고대 로마의 요새가 있던 곳에 알폰소 8세가 축성한 후 여러 왕들을 거치며 증축과 개축이 거듭됐다. 마드리드가 수도로 제정된 이후에는 16~18세기까지 약 200년이 넘는 시간 동안 알카사르의 일부가 감옥으로 사용되다가 그 후에는 왕립 포병학교로 바뀌었고, 1962년 화재로 인해 크게 손실됐다 재건되면서 현재의 모습을 가지게 됐다. 화재로 손실됐던 천장이나 벽면은 주변에 있는 같은 시대, 같은 양식으로 지어진 성당 같은 건물에서 그대로 뜯어와 최대한 원래 모습에 맞도록 복원한 것이라고 한다. 재건이 끝나고 왕후 마리아 크리스티나가 세고비아 알카사르를 육군부에 양도해 포병대가 사용할 수 있도록 했고, 지금도 건물 한 층에는 군문서 보관소가 설치돼 있다. 또한 옛 가구와 그림, 갑옷, 무기 등 왕가의 화려한 생활상을 그려볼 수 있는 유물들도 전시돼 있다. 세고비아 알카사르는 백설공주의 성 또는 신데렐라의 성이라 불리는데, 디즈니 만화의 배경이 될 정도로 절경임에는 이견이 없다. 탑에 오르려면 100여 개의 계단을 걸어 올라가야 하는데, 가슴이 탁 트이는 광활한 대지와 소박한 듯 화려한 중세기풍 구시가지의 전경을 한눈에 볼 수 있어 그 수고가 아깝지 않을 것이다. 한국어 오디오 가이드와 책자가 있어 이용에 편리하다.

Tip.
세고비아의 가장 아름다운 포토 스폿, 산마르코 공원
세고비아 알카사르를 바라보고 왼쪽 내리막길로 도보 15분 정도 가면 세고비아의 상징인 세고비아 알카사르를 넓은 초원에서 바라볼 수 있어 포토 스폿으로 인기다. 렌터카로 여행하는 사람들에게는 필수 코스며, 세고비아 알카사르에서 도보로 갈 수 있어 많은 관광객이 초원이 펼쳐진 듯한 세고비아 알카사르의 아름다운 모습을 담기 위해 방문한다. 이곳은 현지인들의 피크닉 장소이기도 하다.

Andalusia

안달루시아

이슬람 색채가 남아 있는 또다른 스페인

스페인은 크게 카탈루냐, 바스크, 안달루시아, 카스티야 지역으로 나뉜다. 그중 안달루시아는 스페인에서 두 번째로 큰 자치 지방으로, 가장 많은 인구가 거주하고 있다. 남부에 위치한 안달루시아 지역은 북쪽에는 시에라모레나산맥과 남쪽에는 지중해와 대서양과 면하며 서쪽은 포르투갈과 접한다. 가장 비옥한 땅으로 손꼽히며 스페인 올리브 전체 생산량의 70%가 이곳에서 경작되는데 세계적으로 고품질 올리브 산지로 인정받고 있다. 특히 오랜 기간 이슬람 세력의 지배를 받았던 지역이라 현재까지 이슬람의 색채가 곳곳에 남아 있다. 이슬람과 기독교 문화가 함께 공존하고 융합돼 독특한 아름다움을 보여주고 있어 많은 여행객이 안달루시아 지역을 찾는다. 2~3시간이면 지역 내 도시 간 이동을 할 수 있어 부담 없고, 도시 규모가 크지 않아 반나절이면 여행이 가능한 지역들도 있다. 각 도시별로 뚜렷한 특징을 갖고 있는데, 대표 도시는 세계에서 세 번째로 큰 성당이 있는 '세비야', 알함브라 궁전이 있는 '그라나다' 그리고 아찔한 협곡 위의 도시 '론다'가 있다. 짧은 시간 동안 다양한 매력을 느끼기에 좋아서 스페인 여행 시 빼놓지 말고 꼭 방문해야 하는 지역으로 추천한다.

안달루시아 교통

안달루시아는 여행 기간 및 항공 인/아웃 일정에 따라 그 순서가 조정될 수 있다. 스페인의 대도시 마드리드에서는 고속열차AVE를 이용해 안달루시아로 이동할 수 있으며, 바르셀로나의 경우 도시에 따라 항공 및 고속열차 이용이 가능하다. 포르투갈의 리스본에서도 안달루시아의 도시 세비야로 항공 및 심야 버스가 운행한다. 참고로, 안달루시아의 작은 도시들은 직통열차나 항공으로 접근이 어렵기 때문에 인근 도시인 세비야, 말라가, 그라나다를 거쳐 이동하게 된다. 안달루시아로 항공 이동 시, 날짜가 임박해질수록 항공 요금 인상폭이 크기 때문에 되도록 예약을 서두르는 편이 좋다. 안달루시아 도시들은 이동 시 소요 시간이 길지 않고 하루 이틀 정도면 여행이 가능하기 때문에 최소 두세 개 도시를 묶어서 함께 여행 일정을 잡는 것을 추천한다.

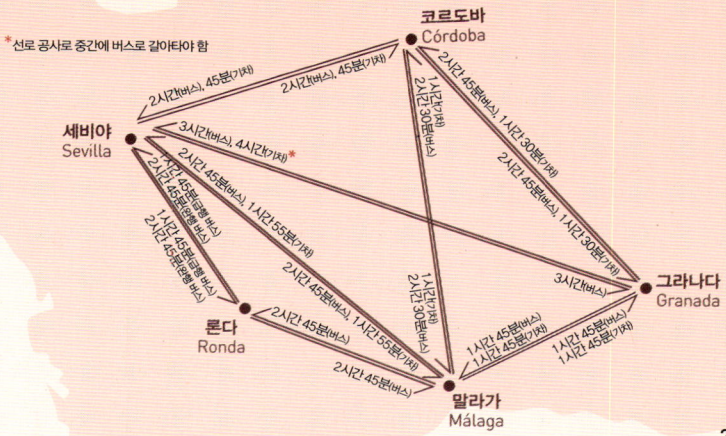

*선로 공사로 중간에 버스로 갈아타야 함

세비야
Sevilla

세비야는 안달루시아 주에서 가장 큰 규모며 스페인에서 4번째로 큰 도시다. 세비야 지방은 14개의 역사 지구와 300개가 넘는 기념 유적지가 있는 곳이기도 하며, 세비야 지방의 수도 역할을 하는 세비야시는 인구 규모가 70만 명에 이른다. 세비야는 스페인 플라멩코 발원지설에 가장 유력한 도시며, 세비야의 아름다움에 사로잡힌 조르주 비제는 〈카르멘〉을, 모차르트는 〈피가로의 결혼〉, 조아키노 로

시니는 〈세비야의 이발사〉를 세비야를 무대로 만들었고, 벨라스케스, 무리요 등 대표적인 스페인 중세 화가의 작품 활동 무대가 되기도 한 도시다. 또한 유럽에서 3번째로 큰 성당에 신세계를 개척한 콜럼버스가 잠들어 있는 도시다. 그 외에도 많은 유럽의 역사와 연결돼 현재와 과거가 공존해 관광지의 중심으로 떠오르는 도시가 됐다.

Best Course

세비야 대성당

도보 1분
⬇

세비야 알카사르

도보 8분
⬇

스페인광장
도보 16분
⬇

황금의 탑
도보 10분
⬇

왕립 마에스트란사 투우장
도보 15분
⬇

메트로폴 파라솔
도보 7분
⬇

플라멩코 박물관
(플라멩코 공연 관람)

• 찾아가기 •

안달루시아에서 가장 큰 규모인 만큼 다른 도시와의 교통도 용이하다. 코르도바, 그라나다, 말라가는 열차 및 버스로 이동할 수 있는데, 소요 시간이 상대적으로 짧은 열차를 탑승하는 것을 더욱 추천한다. 론다의 경우 직통열차는 없으며 버스가 운행한다.

세비야 ➡ 코르도바(열차 이동)	매시간마다 1~2편 운행한다.
세비야 ➡ 그라나다(열차 이동)	직통열차가 매일 4편 운행한다. (6:35~10:01, 11:45~15:12, 15:55~19:14, 17:56~21:15)
세비야 ➡ 말라가(열차 이동)	직통열차가 매일 11편 운행한다. (첫차 6:50, 막차 20:02)
세비야 ➡ 론다(버스 이동)	평일 7편 운행한다.(첫차 7:00, 막차 18:00) 주말 5~6편 운행한다.(첫차 9:00, 막차 18:00)

📍 **바르셀로나에서 항공편 이용 시 1시간 45분**
바르셀로나 ➡ 세비야 구간 항공은 매일 6~7편씩, 열차는 2편(8:30~14:02, 15:50~21:15, 5시간 30분 소요)이 운행한다. 순수 탑승 시간만 비교해 보면 항공을 탑승하는 편이 짧지만, 시내에서 공항까지 소요되는 시간과 탑승 수속 시간을 감안하면 열차를 탑승하는 것과 큰 차이가 없다. 다만 열차에 비해 스케줄이 다양해 일정에 따라 선택의 폭이 넓으니 본인 일정과 선호 교통편에 따라 결정하는 것을 추천한다.

📍 **마드리드에서 열차 이용 시 2시간 30분**
마드리드 ➡ 세비야 구간을 연결하는 고속열차AVE가 매시간마다 운행한다.

📍 **세비야 공항에서 세비야 시내까지**
공항버스가 세비야 산타후스타역을 거쳐 아르마스 버스 터미널까지 운행한다. 기차역까지 약 35분 소요되며, 비용은 편도 €4다. 티켓 판매기에서 티켓을 사거나 버스 탑승 시 운전기사에게 비용을 지불하면 된다. 택시는 15분 소요, 비용은 약 €25다. 숙소가 산타크루즈 지구에 위치한 경우 공항버스 탑승 시 접근성이 좋지 않으므로 되도록 택시로 이동하는 것을 추천한다.

공항버스 운행 시간
공항-시내 5:20~다음 날 1:15, 시내-공항 4:30~24:30

스페인 광장 중 가장 규모가 크고 아름다운 곳
스페인 광장 Plaza de España [플라자 데 에스파냐]

주소 Av de Isabel la Católica, 41004 Sevilla **위치** ①세비야 대성당에서 도보 20분 ②프라도 데 산세바스티안 버스 터미널에서 도보 10분 **시간** 8:00~22:00 **홈페이지** www.andalucia.org/es/turismo-cultural/visitas/sevilla/otras-visitas/plaza-de-espana-2/

유럽의 여러 도시에는 '스페인 광장'이라 불리는 곳이 많은데, 그중에서도 가장 아름다운 곳으로 손꼽히는 세비야의 스페인 광장은 마리아 루이사 공원의 광장으로, 1928년 라틴 아메리카 박람회를 위해 지어졌다. 광장에 도착해 마주하게 되는 거대한 반원형 건물은 20세기 세비야 최고의 건축가 아니발 곤살레스가 건설했다. 광장의 중앙에는 비센테 트라베 분수Fuente de Vicente Traver y Tomás가 있으며, 고대 스페인 왕조를 상징하는 4개의 다리를 통해 운하를 넘어 둥그렇게 이어진 고딕 양식의 건물을 둘러볼 수 있다. 광장에서 가장 눈에 띄는 곳은 건물 아래에 위치한 58개의 의자다. 스페인 58개 도시의 휘장 및 지도 그리고 기념비적인 사건을 이슬람의 영향을 받은 스페인식 도자기 타일인 '아술레호'로 장식해 놓았다. 도시들을 하나하나 둘러보는 재미가 있을 뿐만 아니라 선명한 색감에 사진 촬영하기에도 좋은 장소다.

 그라나다의 알함브라를 모티브로 한 '작은 알함브라'
세비야 알카사르 Real Alcázar de Sevilla [레알 알카자르 데 세비야]

주소 Patio de Banderas, s/n, 41004 Sevilla **위치** 세비야 대성당에서 도보 2분 **시간** 9:30~17:00 **휴관** 1월 1일, 5월 1일, 12월 25일 **요금** €23(성인+한국어 오디오 가이드), €17(성인), 무료(월요일) **홈페이지** www.alcazarsevilla.org/ **전화** +34 954 50 23 24

무어인들이 요새를 지었던 곳으로, 14세기 후반 페드로 1세가 이슬람 장인들을 불러 모아 스페인 양식과 이슬람 양식이 혼합된 '무데하르 양식'을 살려 지금의 모습으로 대규모 개축을 진행했다. '작은 알함브라'라는 별명을 가지고 있는 세비야 알카사르는 내부에서 알함브라 궁전을 연상시키는 모습들을 발견할 수 있다. 특히 '대사의 방'의 화려한 천장은 정밀한 세공 기법과 이슬람 장식미의 극치를 보여 주는 걸작 중 하나이다. 세비야 알카사르에는 스페인의 해양 무역을 관찰하는 무역청이 설치되기도 했으며, 이곳에서 야망에 넘쳤던 항해사 콜럼버스와 그의 후원자였던 이사벨 여왕의 만남이 이루어졌다고 한다.

세계에서 세 번째로 큰 대성당
세비야 대성당 Catedral de Sevilla [카테드랄 데 세비야]

주소 Av. de la Constitución, s/n, 41004 Sevilla **위치** ①세비야 산타후스타(Sevilla Santa Justa) 기차역에서 도보 30분 ②프라도 데 산세바스티안 버스 터미널에서 도보 10분 **시간** 11:00~15:30(월), 11:00~17:00(화~토), 14:30~18:00(일) **요금** €9(성인), €4(25세 이하 학생), 무료입장(14세 이하, 장애인, 무직자 등) *온라인 예약 시 예약비 1인 €1 **홈페이지** www.catedraldesevilla.es/ **전화** +34 902 09 96 92

13세기 가톨릭 세력의 세비야 정복 이후 이슬람 사원이 있던 자리에 성당을 건축했는데 이것이 바로 세비야의 상징인 '세비야 대성당'이다. 성 베드로 대성당과 런던의 세인트폴 대성당의 뒤를 이어 세계에서 세 번째로 큰 성당이다. 내부의 최고 높이가 약 40m로 웬만한 성당 하나가 통째로 들어갈 정도의 규모다. 1987년에는 알카사르, 인디아스 고문서관과 함께 유네스코 세계 문화유산으로 지정됐다. 14세기 말 이슬람 사원이 크게 손상된 이후 대성당 참사회의에서 '대성당을 본 사람들이 우리를 미쳤다고 생각할 정도로 건물은 거대해야 한다'라는 말과 함께 건설이 결정됐다. 1401년에 시작돼 1528년에 완공된 세비야 대성당은 100여 년이 넘는 세월 동안 고딕 양식, 신고딕 양식, 르네상스 양식 등 여러 건축 양식이 다양하게 혼재돼있다. 대성당의 중심인 황금 제단은 주 예배당이 있는 곳으로, 예수의 생애를 44개의 작품으로 정교하게 표현했으며, 이 제단을 만들기 위해 쓰인 금이 20톤에 달한다고 한다. 내부에는 역대 왕들의 무덤, 예배당뿐만 아니라 콜럼버스의 묘, 스페인 출신 유명 화가들의 작품이 전시돼 있다. 세비야의 상징인 만큼 늘 수많은 방문객이 입장을 위해 줄지어 있다. 자칫 뜨거운 햇빛 아래에서 오랜 시간 대기를 해야 할 수 있으므로 빠른 입장을 원한다면 사전 예약을 추천한다.

세비야 대성당
INSIDE

콜럼버스의 묘

이탈리아 제노바 출신인 콜럼버스는 이사벨 여왕의 후원을 얻어 신대륙과 금은보화를 찾아내겠다는 부푼 꿈을 가지고 항해를 시작했다. 그러나 꿈과는 다르게 천대를 받다가 생을 마감했는데 '죽어서도 스페인 땅을 절대 밟지 않겠다'는 유언을 남겼다. 그의 유언을 존중해서였을까? '콜럼버스의 묘'는 스페인 옛 왕국의 왕들이 관을 메고 있는 형상을 하고 있다. 4명의 인물은 15세기 스페인을 구성한 레온, 카스티야, 나바라, 아라곤의 국왕들이다. 콜럼버스의 항해를 지지했던 앞의 두 왕은 고개를 들고 당당히 서 있는 반면, 반대했던 뒤의 두 왕은 고개를 숙이고 있는 모습이다. 또한 앞쪽의 두 인물의 발이 유독 반짝이는데 오른쪽 발을 만지면 사랑하는 사람과 함께 세비야에 다시 오게 되고, 왼쪽 발을 만지면 부자가 된다는 속설 때문이라고 한다. 콜럼버스의 묘는 남미의 산토도밍고와 쿠바의 아바나를 거쳐 세비야 대성당에 유골이 안치된 것으로 전해지지만 확실하지 않은 정보다. 최근 유전자 검사를 통해 사실로 판명됐다고 하지만 이 또한 들려오는 소문 중 하나다. 다만, 스페인에 황금 시대를 열어 준 상징적인 존재로 그가 가졌던 원대한 꿈만큼은 이곳에 머무르고 있다고 볼 수 있다.

히랄다 탑

풍향계라는 의미의 히랄다 탑은 본래 12세기에 건설된 모스크의 미나레트(첨탑)로, 세비야에서 가장 유명한 랜드마크다. 높이가 104m에 달해 세비야에서 가장 높은 건축물로, 계단이 아닌 경사로를 따라 올라갈 수 있다. 계단을 만들지 않은 이유는 이슬람 왕들이 말을 타고 쉽게 올라갈 수 있도록 하기 위해서였다고 한다. 종루에 도착하면 세비야의 모습이 한눈에 펼쳐져 감탄을 자아내게 만든다.

오렌지 안뜰

세비야 대성당 안뜰에 위치한 정원으로, 히랄다 탑과 함께 현재까지 남아 있는 이슬람 사원의 흔적 중 하나다. 직사각형 모양의 정원 중앙에는 분수가 있고 오렌지 나무가 일정한 간격으로 늘어서 있다. 당시 이곳은 샘이 있던 장소로 이슬람 신도들이 사원 안에 들어가기 전에 샘에서 손과 발을 씻던 장소였다. 현재는 세비야 대성당의 중요 부속 건물 중 하나며 대성당에 방문하는 여행객들이 잠시 쉬어 갈 수 있는 휴식 공간으로서의 역할을 톡톡히 하고 있다.

과달키비르강과 시내를 조망할 수 있는 최적의 장소
황금의 탑 Torre del Oro [토레 데 오로]

주소 Paseo de Cristóbal Colón, s/n, 41001 Sevilla **위치** 세비야 대성당에서 도보 10분 **시간** 9:30~18:45(월~금), 10:30~18:45(토~일) **휴관** 공휴일 **요금** €3(성인), €1.5(학생, 6~14세, 65세 이상), 무료입장(6세 미만, 장애인 등) *월요일 무료 **홈페이지** www.visitasevilla.es/es/lugar-interes/torre-del-oro **전화** +34 954 22 24 19

과달키비르강 주변에 위치한 황금의 탑은 1220년경 건축됐으며, 알모하데 왕조 시기 적의 침입을 감시하기 위한 망루로 사용됐다. 지금은 없지만 강 건너편에도 비슷한 탑이 있었는데 당시에는 두 탑을 쇠사슬로 연결해 승인 없이 배가 드나들지 못하도록 막았다. '황금의 탑'이라는 이름을 가지게 된 이유로는 여러 추측이 있다. 탑 외벽을 금으로 된 타일로 덮었기 때문이라는 설과, 탑에 신대륙에서 가져온 금을 이곳에 저장했기 때문이라는 설이 있다. 현재 황금의 탑은 해양 박물관으로 사용되고 있으며, 대항해 시대와 관련된 유물들을 전시하고 있다. 탑 꼭대기는 과달키비르강과 세비야 시내를 내려다볼 수 있는 전망대 역할을 하고 있다.

 현지인들에게 사랑받는 레스토랑
비네리아 산 텔모 Vineria San Telmo[비네리아 산 텔모]

주소 Paseo de Catalina de Ribera, 4, 41004 Sevilla **위치** 세비야 대성당에서 도보 7분 **시간** 13:00~24:00
가격 €10~20 **전화** +34 954 41 06 00

산타크루즈 지구 초입에 있으며, 현지인에게도 인기가 많아 문전성시를 이루는 레스토랑이다. 타파Tapa를 스몰 디시Small Dish, 빅 디시Big Dish로 선택할 수 있는 메뉴들이 있으며 타파Tapa 사이즈도 두 명이 나눠 먹기에 충분한 양이다. 인기 메뉴로는 관자가 올라간 오징어 먹물 파스타인 타파 에스파게티스 콘Tapa Espaguetis con(€4.2가)이 있으며 함께 나오는 바질 페스토를 뿌려 먹으면 풍미가 더해진다. 또한 도토리를 먹여 키운 이베리코 돼지구이인 타파 플루마 이베리카Tapa Pluma Iberica(€4.7)를 저렴한 금액대로 만족스러운 식사를 할 수 있다.

합리적인 가격의 타파스를 먹을 수 있는 곳
세르베세리아 메스키타 Cerveceria Mezquita [세르베세리아 메스키타]

주소 Calle Sta. María la Blanca, 19, 41004 Sevilla **위치** 세비야 대성당에서 도보 6분 **시간** 7:00~다음 날 1:00 **가격** €10~15 **전화** +34 954 42 33 06

'맥주 공장 사원'이라는 뜻을 갖고 있는 산타크루즈 지구 초입에 위치한 타파스 바bar다. 관광객뿐만 아니라 현지인들에게도 인기 있는 곳으로, 맥주 한잔과 타파스로 여유를 즐기는 사람들로 북적인다. 안달루시아 대표 전통 요리인 뽈뽀 알 라 가예가Pulpo a la Gallega(€10)는 감자 위에 촉촉하게 익힌 문어를 올리고 소금, 올리브오일, 파프리카 파우더를 뿌려 먹는 인기 메뉴 중 하나이며, 메로구이인 메로 메스키타Mero Mezquita(€10) 또한 바에서 자신 있게 선보이는 메뉴다.

세계 유일의 플라멩코 박물관
플라멩코 박물관 Museo del Baile Flamenco [무세오 델 바일레 플라멩코]

주소 C/ Manuel Rojas Marcos, 3, 41004 Sevilla **위치** 세비야 대성당에서 도보 5분 **시간** 10:00~19:00 **요금** 박물관: €10(성인), €8(학생[국제학생증 제시] 및 65세 이상), €6(6~12세)/ 플라멩코쇼: €20(성인), €14(학생[국제학생증 제시] 및 65세 이상), €12(6~12세)/ 박물관+플라멩코쇼: €24(성인), €18(학생[국제학생증 제시] 및 65세 이상), €15(6~12세), 무료입장(6세미만) **홈페이지** www.museodelbaileflamenco.com/ **전화** +34 954 34 03 11

세비야가 낳은 유명 플라멩코 댄서 '크리스티나 호요스'가 설립한 곳으로, 세계 유일의 플라멩코 박물관이다. 산타크루즈 지구에 위치해 있으며, 중앙 파티오는 관객들을 위한 공연이 펼쳐질 수 있도록 특별히 고안됐다. 공연은 하루에 4번 진행되고 있으며, 당일 방문 예약도 가능하지만 원하는 시간대에 표가 매진될 수도 있으니 홈페이지에서 사전 예약을 추천한다. 또한 지정 좌석제가 아니기 때문에 공연 전 여유 있게 도착해야 격정적인 춤사위를 펼치는 댄서들의 모습을 보다 가까이에서 볼 수 있다.

한국어 메뉴판이 제공되는 인기 타파스 맛집
미망인의 집 Casa la Viuda [까사 라 비우다]

주소 Calle Albareda, 2, 41001 Sevilla **위치** 세비야 대성당에서 도보 6분 **시간** 월~목: 12:30~16:30, 20:00~24:00/ 금~토: 12:30~24:00/ 일: 12:30~23:30 **가격** €10~20 **전화** +34 954 21 54 20

'미망인의 집'으로 잘 알려진 세비야 대표 타파스 맛집이다. 《미쉐린 가이드》에도 선정됐으며, 한국 여행객들의 방문이 끊이지 않은 결과 한국어 메뉴판이 제공되고 있다. 읽기 어려운 타파스 이름이 모두 한글로 적혀 있으며, 메뉴별로 어떤 재료가 들어갔는지 설명이 되어 있어 선택하기에도 수월하다. 토마토소스를 곁들인 대구요리 바칼라오 알 에스티로 데 라 비우다Bacalao al estilo de la Viuda(타파스 €2.6/ 플라또 €10.5)가 대표 메뉴다. 가격은 타파스Tapas(작은 접시), 플라또Plato(1인분)로 나누어져 있으며 여러 메뉴를 맛보고 싶다면 타파스Tapas로 주문하는 것을 추천한다.

 스페인에서 현존하는 가장 오래된 투우장
왕립 마에스트란사 투우장

Plaza de Toros de la Maestranza [플라자 데 토로스 데 라 마에스트란사]

주소 Paseo de Cristóbal Colón, 12, 41001 Sevilla **위치** 세비야 대성당에서 도보 6분 **시간** 9:30~21:00(4~10월), 9:30~19:00(11~3월) **휴관** 12월 25일 **요금** €8(성인), €5(학생 및 65세 이상), €3(7~11세), 무료입장(6세 이하) *월요일 15:00~19:00 무료 **홈페이지** www.realmaestranza.com/ **전화** +34 954 22 45 77

1761년 바로크 양식으로 지어진 왕립 마에스트란사 투우장은 스페인에서 가장 오래된 투우장 중 하나로 손꼽힌다. 완벽한 원형으로 지어진 다른 지역의 투우장과 달리 원형에 가까운 타원형으로 지어진 것이 특이점이다. 투우 경기는 축제가 시작되는 4월부터 10월까지 열리며, 스케줄은 홈페이지를 참고하면 된다. 경기가 없는 날은 영어, 스페인어로 설명을 해주는 가이드와 함께 경기장과 투우 박물관을 둘러보는 투어가 진행되고 있다.

세비야의 명물 세라니토를 맛볼 수 있는 곳
메손 델 세라니토 Mesones del Serranito [메소네스 델 세르라니토]

주소 Calle Antonia Díaz, 11, 41001 Sevilla **위치** 왕립 마에스트란사 투우장에서 도보 1분 **시간** 9:00~24:00(일~목), 9:00~24:30(금~토) **가격** €10~15 **홈페이지** www.mesonserranito.es/ **전화** +34 954 21 12 43

세비야에서 세곳의 메손 델 세라니토가 운영 중이다. 그중 플라사 토로스Plaza Toros 지점이 왕립 마에스트란사 투우장과 인접해 있으며 가격 대비 푸짐한 식사를 할 수 있는 곳이다. 바 위에 커다란 하몬들이 걸려 있고, 벽마다 투우 사진과 소머리가 장식돼 있어 스페인 느낌이 물씬 난다. 세비야의 명물 세라니토(€4.5)가 대표 메뉴인데 빵 사이에 구운 고기와 계란, 토마토를 넣고 빵 위에는 얇게 썬 하몬이 올려져 있으며 사이드로 감자튀김도 함께 나온다. 양이 푸짐하고 부담 없는 가격으로 간단하게 점심 식사를 하기에 좋다.

세비야의 소소한 일상을 체험할 수 있는 곳
트리아나 전통 시장 Mercado de Triana [메르카도 데 트리아나]

주소 Puente de Isabel II, 167, 41010 Sevilla **위치** C5 버스 타고 레예스 카톨리코스(Reyes Católicos) 정류장 하차 후 도보 6분 **시간** 8:30~15:00(화~토) **휴일** 일요일, 월요일 **홈페이지** www.mercadodetrianasevilla.com/ **전화** +34 954 00 53 19

트리아나 지역에 있는 재래시장으로, 세비야 시내에서 이사벨 2세 다리를 건너면 오른편에 시장을 발견할 수 있다. 신선한 과일부터 올리브, 하몬 등 각종 식자재를 판매하고 있으며 레스토랑 및 바 bar가 있어 간단하게 식사도 가능하다. 아침부터 영업을 시작하므로 시장 내에 위치한 카페에서 카페 콘 레체(밀크 커피) 한 잔과 빵으로 아침 식사를 즐겨 보는 것도 추천한다.

 세비야의 새로운 랜드마크
메트로폴 파라솔 Metropol Parasol [세타스 데 세비야]

주소 Pl. de la Encarnación, s/n, 41003 Sevilla **위치** 세비야 대성당에서 도보 15분 **시간** 9:30~23:00, 9:30~23:30(금, 토) **요금** €3(성인), 무료입장(12세 이하, 장애인 등) *무료 음료 포함, 신용카드 결제 불가 **홈페이지** setasdesevilla.com/ **전화** +34 954 56 15 12

독일 건축가인 위르겐 마이어 헤르만이 설계해 착공 7년 만인 2011년 4월에 완공된 세비야의 새로운 랜드마크다. 세비야 대성당에서 도보 15분 거리, 엔카르나시온 광장에 위치한 메트로폴 파라솔은 세계에서 가장 큰 목조 구조물이다. 거대한 버섯 형태의 6개 파라솔로 구성돼 있어 현지인들은 버섯을 뜻하는 스페인어 '세타seta'라 부르기도 한다. 직물 산업이 발달했던 세비야의 특성을 살려 씨줄과 날줄을 형상화했으며, 여름이면 40도가 넘는 기후에 견딜 수 있도록 특수 코팅된 목재 3,400개를 결합해 만들어냈다. 지하에서 티켓 구매 후 엘리베이터를 타고 옥상 전망대로 올라가면 세비야 시내를 조망할 수 있는데 특히 붉은빛으로 물드는 세비야의 모습이 아름다우니 해질 녘에 방문하는 것을 추천한다.

세비야 대표 복합 쇼핑몰
네르비온 플라자 Nervión Plaza [네르비온 플라자]

주소 Calle Luis de Morales, 3, 41005 Sevilla **위치** 세비야 산타후스타 기차역에서 도보 12분 **시간** 10:00~다음 날 1:00 **휴일** 공휴일은 영업시간 조정(홈페이지에서 사전 안내) **홈페이지** www.nervionplaza.com/ **전화** +34 954 98 91 31

멀티플렉스 영화관, 레스토랑, 상점 등이 모여 있는 세비야 최대 규모의 쇼핑몰이다. 스페인 대표 브랜드들이 대부분 입점해 있으며, 특히 무더위를 피해 쇼핑하기에 안성맞춤이다. 네르비온 플라자 뒤편으로 FC 세비야 홈구장이 위치해 있어 경기가 있는 날이면 사람들로 북적인다. 세비야 산타후스타 기차역에서 도보 15분 거리로, 시내 중심부에서는 다소 거리가 있는 편이라 지하철 탑승 후 네르비온역에서 하차하면 쇼핑몰까지 도보로 이동 가능하다.

> **세비야 추천 숙소**

세비야의 아름다운 야경과 플라멩코를 부담 없이 즐기고 싶다면 주저 없이 산타크루스 지구에서 숙박하는 것을 추천한다. 산타크루스 지구는 주요 관광지 및 프라도 데 산세바스티안 버스 터미널까지 도보로 이동할 수 있다. 다만 기차역에서는 다소 거리가 있어 대중교통 또는 택시를 타야 한다. 만약 기차 이동이 많거나 짐을 가지고 이동하는 구간을 최소화하고 싶다면 세비야 산타후스타 기차역과 인접한 곳에서 숙박하는 것이 좋다.

 ## 아이레 호텔 세비야
Ayre Hotel Seville

주소 Av. de Kansas City, 7, 41018 Sevilla **위치** 세비야 산타후스타 기차역에서 도보 5분 **가격** 15~18만 원대 **홈페이지** www.ayrehoteles.com/ **전화** +34 954 91 97 97

세비야 산타후스타 기차역 맞은편에 위치해 있는 4성급 호텔이다. 도시 간 이동 시 기차역을 이용할 경우 추천하는 호텔로, 공항버스 및 구시가지로 가는 버스 정류장이 가까워 접근성이 좋다. 모던한 스타일로 꾸며진 객실과 위치 때문에 관광객은 물론 출장자에게도 인기가 많다.

 ## 호텔 알폰소 뜨레쎄
Hotel Alfonso XIII

주소 Calle San Fernando, 2, 41004 Sevilla **위치** 세비야 대성당에서 도보 10분 **가격** 40~50만 원대 **홈페이지** www.hotel-alfonsoxiii-sevilla.com **전화** +34 954 91 70 00

1929년 세비야 박람회가 개최될 당시 세계 유명인사들을 위해 건설된 곳으로, 세비야를 상징하는 럭셔리 호텔이다. 주요 관광지와 인접해 있으며 고풍스러운 호텔의 모습을 보기 위해 여행객들의 발길이 끊이지 않는다. 호텔 이름은 스페인 왕 알폰소 13세의 이름을 그대로 사용하고 있으며 호텔 내부에는 피카소, 달리 등의 작품도 관람할 수 있다.

무리요 세비야 호텔
Murillo Sevilla Hotel

주소 Calle San Fernando, 2, 41004 Sevilla **위치** 세비야 대성당에서 도보 7분 **가격** 10~15만 원대 **홈페이지** www.hotel-alfonsoxiii-sevilla.com/ **전화** +34 954 91 70 00

산타크루스 지구의 작은 골목에 위치한 3성급 호텔이다. 주요 관광지와 인접해 있으며 소박하지만 금액 대비 만족도가 높다. 세비야에서 가장 유명한 플라멩코 타블라오인 '로스 갈리오스Los Gallos'와도 매우 가까워 늦은 밤 공연을 보고 돌아오기에도 좋다.

 ## 도나 마리아
Dona Maria

주소 Calle Don Remondo, 19, 41004 Sevilla **위치** 세비야 대성당에서 도보 1분 **가격** 15~20만 원대 **홈페이지** www.hdmaria.com **전화** +34 954 22 49 90

세비야 대성당 맞은편에 위치한 4성급 호텔로, 중심부에 있어 늦은 밤까지 야경을 보기에도 부담이 없다. 4층에는 여름 시즌 안달루시아의 무더위를 피할 수 있는 작은 수영장도 있다. 클래식한 디자인으로 세비야의 전통적인 디자인을 그대로 담고 있는 호텔이다. 가격 대비 호텔의 위치가 좋다.

 ## 프티 팰리스 산타 크루즈
Petit Palace Santa Cruz

주소 Calle Muñoz y Pabón, 18, 41004 Sevilla **위치** 세비야 대성당에서 도보 10분 **가격** 20~25만 원대 **홈페이지** www.petitpalacesantacruzhotel.com/ **전화** +34 954 22 10 32

산타크루스 지구에 위치한 4성급 부티크 호텔이다. 맞은편에 마트가 있어 편하며, 세비야 대성당, 플라멩코 박물관까지 도보 5분 거리다. 호텔 로비에서 연결되는 넓은 파티오는 안달루시아의 전통적인 모습을 느끼게 해준다. 객실은 모던한 디자인으로 젊은층에게 인기다.

 ## EME 카테드랄
EME Catedral

주소 Calle Alemanes, 27, 41004 Sevilla **위치** 세비야 대성당에서 도보 1분 **가격** 30~35만 원대 **홈페이지** www.emecatedralhotel.com **전화** +34 954 56 00 00

세비야 대성당과 인접해 있는 4성급 부티크 호텔이다. 현대적이고 모던한 느낌으로 특히 허니문 추천 호텔이다. 루프톱에는 세비야에서 유명한 바와 수영장이 있으며 대성당과 히랄다 탑의 아름다운 야경을 한눈에 담을 수 있어 항상 사람들로 북적인다.

론 다
Ronda

소설가 헤밍웨이가 '연인과 로맨틱한 시간을 보내기에 가장 좋은 곳'이라 칭했던 론다. 해발 750m에 위치한 안달루시아의 작은 산악 도시로, 위치적인 접근성이 좋지 않음에도 불구하고 수많은 여행객의 발길이 끊이지 않는다. 120m 깊이의 타호 협곡 위에 우뚝 세워진 누에보 다리는 론다를 찾는 목적이라 해도 과언이 아닌 대표적인 랜드마크다. 처음 마주

Best Course

론다 투우장
도보 4분

누에보 다리

도보 6분

산타마리아 라 마요르 성당

도보 15분

아랍 목욕탕

하는 순간 탄성을 자아내게 만들고 시간에 따라 각기 다른 모습을 보여 주기 때문에 하염없이 바라보게 만든다. 반나절이면 충분히 둘러볼 수 있을 정도로 도시 규모가 작은 편이지만 고요한 새벽 풍경과 야경은 이곳에서 숙박하는 여행객만이 누릴 수 있는 특권이니 론다에서의 하룻밤을 계획해 보는 것을 추천한다.

• 찾아가기 •

산악 지대에 위치한 론다는 코르도바, 그라나다에서 열차로 말라가, 세비야에서 버스로 갈 수 있다. 다른 안달루시아 도시에 비해 스케줄이 상대적으로 제한적이니 일정 계획 시 유의하는 편이 좋다.

론다 ➡ 세비야 (버스 이동)	평일 7편 운행한다. (첫차 6:30, 막차 18:30) 주말 5편 운행한다. (첫차 10:00, 막차 18:30)
론다 ➡ 코르도바 (직통열차 이동)	매일 2편 운행한다. (10:09~12:01, 16:31~18:13)
론다 ➡ 그라나다 (직통열차 이동)	매일 3편 운행한다. (7:53~10:55, 13:36~16:10, 17:13~19:45)
론다 ➡ 말라가 (버스 이동)	평일 10편 운행한다. (첫차 7:00, 막차 19:45), 주말 6~7편 운행한다. (첫차 8:00, 막차 19:45)

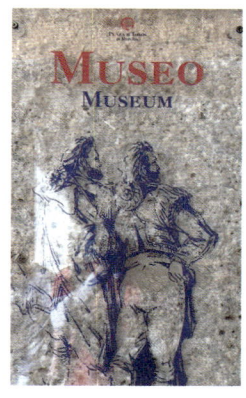

📍 **바르셀로나에서 직통 교통편 없음**
론다는 안달루시아의 작은 마을이기 때문에 바르셀로나에서 직통으로 연결되는 교통편은 없다. 따라서 인근의 안달루시아 도시인 세비야 또는 말라가를 거쳐 론다로 이동하는 것이 일반적이다.

📍 **마드리드에서 열차 이용 시 3시간 45분**
하루에 열차가 2편(8:35~12:20, 15:05~18:57) 운행한다.

 아찔한 협곡 위에 우뚝 서 있는 론다의 랜드마크
누에보 다리 Puente Nuevo [푸엔테 누에보]

주소 Calle Armiñán, s/n, 29400 Ronda, Málaga **위치** 론다 버스 터미널에서 도보 10분 **전화** +34 952 18 71 19

120m 깊이의 협곡에 솟아올라 있는 누에보 다리는 대표적인 론다의 상징물이다. 스페인의 건축가 마르틴 데 알데우엘라가 설계해 40여 년간의 공사 끝에 완공됐다. 깎아지른 듯한 아찔한 높이의 절벽과 도시를 가로지르는 과달레빈강은 론다의 신시가지와 구시가지의 교류를 어렵게 하는 장애물이었다. 이 문제를 해결하고자 론다 지역에 3개의 다리가 건설됐으며, 누에보 다리는 가장 마지막으로 완공돼 '새로운 다리'라는 뜻의 이름을 붙였다. 구시가지의 골목을 따라 계곡 아래로 내려가면 다리를 한눈에 볼 수 있는 뷰 포인트에 도착하게 되는데 석양에 물드는 누에보 다리의 모습을 감상하기에 가장 좋은 장소로 알려져 있다. 또한 누에보 다리는 야경이 아름답기로 유명해 론다가 작은 도시임에도 불구하고 하루 숙박을 하게 만드는 매력을 가지고 있기도 하다.

안달루시아식 소 꼬리찜 맛집
레스토랑 헤레즈 Restaurante Jerez [레스타우란떼 헤레즈]

주소 Paseo Blas Infante, 2, 29400 Ronda, Málaga **위치** 누에보 다리에서 도보 2분 **시간** 12:00~16:00, 19:00~23:00 **가격** €15~30 **홈페이지** www.restaurantejerez.com/es/ **전화** +34 952 87 20 98

파라도르 데 론다와 론다 투우장 사이에 위치한 레스토랑으로, 안달루시아식 소 꼬리찜이 유명하다. 대표 메뉴인 소 꼬리찜 라보 데 토로 에스토파도Rabo de Toro Estofado(€17.9)는 소 꼬리를 푹 삶아 토마토와 달콤한 소스를 더해 졸이는데, 우리나라의 갈비찜과 맛이 유사하다. 실내 공간뿐만 아니라 작은 분수가 자리 잡고 있는 야외 공간이 있어 저녁 시간대에 선선한 바람을 맞으며 식사를 할 수 있다.

타파스와 식후 와인을 서비스로 제공하는 레스토랑
푸에르타 그란데 Puerta Grande [푸에르타 그란데]

주소 Calle Nueva, 10, 29400 Ronda, Málaga **위치** 누에보 다리에서 도보 2분 **시간** 9:00~17:00(일), 12:00~15:00(월), 12:30~15:30, 19:00~22:00(수~금), 9:00~22:00(토) **휴무** 화요일 **가격** €20~30 **홈페이지** restaurantepuertagrande.com/ **전화** +34 952 87 92 00

파라도르 데 론다 건너편에 위치한 레스토랑으로, 한국어 메뉴판이 있어 쉽게 주문이 가능하다. 소 꼬리찜인 라보 데 토로Rabo de Toro(€18.9)와 바삭하게 튀긴 가지 튀김 베레네나스 프리타스 콘Berenjenas Fritas Con(€8.5)이 대표 메뉴다. 메인 메뉴를 주문하면 타파스 3종류가 간단하게 제공되며, 식후에는 레스토랑에서 직접 담근 스페인식 와인도 서비스로 맛볼 수 있다.

 헤밍웨이와 피카소가 경기를 즐겼던 근대 투우의 발상지
론다 투우장 Plaza de Toros(Museo Taurino) [플라자 데 토로스]

주소 Calle Virgen de la Paz, 15, 29400 Ronda, Málaga **위치** 누에보 다리에서 도보 3분 **시간** 10:00~20:00 **휴관** 연중무휴 **요금** €8(성인), €9.5(입장권+오디오 가이드), 무료입장(10세 이하) **홈페이지** www.rmcr.org/ **전화** +34 952 87 41 32

스페인에서 가장 오래된 투우장 중 하나로, 1785년 완공됐으며, 최대 수용 인원은 약 6,000명이다. 론다는 근대 투우의 발상지로도 유명하며 투우사가 말을 타고 창으로 소를 찌르는 전통 투우 방식에서 물레타(붉은 천)를 흔들어 소를 자극하는 방식을 만들어냈다. 그리고 그 중심에는 대대로 유명한 투우사를 배출한 로메로 가문이 있다. 투우장 바깥으로 역동적인 소와 대표적인 투우사 동상들이 서 있는데 그중 물레타를 펼친 채 늠름한 모습으로 서 있

는 인물이 바로 론다 출신의 유명한 투우사 '페드로 로메오'다. 투우장은 1, 2층으로 관람석이 이루어져 있고 우아한 모양의 원기둥 136개가 일정한 간격으로 배치돼 있다. 내부에는 투우 박물관이 있는데 투우사들의 의상과 사진 그리고 론다 투우의 역사가 전시돼 있다.

론다에 남아 있는 이슬람 문화의 흔적
아랍 목욕탕 Baños Arabes [바뇨스 아라베스]

주소 29400, Calle Molino de Alarcón, 11, 29400 Ronda, Málaga **위치** 누에보 다리에서 도보 8분 **시간** 10월 25일~3월 26일: 10:00~18:00(월~금) / 3월 27일 ~10월 24일: 10:00~19:00(월~금), 10:00~15:00(토~일) **휴관** 6월 11일, 12월 25일 **요금** €3.5(성인), €2.75(26세 이하 학생), 무료입장(14세 이하 어린이, 장애인 등) **홈페이지** www.juntadeandalucia.es/cultura/aaiicc/centros/ **전화** +34 952 18 71 19

구시가지에서는 과거 이슬람 지배의 흔적을 찾아볼 수 있는데, 대표적인 곳이 13세기에 지어진 아랍 목욕탕이다. 론다의 아랍 목욕탕은 스페인에 있는 목욕탕 유적지 중에서도 규모가 크고 보존이 잘된 곳 중 하나로 손꼽힌다. 내부는 리셉션, 냉탕, 온탕, 열탕, 보일러실로 구성돼 있으며 열탕 구역에서는 영상이 상영돼 방문객들의 이해를 돕고 있다. 아랍 목욕탕의 특징 중 하나는 천장에 뚫려 있는 여러 개의 별 모양 구멍이다. 이 구멍은 전등 및 환기구 역할을 했으며, 구멍을 통해 들어온 뜨거운 햇빛은 몸의 열이 빨리 식지 않도록 도와주었다고 한다.

 론다의 수호성인을 기리는 성당
산타마리아 라 마요르 성당 Iglesia de Santa María la Mayor [이글레시아 데 산타마리아 라 마요르]

주소 Plaza Duquesa de Parcent, 0, 29400 Ronda, Málaga **위치** 누에보 다리에서 도보 6분 **시간** 10:00~18:00(11~2월), 10:00~19:00(3~10월), 10:00~20:00(4~9월) **휴관** 12월 25일, 1월 1일 **요금** €4.5(성인), €2(11~18세 학생), 무료입장(10세 이하 어린이, 장애인 등) **홈페이지** www.colegiataronda.com/index.php/es/ **전화** +34 952 87 22 46

15~16세기에 건축된 론다의 수호성인을 기념하는 성당으로, 본래 이슬람 사원이 있던 자리에 지어지면서 곳곳에 이슬람의 흔적이 녹아들어 있다. 특히 성당의 높다란 종탑은 이슬람의 미나레트를 개조해 만들었으며 내부는 바로크, 고딕, 아라베스크 양식 등 다양한 건축 양식이 섞여 있는 모습이다. 다른 도시들에 비해 성당 규모가 크지 않지만 마을의 종교적 상징물로서 역할을 하고 있다.

론다 추천 숙소

안달루시아의 작은 마을인 론다는 누에보 다리를 중심으로 호텔들이 밀집돼 있다. 대표 호텔로는 '파라도르 데 론다'가 있으며, 객실 또는 조식당에서 누에보 다리를 바라볼 수 있는 호텔들이 여행객들에게 많은 사랑을 받고 있다.

 돈 미구엘
Don Miguel

주소 Plaza España, 4, 29400 Ronda, Málaga **위치** 누에보 다리 바로 앞, 파라도르 데 론다 맞은편 **가격** 10~15만 원대 **홈페이지** www.hoteldonmiguelronda.com/ **전화** +34 952 87 77 22

누에보 다리 옆, 론다 파라도르 맞은편에 위치한 3성급 호텔이다. 저렴한 금액대로 누에보 다리 뷰를 볼 수 있는 객실에서 숙박할 수 있어 인기가 있다. 또한 호텔 레스토랑의 테라스는 누에보 다리를 볼 수 있는 최적의 장소로 《미쉐린 가이드》에 두 번이나 선정된 론다의 대표 맛집이다.

 파라도르 데 론다
Parador de Ronda

주소 Plaza España, s/n, 29400 Ronda, Málaga **위치** 누에보 다리 바로 앞 **가격** 25~30만 원대 **홈페이지** www.parador.es/es **전화** +34 952 87 75 00

론다의 중심인 누에보 다리 옆에 위치한 스페인 국영 호텔이다. 위치 및 합리적인 가격 덕분에 파라도르 중 한국 여행객들이 가장 선호하는 곳이다. 객실 업그레이드 시 방에서 누에보 다리를 볼 수 있으며 조식당의 경우 전망 좋은 자리는 경쟁이 치열하므로 일찍 서두르는 것을 추천한다.

산 가브리엘
San Gabriel

주소 Calle Marqués de Moctezuma, 19, 29400 Ronda, Málaga
위치 누에보 다리에서 도보 5분 **가격** 8~15만 원대 **홈페이지** www.hotelsangabriel.com/es/ **전화** +34 952 19 03 92

론다 구시가지 초입에 위치한 3성급 호텔로, 누에보 다리에서 5분 거리다. 옛 귀족의 고택을 개조했는데 오래된 그림과 가구, 소품에서 고풍스러운 멋이 느껴지며 아늑한 느낌이 가득하다. 누에보 다리 건너편 구시가지 안쪽에 위치해 있어 합리적인 가격에 조용하게 휴식을 취하고 싶은 관광객들에게 인기가 많다.

아파르타멘토스 론다 센트로
Apartamentos Ronda centro

주소 Calle José Aparicio, 1, 29400 Ronda, Málaga **위치** 누에보 다리에서 도보 3분 **요금** 10~15만 원대 **홈페이지** www.apartamentosrondacentro.com/es/ **전화** +34 608 19 09 99

누에보 다리에서 도보 3분 거리, 에스파냐 광장에 위치한 론다의 대표 아파트먼트다. 깔끔하고 현대적인 시설로, 주방과 세탁 시설도 편리하게 이용 가능하다. 주차 시설이 있어 렌터카 여행 시 편리하다. 단, 체크인 시간이 정해져 있어 늦은 체크인이 불가하니 유의해야 한다.

코르도바
Córdoba

페니키아어로 '풍요롭고 귀한 도시'라는 의미를 가진 코르도바. 도시 전체가 유네스코 세계 문화유산으로 지정됐으며, 11세기까지 안달루시아의 중심 도시로서 그 규모가 콘스탄티노플, 바그다드와 어깨를 나란히 할 정도였다. 이슬람 지배 시기에는 다른 종교에 대한 관용적인 태도 덕분에 가톨릭과 유대인의 문화도 함께 번성할 수 있었으며 아직도 시내

Best Course

코르도바 알카사르

도보 5분
⬇
로마교
도보 1분
⬇
칼라오라 탑
도보 9분
⬇
메스키타

도보 2분
⬇
꽃의 골목길

도보 7분
⬇
유대인 회당

곳곳에 그 흔적들이 남아 있다. 또한 사계절 내내 꽃을 볼 수 있는 '꽃의 도시'로 하얀 벽에 알록달록 꽃바구니가 걸려 있는데, 화려한 색감과 꽃 향기가 코르도바를 찾는 여행객들을 매혹한다.

• 찾아가기 •

안달루시아의 중심 지역에 위치한 코르도바는 열차로 다른 도시와 연결이 가능하다.

코르도바 ➡ 세비야 (열차 이동)	매시간마다 1~2편 운행한다.
코르도바 ➡ 그라나다 (버스/열차 이동)	열차와 버스 매일 6~7편씩 운행한다. (소요 시간은 비슷하고 열차는 선로 공사로 인해 1회 환승 과정이 있으므로 선호 교통수단으로 이동하는 것을 추천한다)
코르도바 ➡ 말라가 (열차 이동)	하루 15회 이상 자주 운행한다. (첫차 7:40, 막차 22:40)
코르도바 ➡ 론다 (열차 이동/1시간 50분)	직통열차로 하루 2편 운행한다. (10:39~12:20, 17:08~18:57)

📍 **바르셀로나에서 열차 이용 시 4시간 45분**

직통열차가 하루에 세 편(8:30~13:12, 9:40~14:04, 15:50~20:28) 운행하며, 항공편을 이용하는 경우 코르도바에는 공항이 없으니 인근 안달루시아 도시인 세비야를 거쳐 이동해야 한다.

📍 **마드리드에서 열차 이용 시 1시간 50분**

마드리드-코르도바 구간을 연결하는 고속 열차AVE가 매시간마다 운행한다.

 세계에서 가장 크고 아름다운 모스크
메스키타 Mezquita Cathedral of Córdoba [메즈키타 카테드랄 오브 코르도바]

주소 Calle del Cardenal Herrero, 1, 14003 Córdoba **위치** 코르도바 기차역(Estación de Córdoba)에서 03번 버스타고 산 페르난도(San Fernando) 정류장 하차 후 도보 7분 **시간** 월~토: 10:00~19:00/ 일: 8:30~11:30, 15:00~19:00 **요금** €10(성인), €5(14~10세 어린이 및 장애인), €2(종탑), 무료입장(10세 미만 어린이) **홈페이지** mezquita-catedraldecordoba.es/en/ **전화** +34 957 47 05 12

수많은 여행객이 코르도바를 찾는 목적이라 해도 과언이 아닌 대표적인 랜드마크다. 784년 아브드 알라흐만 1세가 짓기 시작했으며, 200여 년 동안 3번에 걸친 증축을 통해 25,000여 명이 한꺼번에 기도할 수 있는 거대한 규모의 사원이 만들어졌다. 메스키타 입구에 들어서면 오렌지 나무가 심어져 있는 안뜰과 예배에 앞서 손과 발을 씻고 마음을 정화하는 용도로 사용된 '사훈'(분수대)이 자리 잡고 있다. 사원 내부에는 벽옥, 석영, 대리석 및 화강암으로 이루어진 856개의 기둥이 우뚝 서 있으며 특히 적색과 흰색 벽돌을 교대로 조합한 말발굽 모양의 아치가 인상적이다. 일정한 간격으로 자리 잡고 있는 이중 아치를 바라보고 있으면 마치 다른 세계에 와 있는 듯한 느낌을 경험할 수 있다. 또한 메카를 향해 기도드리는 방향이 표시된 벽인 '미흐라브'는 비잔틴 제국의 모자이크 장식을 차용했는데 화려함의 극치를 보여 준다. 그와 동시에 메스키타 내부에서 가톨릭 성당의 요소들도 발견할 수 있다. 이슬람 왕족을 몰아낸 가톨릭 세력은 기존의 사원을 모두 허물고 새로 지으려는 계획을 수정해 내부 중앙에 르네상스 양식의 예배

당을 건설했다. 그 결과 이슬람 사원과 가톨릭 성당이 한 건물에 공존하는 세계 유일의 사원이 만들어지게 된 것이다. 오묘한 조합 속에서 어디에서도 경험하지 못한 새로운 분위기를 만들어내는 메스키타는 포용과 공존의 도시라 불리는 코르도바를 가장 잘 나타내는 건축물이라 볼 수 있다.

 옛 유대인들의 발자취가 남겨져 있는 거리
유대인 거리 Judería de Córdoba [라 후데리아]

주소 Casa del Indiano, 14003 Córdoba **위치** 메스키타와 인접해 있는 유대인 회당, 투우 박물관 등이 있는 좁은 골목들

코르도바는 이슬람 제국 시기 타 종교에 대한 관용적인 태도 덕분에 유대인 문화 또한 자유롭게 표현이 가능했다. 그러나 가톨릭 세력의 국토 회복 운동으로 인해 유대인들은 추방됐고, 현재는 메스키타 주변에서 그 흔적들을 발견할 수 있다. 유대인 지구를 걷다 보면 1315년에 건설된 유대인 회당과 14세기 건축물들을 볼 수 있으며, 장인들이 만든 아기자기한 수공예품과 화려한 색감의 도자기를 판매하는 상점들이 있어 구경하는 재미가 있다. 유대인 지구 골목을 돌아 나오면 유대인 철학자인 마이모니데스의 동상을 발견할 수 있는데, 마이모니데스는 중세 유럽 최고의 철학자, 법률가 그리고 의사였다. 동상의 발을 만지면 지혜로워진다는 속설이 있어 유독 발만 반짝이는 것을 볼 수 있다.

 안달루시아에 유일하게 남아 있는 예배당
유대인 회당 Sinagoga [시나고그]

주소 Calle Judíos, 20, 14004 Córdoba **위치** 메스키타에서 도보 4분 **시간** 9:00~15:00(화~일) **휴관** 월요일 **전화** +34 957 20 29 28

유대인 지구 중심부에 위치해 있으며, 스페인에 현존하는 예배당 세 곳 중 한 곳으로, 안달루시아 지역에서는 유일하다(참고로 나머지 두 개의 예배당은 톨레도에 있다). 1315년에 무데하르 양식으로 지어졌으며 코르도바에 거주하는 유대인들의 대표적인 집회 장소로 예배 의식, 교육 훈련, 사교 공간으로 활용됐다. 1492년 유대인 추방 이후 병원, 영아 학교 등으로 사용되기도 했으며 수년간의 복원 과정을 거쳐 현재는 내부를 관람할 수 있게 조성돼 있다.

코르도바의 투우 역사를 볼 수 있는 박물관
투우 박물관 Museo Taurino Cordoba [무제오 타우리노 코르도바]

주소 Plaza Maimónides, s/n, 14004 Córdoba **위치** 메스키타에서 도보 4분 **시간** 겨울 시즌: 8:30~20:45(화~금), 8:30~16:30(토), 8:30~14:30(일요일 및 공휴일)/ 여름 시즌: 8:30~15:00(화~토), 8:30~14:30(일요일 및 공휴일) **휴관** 월요일 **요금** €4(일반), €2(학생) **홈페이지** www.museotaurinodecordoba.es/ **전화** +34 957 20 10 56

유대인 지구의 마이모니데스 광장에 위치해 있으며 코르도바의 투우와 투우사에 대한 생생한 흔적을 발견할 수 있는 곳이다. 내부에는 투우 경기 중 주도적인 역할을 하는 투우사인 '마타도르'의 의상과 사진 및 코르도바 출신 투우사들의 유품이 전시돼 있다. 특히 투우의 역사를 바꾸었다고 평가받는 마놀레테의 전시관에서는 27세의 젊은 나이에 그의 생명을 앗아간 소의 가죽도 볼 수 있다.

안달루시아 올리브 & 와인 전문점
카사 페드로 히메네스 La Casa del Pedro Ximénez [라 까사 델 페드로 히메네스]

주소 Calle Romero, 10, 14003 Córdoba **위치** 메스키타에서 도보 2분 **홈페이지** www.lacasadelpedroximenez.com/productos.html **전화** +34 687 74 57 49

유대인 지구에 위치한 올리브 & 와인 판매점이다. 올리브로 만든 비누, 화장품, 오일 등이 있으며, 특히 스페인 셰리 중 하나인 페드로 히메네스Pedro Ximenez를 전문적으로 판매하고 있다. 뿐만 아니라 발사믹, 파테, 마멀레이드 등 식료품 종류도 다양해서 보는 재미가 있다. 선물용으로 사기에 부담 없는 사이즈와 가격대이니 시간이 된다면 방문해 보는 것을 추천한다.

플라멩코와 함께 식사를 즐길 수 있는 곳
엘 파티오 코르도베스 El Patio Cordobes [엘 파티오 코르도베스]

주소 Calle Manríquez, 3, 14003 Córdoba **위치** 메스키타에서 도보 2분 **시간** 8:30~23:00 **가격** €10~30 **전화** +34 957 47 98 19

메스키타에 인접해 있는 레스토랑이다. 입구는 평범하지만 안으로 들어가면 넓은 파티오에 실외 테이블이 자리 잡고 있으며 파란색으로 포인트를 준 인테리어와 벽에 걸려 있는 제라늄 화분이 인상적이다. 안달루시아의 대표 메뉴 소 꼬리찜 로보 데 토로Robo de Toro(€14.5)를 맛볼 수 있으며 고기 요리(€10~18), 파스타(€8~10) 가격선이 좋아 부담 없이 식사를 할 수 있다. 무엇보다도 식사와 함께 플라멩코 공연과 음악을 즐길 수 있는 것이 이 레스토랑의 장점이다. 저녁이면 식사와 음악을 즐기기 위해 찾아오는 사람들이 많으므로 오픈 시간에 맞춰 가는 것을 추천한다.

 1년 365일 꽃길을 걸을 수 있는 골목
꽃의 골목길 Calleja de las Flores [까예하 데 라스 플로레스]

주소 Calleja de las Flores　**위치** 메스키타에서 도보 1분

무더위를 이기기 위해 안달루시아 지역의 집들은 꽃과 타일로 장식된 안달루시아식 안뜰인 파티오를 만든다. 매년 5월이면 코르도바에서는 파티오를 아름답게 장식하는 축제가 열리며 '꽃의 도시'라는 명성에 맞게 축제 기간 동안 구시가지 전체가 꽃으로 가득 차 장관을 이룬다. 시기가 맞지 않는다 해도 1년 내내 아름다운 꽃들로 장식돼 있는 곳이 있는데 바로 '꽃의 골목길'이다. 유대인 지구에 위치한 이 길은 두 사람이 함께 걸어가기에도 힘든 좁은 골목으로, 하얀 벽면에 붉은 제라늄 화분이 아기자기하게 걸려 있다. 또한 꽃길의 끝에 위치한 작은 광장에서 바라보는 메스키타의 첨탑이 인상적이므로 방문해 보는 것을 추천한다.

 신대륙을 위한 첫 항해를 앞두고 콜럼버스가 양왕을 알현한 장소
코르도바 알카사르 alcazar de los reyes Cristianos [알카자르데 로스 레예스 크리스티아노스]

주소 Plaza Campo Santo de los Mártires, s/n, 14004 Córdoba　**위치** 메스키타에서 도보 8분　**시간** 8:30~15:00(화~토), 8:30~14:30(일)　**휴관** 월요일　**요금** €4.5(성인), €2.25(학생), 무료입장(13세 이하 어린이)　**홈페이지** www.alcazardelosreyescristianos.cordoba.es/　**전화** +34 957 42 01 51

1328년 카스티야의 알폰소 11세가 세운 코르도바 알카사르는 가톨릭 왕들의 궁전으로, 코르도바의 유서 깊은 중심지에 자리 잡고 있다. 과달키비르강, 메스키타와도 인접해 있으며, 스페인 중세 양식인 '무데하르 양식'을 기반으로 건축됐다. 1482년부터는 종교 재판 본부로 3세기 동안 종교 재판소 역할을 했으며 '왕의 목욕탕'은 고문실과 감옥으로 사용됐다. 가톨릭 국토 회복 운동 시기에 이사벨 여왕과 페르난도 2세 두 국왕이 이곳에 거주하며 나사리 왕조의 수도인 그라나다를 함락시키기도 했다. 또한 콜럼버스가 항해를 떠나기 전 양왕을 알현한 장소로도 유명한데, 물의 정원 끝 편에는 이 모습을 형상화한 동상을 발견할 수 있다.

코르도바의 수호성인이 자리 잡고 있는 다리
로마교 Puente Romano [푸엔테 로마노]

주소 Av. del Alcázar, s/n, 14003 Córdoba **위치** 메스키타에서 도보 5분 **전화** +34 957 49 99 00

코르도바의 젖줄이자 '위대한 강'이라는 뜻을 가진 과달키비르강을 가로지르는 다리다. 로마 시대 카이사르가 코르도바를 공격할 때 처음 만들어졌고 이후 황제에 오른 후계자 아우구스투스가 튼튼한 새 다리를 만들었다는 전설을 가지고 있다. 1세기 초에 만들어진 이후 파손과 복구가 반복됐으며, 현재의 모습은 이슬람 시대 이후 재건된 형태다. 길이 247m, 너비 9m, 16개의 아치로 이루어진 로마교 중심부에는 코르도바의 수호성인인 '라파엘 기념탑'이 자리 잡고 있다. 16세기 최악의 페스트가 코르도바를 덮쳤을 때 사제의 꿈에 라파엘 천사가 나타나 코르도바를 구해주겠다는 계시를 내렸다고 한다. 이후 신께 감사드리는 마음으로 라파엘 기념탑을 세우기 시작했으며 로마교에 있는 탑이 가장 대표적이다. 현재까지도 기념탑 아래에 촛불을 켜고 기도하는 사람들을 볼 수 있는 의미 있는 장소다.

코르도바를 한눈에 담을 수 있는 전망대
칼라오라 탑 Torre de la Calahorra [토레 데 라 칼라오라]

주소 Puente Romano, s/n, 14009 Córdoba **위치** 메스키타에서 도보 10분 **시간** 10~4월: 10:00~18:00 / 5~9월: 10:00~14:00, 16:30~20:30 **요금** €4.5(성인), €3(학생 및 어린이), 무료입장(8세 이하 어린이) **홈페이지** www.torrecalahorra.es/ **전화** +34 957 29 39 29

로마교를 사이에 두고 메스키타 건너편에는 칼라오라 탑이 우뚝 서 있다. 12세기 도시를 방어하기 위해 축조된 탑으로, 코르도바 알카사르 성벽의 일부며 요새 역할을 했다. 현재는 다양한 전시를 하는 박물관으로 활용되고 있는데, 가장 눈에 띄는 것은 대형 역사화다. 천주교 사제가 메스키타 사원 내에서 이슬람 왕을 알현하는 그림으로 이슬람 지배 시대에 서로 다른 종교가 배척하지 않고 공존했음을 보여 주는 의미 있는 자료다. 또한 탑의 꼭대기에 오르면 과달키비르강을 가로지르는 로마교와 역사 지구를 한눈에 담을 수 있어 훌륭한 전망대 역할도 하고 있다.

코르도바 추천 숙소

코르도바는 기차역, 버스 터미널 인근에 일반적인 3~4성급 호텔들이 밀집돼 있는 편이다. 코르도바의 낮과 밤을 즐길 수 있는 최적의 위치인 유대인 지구에서 숙박하는 것도 추천한다. 안달루시아 전통 양식으로 지어진 아기자기한 호텔들은 규모는 크지 않지만 보다 특별한 경험을 할 수 있는 장점이 있다.

하시엔다 포르사다 데 발리나
Hacienda Posada De Vallina

주소 Calle Corregidor Luis de la Cerda, 83, 14003 Córdoba **위치** 메스키타에서 도보 3분 **가격** 10~15만 원대 **홈페이지** www.hhposadadevallina.es/ **전화** +34 957 49 87 50

메스키타 맞은편에 위치한 3성급 호텔이다. 주요 관광지를 도보로 여행할 수 있는데, 메스키타와 로마교의 야경을 보고 들어오기에도 부담이 없는 위치적인 장점이 있다. 또한 호텔 내의 파티오가 아름답기로 유명하며 밤이 되면 조명이 켜지며 로맨틱한 느낌이 더해진다.

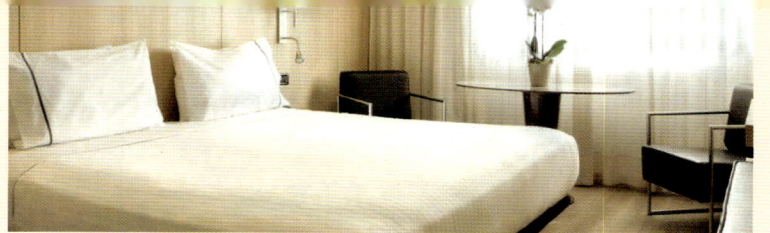

AC 호텔 코르도바 바이 메리어트
Ac Hotel Cordoba by Marriott

주소 Av. de la Libertad, 24, 14006 Córdoba **위치** 코르도바 기차역에서 도보 5분 **가격** 10~20만 원대 **홈페이지** www.marriott.com/hotels/travel/odbco-ac-hotel-cordoba/ **전화** +34 957 76 83 80

코르도바 기차역에서 도보 5분 거리에 위치한 4성급 호텔이다. 깔끔하고 무난한 비즈니스호텔로 도시 간 이동 시 열차를 탑승하는 경우 접근성이 매우 좋다. 메스키타까지는 버스를 타거나, 하르디네스 데 라 아그리쿨투라Jardines de la Agricultura를 따라 산책하듯이 걸어갈 경우 도보 25분이 소요된다.

발콘 데 코르도바
Balcon de Cordoba

주소 Calle Encarnación, 8, 14003 Córdoba **위치** 메스키타에서 도보 3분 **가격** 25~30만 원대 **홈페이지** balcondecordoba.com/ **전화** +34 957 49 84 78

메스키타에서 도보 2분 거리에 위치한 4성급 호텔이다. 객실이 총 10개인 작은 부티크 호텔로, 아기자기하게 꾸며져 있는 인테리어가 인상적이다. 루프톱에서는 코르도바의 상징인 메스키타와 구시가지를 한눈에 담을 수 있으며 특히 야경을 감상하기에 좋다. 관광지 중심에 위치해 있고 깔끔한 시설 때문에 인기가 많은 호텔이다.

그라나다
Granada

석류를 뜻하는 스페인어 '그라나테Granate'에서 유래된 도시 그라나다는 700여 년간 스페인을 지배했던 이슬람 세력의 중심이자 가톨릭 세력이 이슬람을 몰아낸 마지막 장소이기도 하다. 오랜 세월 남겨진 이슬람 문화의 흔적을 도시 곳곳에서 찾아볼 수 있으며 그중 백미로 손꼽히는 '알함브라 궁전'의 아름다움을 보기 위해 전 세계의 관광객들이 그라나다

를 찾아온다. 볼거리뿐만 아니라 먹자골목에서 접할 수 있는 다양한 먹거리, 플라멩코와 기타 연주 같은 즐길 거리가 가득한 곳으로, 안달루시아의 대표 여행 지역으로 손꼽히는 도시다.

Best Course

이사벨라 카톨리카 광장
버스 20분

⬇

알함브라 궁전

도보 15분

⬇

누에바 광장
도보 3분

⬇

그라나다 대성당 & 왕실예배당
도보 3분

⬇

알카이세리아 재래시장
도보 20분

⬇

알바이신 지구
(산 니콜라스 전망대)

• 찾아가기 •

그라나다는 열차 및 버스로 다른 도시와 연결이 가능하다. 현재 그라나다로 들어오는 열차 구간 중 선로 공사가 진행되는 곳이 있어 기존에 직통열차로 운행하던 곳들도 일부 구간은 버스로 대체되고 있다. 자세한 사항은 스페인 철도청 홈페이지venta.renfe.com를 참고하는 것이 좋다.

그라나다 ➡ 말라가 (버스 이동)	매시간마다 2편 이상 자주 운행한다. (열차는 1회 환승 과정이 있고, 소요 시간이 상대적으로 긴 편이라 추천하지 않는다)
그라나다 ➡ 론다 (열차 이동)	직통열차가 매일 3편 운행한다. (6:45~9:17, 12:45~15:45, 17:00~19:53)
그라나다 ➡ 세비야 (열차 이동)	직통열차가 매일 4편 운행한다. (8:32~12:07, 11:24~14:43, 17:32~20:44, 20:57~24:08)
그라나다 ➡ 코르도바 (열차/ 버스 이동)	열차와 버스 매일 6~7편씩 운행한다. (소요 시간은 비슷하고 열차는 선로 공사로 인해 1회 환승 과정이 있으니 선호 교통수단으로 이동하는 것을 추천한다)

📍 바르셀로나에서 항공편 이용 시 1시간 30분
바르셀로나 ➡ 그라나다 구간 항공은 매일 3~5편씩 운행한다. 심야 열차도 운행했으나 현재 선로 공사로 인해 운행이 중단됐으며, 주간 열차 탑승 시 8시간 이상 소요되고 환승 과정이 있기 때문에 항공 이동을 추천한다.

📍 마드리드에서 열차, 버스 이용 시 4시간 30분
마드리드 ➡ 그라나다 구간은 열차, 버스 소요 시간이 비슷하다. 버스는 매시간마다, 직통열차는 1회 (15:35~22:00) 운행하며, 참고로 열차는 현재 선로 공사로 인해 일부 구간은 버스로 운행한다.

📍 그라나다 공항에서 그라나다 시내까지
그라나다 공항버스는 그라나다 대성당, 푸에르타레알까지 운행하며, 소요 시간은 약 45분, 비용은 €2.9다. 비행기 도착 시간에 맞춰 버스가 운행하니 짐을 찾고 신속히 나와 버스를 탑승하는 것이 좋다. 택시는 소요 시간이 약 20분이고, 비용은 약 €30다.

공항버스 운행 시간
공항-시내(비행기 도착 시간에 맞춰 운행), 시내-공항(첫차 5:00, 막차 21:45)

화려한 이슬람 문화의 백미
알함브라 궁전 Alhambra [알함브라]

주소 Calle Real de la Alhambra, s/n, 18009 Granada **위치** 이사벨 광장에서 C3번 버스 타고 헤네랄리페(P.Aº del Generalife) 정류장 하차 **시간** 4월 1일~10월 14일: 8:30~20:00(매표소 8:00~20:00), 22:00~23:30(야간 개장[화~토], 매표소 21:00~22:45)/ 10월 15일~3월 31일: 8:00~18:00(매표소 8:00~18:30), 20:00~21:30(야간 개장[금~토], 매표소 19:00~20:45) **홈페이지** www.alhambra-patronato.es/ **전화** +34 958 02 79 71

요금

알함브라 제네랄 Alhambra General	€14.85 (성인) €9.54 (65세 이상) €8.48 (12~15세 청소년) 12세 미만 무료	하루 동안 4구역 모두 입장 가능한 티켓
알함브라 엑스페리언시아스 Alhambra Experiencias	€14.85 (일반) 12세 미만 무료	나스르 궁전 야경 관람+익일 헤네랄리페, 알카사바, 카를로스 5세 궁전 입장 티켓 (알함브라 궁전 2일권에 해당하며 그라나다에서 시간 여유 있고, 요일이 맞는 경우 추천)
알함브라 녹투르나 팔라시오스 Alhambra Nocturna Palacios	€8.48 (일반) 12세 미만 무료	나스르 궁전 야경 관람 티켓
도블라 데 오르오 제네랄 Dobla de Oro General	€20.84 (일반) 12세 미만 무료	알함브라 궁전 4구역+알바이신 지구 유료 입장 구역+할인 혜택이 포함된 티켓 (그라나다 관광청에서 티켓난으로 고생하는 관광객들과 알바이신 지구 관광 사업 진흥을 위해 만든 티켓 종류. 알함브라 제네랄 티켓이 매진된 경우 차선책으로 구매할 수 있으며 금액은 알함브라 제네랄 티켓보다 높지만 알함브라 궁전의 핵심인 나스르 궁전 관람을 놓치고 싶지 않다면 충분히 구매할 가치가 있는 티켓)

아랍어로 '붉은 성'이라는 뜻의 알함브라 궁전은 스페인에 남아 있던 마지막 이슬람 왕조인 나스르 왕조의 무하마드 1세 알 칼리브에 의해 13세기 후반에 건설이 시작됐다. 높은 언덕 위에 자리 잡고 있어 성채이자 요새 역할을 했는데, 여러 번의 증축과 개수를 거쳐 완성됐고, 현재는 크게 4구역(알카사바, 나스르 궁전, 헤네랄리페, 카를로스 5세 궁전)으로 구성돼 있다. 알함브라는 현존하는 이슬람 최고의 걸작으로 평가받고 있으며 궁전을 본 사람들은 모두 그 아름다움에 매료됐다고 한다. 이슬람 왕조의 마지막 왕 보압딜은 가톨릭 세력에게 항복하며 떠날 때 "그라나다를 잃는 것은 아깝지 않으나 알함브라 궁전을 다시 못보게 되어 안타깝다"라는 말을 남겼다. 또한 스페인에 남아 있던 이슬람의 흔적을 모두 지워버리려고 했던 이사벨 여왕도 알함브라 궁전만큼은 훼손시키지 않고 궁궐로 사용했다고 한다. 참고로, 그라나다를 찾는 가장 큰 목적 중 하나가 바로 알함브라 궁전을 보기 위함이라 해도 과언이 아닐 만큼 항상 많은 사람으로 북적인다. 따라서 온라인을 통해 티켓을 구매하는 것이 좋으며, 특히 나스르 궁전은 시간마다 입장 인원이 제한돼 있어 인원이 꽉 찬 경우 입장할 수 없거나 원하는 시간대로 예약이 어려울 수 있으니 방문 일정이 확정되면 예매하는 것을 추천한다(60일 전부터 티켓 예약 가능).

알함브라 궁전
INSIDE

나스르 궁전

알함브라 궁전의 꽃이자 이슬람 건축 양식의 아름다움을 볼 수 있는 곳으로, 왕의 집무실, 거주 공간이었다. 전성기에는 7개의 궁전이 있었다고 하는데, 현재는 3개의 궁전(메수아르 궁, 코마레스 궁, 라이언 궁)이 남아 있다. 나스르 궁전은 붕괴, 훼손의 이유 때문에 관람객의 입장을 제한하고 있으며, 알함브라 궁전 티켓 예매 시 입장 시간을 지정해야 하고 예약된 시간에 맞춰 입장 줄을 서야 한다.

• 메수아르 궁

나스르 궁전에서 가장 먼저 지어진 곳으로 왕의 집무실이자 접견실로 사용됐다. 벽과 천장을 장식한 아라베스크 장식이 특히 인상적이다. 방 한편에 위치한 기도실은 메카 쪽을 향하고 있으며 석회 세공이 아름답고 7개의 아치형 창문 너머로 알바이신 지구를 한눈에 담을 수 있다.

• 코마레스 궁

나스르 궁전의 중심부로 모든 공간이 아라베스크 문양으로 화려하게 장식돼 있다. 대사의 방에서 술탄이 사신들을 맞이하며 권위를 자랑했는데, 아이러니하게도 이슬람의 마지막 왕 보압딜이 페르난도 2세와 이사벨 여왕에게 항복했던 치욕의 장소 또한 이곳이다. 아라야네스 정원은

알함브라의 상징과도 같은 곳으로, 직사각형 연못에 코마레스 궁이 반영돼 신비로운 분위기를 연출하며 인도의 타지마할 설계에 영향을 주었다는 설이 있다.

• 라이언궁

술탄과 술탄의 여인들이 거처하던 공간으로, 124개의 대리석 석주가 사자의 중정을 둘러싸고 있다. 아벤세라헤스 방은 석회 동굴의 종유석에서 영감을 얻은 모카라베mocárabe로 장식돼 있는데 그 수가 오천여 개가 넘으며 빛이 반사돼 신비로운 분위기를 만들어낸다. 나스르 궁전 내에   서도 가장 아름다운 곳으로 손꼽히는 두 자매의 방은 천장과 이어지는 벽면까지 섬세하게 장식돼 입체감이 더해지며 마치 화려한 꽃 한 송이가 피어 있는 느낌이 든다.

알카사바

궁전의 서쪽에 위치한 알카사바는 알함브라 궁전 내에서 가장 오래된 구역이다. 9~13세기에 걸쳐 지어졌으며 궁전을 지키는 역할을 했다. 현재는 터만 남아 있는데, 그 당시 왕족을 수발하는 사람들이 살았던 곳으로 군인들의 거주 지역이기도 했다. 벨라의 탑은 알카사바 중심이자 삼면이 가파른 언덕에 있어 시에라네바다 평원과 먼 곳의 언덕까지 한눈에 보여 당시 감시 탑으로서  중요한 역할을 했다. 현재는 알함브라 궁전을 찾는 방문객들에게 그라나다 시내를 한눈에 조망할 수 있도록 전망대 역할을 톡톡히 하고 있다.

카를로스 5세 궁전

이슬람 건축의 걸작이라 불리는 알함브라 궁전 내부에는 다소 이질적인 건축물이 있는데 바로 카를로스 5세 궁전이다. 1526년 그라나다로 신혼여행을 온 카를로스 5세는 궁전의 아름다움에 반해 이곳에 더 멋진 르네상스식 궁전을 만들었다. 그러나 투박한 모습에 기존에 있던 알함브라 궁전의 건축물에 하중을 가한다는 부정적인 평가를 받고 있는 건축물이다. 흡사 투우장과도 유사하며 가운데에 서서 소리를 내면 에코 효과를 느낄 수 있다. 현재는 이 장점을 십분 활용해 매년 여름 그라나다 음악제가 열리고 있다.

헤네랄리페

14세기에 만들어진 여름 별궁으로, 왕들이 더위를 피해 휴식을 취하던 곳으로, 시에라네바다산맥의 해빙수를 이용해 분수와 정원을 꾸며 놓아 '물의 정원'으로도 불린다. 정원 곳곳에 물이 흐르는데, 프란시스코 타레가의 〈알함브라 궁전의 추억〉이 헤네랄리페의 분수에서 떨어지는 물소리를 듣고 영감을 받아 작곡됐다고 한다. 특히 아세키아의 정원은 헤네랄리페의 하이라이트며 포물선을 그리며 떨어지는 물줄기와 피어나는 꽃들로 계절마다 다른 모습을 선보인다.

그라나다 여행의 시작점
이사벨라 카톨리카 광장 Plaza Isabel La Catolica [플라자 이사벨 라 카톨리카]

주소 18009 Granada **위치** 그라나다 대성당 근처 그란 비아 데 콜론(Gran Via de Colon) 길로 도보 5분

콜럼버스에게 그의 항해를 허락했던 이사벨 여왕의 동상이 있는 분수대 광장이다. 이 분수대에 있는 이사벨 여왕의 동상은 1892년에 아메리카 대륙을 발견한 것을 기념으로 로마에서 조각됐다. 공식 명칭은 '이사벨라 카톨리카'지만 '콜럼버스 광장La Plaza de Colon-Columbus Square'이라 부르는 사람도 있다. 그 이유는 이곳의 조각상이 세워질 만큼 공을 세운 사람은 여왕이 아니라 선원이며, 이사벨 여왕은 단지 그에게 배와 물자를 제공한 것뿐이라고 생각하기 때문이다.

 알함브라 궁전을 안내하는 광장
누에바 광장 Plaza Nueva [플라자 누에바]

주소 18010 Granada **위치** 이사벨라 카톨리카 광장에서 도보 3분

알함브라 궁전을 향해 올라가거나 알바이신 지구를 가려고 한다면 반드시 거치게 되는 광장이다. 누에바 광장은 예전에 투우 등 다양한 경기가 열리는 도시에서 가장 중요한 위치였다. 기존에는 다로강이 흐르는 곳에 다리를 건설했던 지역에, 위치의 중요성이 높아지면서 다리를 넓혀 나가다가 1506년 최종적으로 이 지역을 전체로 덮어 광장으로 변경했다. 이곳은 야외 테라스를 구비한 카페, 테라스가 곳곳에 있어 그라나다 관광 중에 잠시 쉬어 가도 좋다.

'그라나다'를 판매하는 젤라토 전문점
헬라데리아 티기아니 Heladeria Tiggiani [헬라데리아 띠기아니]

주소 Plaza de Cuchilleros, 15, 18009 Granada **위치** 그라나다 대성당에서 도보 3분 **시간** 11:00~24:00 **가격** €2.5(젤라토) **홈페이지** heladeriatiggiani.com/ **전화** +34 958 22 11 67

누에바 광장 건너편에 위치한 헬라데리아 티기아니Heladeria Tiggiani에서는 '그라나다'를 판매하는데, 이것이 바로 석류 맛 젤라토다. 도시명 그라나다가 '석류'에서 유래된 것을 착안해 만든 젤라토로 한국에서는 쉽게 접하지 못하는 독특한 맛이다. 젤라토뿐만 아니라 슬러시 그리고 스페인식 밀크셰이크인 바티도batido를 판매하고 있으니 더위를 피하며 당 충전을 하기에 안성맞춤이다.

그라나다 대표 타파스 맛집
로스 디아만테스 Los diamantes [로스 디아만테스]

누에바 광장 건너편에 위치한 바Bar로, 한국 여행객 사이에서 이미 입소문이 나 있는 대표 타파스 맛집이다. 음료를 한 잔 주문하면 작은 접시에 타파스가 랜덤으로 나오는데, 일반적으로 많이 마시는 틴토Tinto, 카냐Cana는 한 잔에 €2다. 대표 타파스 메뉴는 감바스 프리타스Gambas Fritas(€16)로, 통통한 새우살에 얇은 튀김옷을 입혀 튀겨 내서 맥주 안주로 제격이다. 반 접시씩 주문도 가능하니 다양한 타파스를 맛볼 수 있다. 현지인들도 즐겨 찾는 곳이기 때문에 항상 사람들로 북적이니 대기를 감안하고 방문하는 것이 좋다.

나바스 지점
주소 Calle Navas, 28, 18009 Granada **위치** 대성당에서 도보 6분 **시간** 월~금:12:00~18:00, 20:00~다음 날 2:00/ 주말 및 공휴일: 11:00~다음 날 1:00 **가격** €5~20 **전화** +34 958 22 70 70

누에바 광장 지점
주소 Plaza Nueva, 13, 18009 Granada **위치** 대성당에서 도보 3분 **시간** 월~금: 12:00~18:00, 20:00~다음 날 2:00/ 주말 및 공휴일: 11:00~다음 날 1:00 **가격** €5~20 **홈페이지** www.barlosdiamantes.com/index.html **전화** +34 958 07 53 13

다양한 건축 양식의 집합소
그라나다 대성당 Catedral de Granda [까테드랄 데 그라나다]

주소 Calle Gran Vía de Colón, 5, 18001 Granada **위치** 그라나다 기차역에서 LAC 버스 타고 까테드랄(Catedral) 정류장 하차 **시간** 10:00~18:30(월~토), 15:00~17:45(일요일, 공휴일) **요금** €5(성인, 오디오 가이드 포함), €3.5(학생), 무료입장(12세 이하, 일요일 15:00~18:00) **홈페이지** catedraldegranada.com/ **전화** +34 958 22 29 59

모스크가 있던 자리에 건설된 성당으로, 이슬람 세력으로부터 그라나다를 탈환한 1492년 이후 건설이 계획됐다. 건축은 1523년에 시작돼 1704년까지 장장 180여 년에 걸쳐 이루어졌으며, 탑과 일부 구역은 여전히 미완성 상태다. 초반에는 톨레도 대성당의 고딕 양식을 바탕으로 건설이 시작됐다가 이탈리아의 르네상스 양식, 이슬람인의 스페인식 건축 방식인 무데하르 양식까지 더해져 다양한 건축 기법이 혼재돼 있다. 내부는 르네상스 예술의 걸작이라는 평가에 걸맞게 금으로 뒤덮인 중앙 제단과 화려하게 금박을 입힌 거대한 오르간이 자리 잡고 있다. 또한 중앙 제단 쪽에 위치한 14개의 창에는 신약 성서의 이야기를 담은 화려한 스테인드글라스가 장식돼 있다. 성당을 받치고 있는 20여 개의 코린트식 하얀 기둥은 상대적으로 소박한 편인데 금빛의 화려함과 백색의 조화로움이 인상적이다.

가톨릭 부부 왕이 잠들어 있는 곳
왕실 예배당 Capilla Real de Granada [카피아 레알 데 그라나다]

주소 Calle Oficios, s/n, 18001 Granada **위치** 그라나다 대성당 옆 **시간** 10:15~18:30(월~토), 11:00~18:30(일) **휴관** 성금요일, 12월 25일, 1월 1일 **요금** €5(성인, 오디오 가이드 포함), €3.5(학생), 무료입장(12세 이하) **홈페이지** www.capillarealgranada.com/ **전화** +34 958 22 78 48

스페인의 황금시대를 열었던 이사벨 1세와 페르난도 2세. 그중에서도 스페인에 존재했던 마지막 이슬람 영토인 그라나다를 정복한 일은 가장 위대한 업적으로 평가받고 있다. 그라나다를 사랑했던 이사벨 여왕은 이곳에 묻히는 것을 원했고, 1505년부터 예배당 건설이 시작됐으나 안타깝게도 완성은 보지 못하고 1516년에 사망하게 된다. 예배당은 그녀의 외손자인 카를 5세에 의해 완성됐으며 1521년 양왕은 함께 이곳에 안치됐다. 왕실 예배당을 만들어 이후 스페인 왕들의 무덤으로 쓰려는 계획을 세웠지만 이 역할은 마드리드 서북쪽에 있는 '엘 에스코리알'에서 하고 있다. 현재 왕실 예배당에는 양왕의 딸이자 미치광이라 불리던 '후아나', 후아나의 남편이었던 미남 왕 '펠리페 1세' 그리고 이들의 조카 미구엘 데 라 파스까지 왕실 가족 세 사람도 함께 잠들어 있다. 왕실 예배당은 스페인 후기 고딕 양식으로 건축됐는데 걸작으로 손꼽히며, 이곳에 속해 있는 보물관에는 이사벨 여왕의 소장품과 그라나다 정복 당시 유물들이 전시돼 있다.

진한 커피 향이 가득한 대성당 옆 카페
라 핀카 커피 | La Finca Coffee [엘 카페 데 라 핀카]

주소 Calle Colegio Catalino, 3, 18001 Granada **위치** 그라나다 대성당에서 도보 3분 **시간** 8:30~20:00(월~금), 9:30~20:00(토), 11:00~19:00(일) **가격** €1.9(플랫화이트), €1.4(아메리카노), €1.4(라테) **전화** +34 658 85 25 73

그라나다 대성당 인근의 좁은 골목길에 있는 작은 카페다. 모던한 느낌으로 꾸며진 이곳에서는 직접 로스팅을 하고 있어 무심코 지나가던 사람들도 향긋한 커피 향에 잠시 발길을 멈추게 된다. 진한 플랫화이트Flat White(€1.9)가 가장 인기가 많으며, 아메리카노(€1.4), 라테(€1.4)도 부담 없는 가격에 즐길 수 있다. 특히 메뉴판에서 'CAFE FRIO' 부분에 소개돼 있는 메뉴들은 모두 아이스커피로, 무더운 안달루시아의 더위를 식히기에도 좋다.

 그라나다에서 즐기는 아랍식 재래시장
알카이세리아 재래시장 Alcaiceria [알카이세리아]

주소 Calle Alcaicería, 1, 18001 Granada **위치** 그라나다 대성당 도보 3분 **시간** 10:00~21:00 **홈페이지** www.alcaiceria.com/ **전화** +34 958 22 90 4

그라나다 최초의 알카이세리아 재래시장은 15세기에 지어졌으며 미로와 같은 골목길 안에 약 200개의 상점들이 있었다. 하지만 19세기경 화재로 모두 전소된 후 규모는 축소됐지만 상점들은 그 모습 그대로 다시 재건된 아랍식 재래시장이다. 알카이세리아의 어원은 '시저의 장소'라는 뜻으로, 6세기에 아랍인들에게 실크 제조와 판매의 독점권을 부여 받은 후 그에게 감사의 뜻으로 지어지게 된 이름이다. 스페인에서 아랍 문화를 물씬 느끼기에 좋은 장소다. 그라나다 대성당과 가깝으며 기념품을 사기에 좋아 그라나다에 여행을 온다면 한 번쯤 방문해 볼 만한 장소다.

알함브라 궁전 뷰 포인트
알바이신 지구 Albaicín [알바이신]

주소 Plaza Mirador de San Nicolás, 2-5, 18010 Granada(산 니콜라스 전망대) **위치** 누에바 광장에서 C1번 버스 타고 산 니콜라스 광장(Plaza San Nicolas) 정류장 하차

알함브라 궁전에서 시내를 조망하다 보면 하얀색 벽과 붉은 지붕을 가진 집들이 모여 있는 곳을 발견하게 되는데, 그곳이 바로 알바이신 지구다. 그라나다에서 가장 오래된 지구로, 가톨릭 세력의 국토 회복 운동 당시 시민들이 거세게 저항했던 역사의 현장이기도 하다. 좁은 골목길이 미로처럼 뻗어 있으며, 정상 부근에 위치한 산 니콜라스San Nicolas 전망대에서 바라보는 알함브라 궁전이 아름답기로 유명하다. 해 질 녘 석양으로 물드는 알함브라 궁전과 야경을 보기 위해 알바이신을 가는 경우가 많은데, 소매치기가 빈번하므로 밤늦게 다니는 것은 되도록 피하는 것이 좋다.

그라나다 추천 숙소

그라나다는 버스 터미널과 기차역이 모두 구시가지와 떨어져 있다. 최소 1회 이동을 감안해야 하며 구시가지의 이사벨라 카톨리카 광장 Plaza Isabel La Catolica, 카르멘 광장 Plaza Carmen 인근에 위치한 호텔들이 접근성이 좋은 편이다. 특히 먹자골목인 '나바스 거리' 인근 호텔에서 숙박하는 경우 늦은 밤까지 타파스와 술을 즐기기에 부담 없는 장점이 있다.

 ### 호텔 나바스
Hotel Navas

주소 Calle Navas, 22, 18009 Granada **위치** 이자벨라 카톨리카 광장에서 도보 3분 **가격** 8~12만 원대 **홈페이지** www.hotelnavas.com/ **전화** +34 958 22 59 59

그라나다 타파스 골목인 '나바스 거리' 초입에 위치한 3성급 호텔이다. 근처에 다양한 레스토랑이 있어 타파스 문화를 즐기기에 좋다. 저렴한 금액대에 접근성이 좋은 호텔에서 숙박을 원하는 경우 추천하는 곳이다.

 ### 파라도르 데 그라나다
Parador de Granada

주소 Calle Real de la Alhambra, s/n, 18009 Granada **위치** 알함브라 궁전 내부 **가격** 35~50만 원대 **홈페이지** www.parador.es/es **전화** +34 958 22 14 40

스페인의 국영 호텔 '파라도르' 중 하나로, 옛 수도원을 개조했으며, 알함브라 궁전 안에 위치해 있다. 내부는 과거에 사용했던 앤티크 가구들이 자리 잡고 있어 고풍스러운 분위기가 느껴진다. 《미쉐린 가이드》에도 소개된 레스토랑에서 헤네랄리페를 바라보며 식사를 해 보는 것도 추천한다.

 ### 룸메이트 레오
Room Mate Leo

주소 Calle Mesones, 15, 18001 Granada **위치** 이자벨라 카톨리카 광장에서 도보 7분 **가격** 10~15만 원대 **홈페이지** room-matehotels.com/en/leo/ **전화** +34 958 53 55 79

룸메이트 호텔 계열 중 하나로, 룸메이트 계열 호텔 특유의 디자인으로 꾸며져 있다. 그라나다 구시가지에 위치한 3성급 호텔이다. 객실 규모가 크지 않지만 내부 컨디션이 깔끔하며 꼭대기 층에 위치한 테라스에서 알함브라 궁전의 모습도 감상할 수 있다.

 ### NH 컬렉션 호텔 그라나다 빅토리아
NH Collection Hotel Granada Victoria

주소 Puerta Real de España, 3, 18005 Granada **위치** 이자벨라 카톨리카 광장에서 도보 5분 **가격** 25~30만 원대 **홈페이지** www.nh-collection.com/es/hotel/nh-collection-granada-victoria **전화** +34 958 53 62 16

그라나다 중심부 대로변에 위치한 호텔로, 공항버스 정류장과도 인접해 있다. 고풍스러운 외관이 눈길을 사로잡으며 넓은 객실과 깔끔한 인테리어로 자유 여행 및 신혼여행에 추천하는 곳이다. 호텔 주변엔 많은 바와 레스토랑이 있으며 그라나다 4성급 호텔 중에 가장 인기가 많은 곳 중 하나다.

 ### 파이브 센시스 룸즈 앤 스위트
Five Senses Rooms & Suites

주소 Calle Real de la Alhambra, s/n, 18009 Granada **위치** 이자벨라 카톨리카 광장에서 도보 5분 **가격** 10~15만 원대 **홈페이지** www.granadafivesenses.com/ **전화** +34 958 22 14 40

그란 비아Gran via 거리에 위치한 3성급 호텔로, 그라나다 대성당과도 인접해 있다. 깔끔하고 현대적인 디자인으로 구성돼 있으며 객실에는 알함브라 궁전 이미지가 한쪽 벽을 가득 채우고 있는 것이 특징이다. 호텔 루프톱에는 수영장도 있어 그라나다 시내를 조망하며 여유 있는 시간을 보내기에 안성맞춤이다.

 ### 엘비아 스위트 그라나다
Elvia Suites Granada

주소 Calle Elvira, 63, 18010 Granada **위치** 이자벨라 카톨리카 광장에서 도보 7분 **가격** 10~15만 원대 **홈페이지** www.elvirasuites.com/ **전화** +34 958 22 44 02

그란 비아Gran via 거리에 위치한 아파트먼트형 숙소다. 객실은 기본적인 조리 시설 및 세탁기 등이 갖추어져 있으며 거실이 넓어 가족 여행 시 편하게 숙박할 수 있다. 알바이신 지구 입구에 위치해 있어 주변에 저렴한 레스토랑과 바가 많이 있다. 객실 수가 많지 않지만 인기가 많아 예약하기 힘든 숙소 중 하나다.

말라가
Málaga

코스타 델 솔의 관문인 말라가는 스페인의 남부 항구 도시로 유럽인들이 꿈꾸는 휴가지 1위로 손꼽히는 지역이다. 시내와 인접해 있는 해변에서는 일광욕을 즐기는 사람들로 북적이고 수많은 호화 별장이 지중해를 향해 들어서 있다. 파블로 피카소의 고향이기도 한 말

Best Course

라리오스 상점가
도보 2분

⬇

헌법 광장
도보 4분

⬇

피카소 미술관
도보 4분

⬇

피카소 생가
도보 8분

⬇

말라가 대성당
도보 25분

⬇

히브랄파로성

도보 18분

⬇

말라게타 해변

라가에서는 그의 생가와 작품을 전시해 놓은 미술관도 만나 볼 수 있으며 코스타 델 솔 지역의 도시들을 당일 여행으로 다녀 올 수 있는 지리적 장점이 있는 도시다.

• 찾아가기 •

안달루시아의 남쪽 지역에 위치한 말라가는 다른 도시와 버스 및 열차로 연결이 가능하다.

말라가 ➡ 그라나다 (버스이동)	매시간마다 2편 이상 자주 운행한다. (열차는 1회 환승 과정이 있고 소요 시간이 상대적으로 긴 편이라 추천하지 않는다)
말라가 ➡ 론다 (버스이동)	평일은 10편 운행한다. (첫차 8:00, 막차 20:00) 주말은 6~7편 운행한다. (첫차 8:00, 막차 20:00)
말라가 ➡ 세비야 (열차이동)	직통열차가 매일 4편 운행한다. (8:32~12:07, 11:24~14:43, 17:32~20:44, 20:57~24:08)
말라가 ➡ 코르도바 (열차이동)	하루 15회 이상 자주 운행한다. (첫차 6:20, 막차 20:15)

📍 **바르셀로나에서 항공편 이용 시 1시간 40분**

바르셀로나 ➡ 말라가 구간 항공은 매일 3~6편 운항한다. 직통열차도 있으나 6시간이 소요되기 때문에 빠른 이동을 할 수 있는 항공 탑승을 추천한다.

📍 **마드리드에서 열차 이용 시 2시간 50분**

마드리드 ➡ 말라가 구간 고속열차가 매시간마다 운행한다.

📍 **말라가 공항에서 말라가 시내까지**

말라가 중앙역까지 열차 Cercanias가 매시간 20분 간격으로 운행한다. 소요 시간은 12분, 비용은 €1.8다. 공항버스는 약 25분 소요, 비용은 €3며, 오전 7시부터 밤 12시까지 20~25분 간격으로 운행한다. 숙소가 기차역 인근이라면 열차를 탑승하는 편이 비용·시간적인 면에서 더 효율적이다.

• **공항철도** 첫차 6:44, 막차 24:54

'만키타'라는 별명을 가진 대성당
말라가 대성당 Cathedral de la Encarnación de Malaga [카테드랄 데 라 엔까르나시온 데 말라가]

주소 Calle Molina Lario, 9, 29015 Málaga **위치** 4번 버스 타고 파세오 델 파르크(Paseo del Parque) 정류장 하차 후 도보 4분 **시간** 10:00~20:00(월~금), 10:00~18:30(토), 14:00~18:30(일) **휴관** 일요일 및 공휴일 **요금** €6(성인), €3(어린이) **홈페이지** malagacatedral.com/ **전화** +34 952 22 03 45

1528년 건설이 시작돼 1782년에 완성된 말라가 대성당은 스페인의 건축가이자 조각가인 디에고 데 실로에의 설계를 바탕으로 만들어졌다. 260여 년간 여러 건축가가 대를 이어 건설을 했기 때문에 부분적으로 여러 건축 양식이 섞여 있는데, 주 건축 양식은 르네상스 양식이다. 다른 유럽의 대성당에 비해 규모는 크지 않지만, 안달루시아 지역에 남아 있는 가장 훌륭한 르네상스 건축물로 평가받고 있다. 부족한 건축비로 인해 성당의 정면은 미완성으로, 계획했던 2개의 탑 중 북쪽 탑 하나만 세워지게 됐다. 이러한 이유로 말라가 대성당은 '한쪽 팔만 가진 여인'이라는 뜻인 '만키타La Manquita'라는 별명을 가지고 있다.

말라가 대성당을 바라보며 식사할 수 있는 곳
오비스포 타베르나 La Taberna del Obispo [라 타베르나 델 오비스포]

주소 Plaza Obispo, 2, 29015 Málaga **위치** 말라가 대성당 맞은편 **시간** 10:00~24:00 **가격** €10~20 **전화** +34 952 21 93 67

'주교의 술집'이라는 의미를 바진 레스토랑 겸 바bar로, 말라가 대성당 바로 앞에 있다. 샐러드(€8~9), 파에야(€12~13)를 저렴한 가격으로 즐길 수 있고, 각종 토핑을 얹은 토스트(€4.5) 등 간단하게 맥주와 먹을 수 있는 메뉴도 있다. 부담 없는 가격으로 말라가 대성당의 야경을 보며 분위기 있는 저녁 식사를 하기에 좋다.

피카소 단골 셰리 집
안티구아 카사 데 구아르디아 Antigua Casa de Guardia [안티쿠아 까사 데 우아르디아]

주소 Alameda Principal, 18, 29005 Málaga **위치** 말라가 대성당에서 도보6분 **시간** 10:00~22:00(일~목), 10:00~22:45(금~토), 11:00~15:00(일) **가격** €2~6 **홈페이지** antiguacasadeguardia.com/ **전화** +34 952 21 46 80

1840년에 문을 열어 177년의 전통을 자랑하는 곳으로, 피카소의 단골 셰리 집으로 알려져 있다. 셰리 Sherry는 스페인 헤레즈 지방에서 생산되는 백포도로 만든 강화 와인으로, 특히 말라가 와인이 유명하다. 한쪽을 꽉 채운 오크통에는 다양한 셰리가 숙성되고 있으며 가게 한편에는 간단한 안주도 판매하고 있다. 계산 방법이 독특하기로 유명한데, 주문한 셰리의 가격을 나무로 된 바에 분필로 적어 놓고, 계산을 하면 지워버리는 방식이다. 부담 없는 가격에 잔술을 마실 수 있으며 가격은 보통 €1~2 정도다.

현지인의 생활을 엿볼 수 있는 곳
메르카도 센트럴 아타라사나스
Mercado Central de Atarazanas [메르카도 센트럴 아타라사나스]

주소 Calle Atarazanas, 10, 29005 Málaga **위치** 말라가 대성당에서 도보 6분 **시간** 8:00~14:00(월~토) **휴일** 일요일 **가격** €5~30 **전화** +34 951 92 60 10

이슬람 시대에 조선소로 사용됐던 곳으로, 이후 무기고, 군 병원 등 다양한 용도로 이용됐다. 2008년부터 2010년까지 개선 공사가 진행됐으며 외관은 옛 모습 그대로 유지되고 있다. 바르셀로나의 보케리아 시장에 비해 규모는 작지만 좀 더 밝고 경쾌한 분위기며, 현지인들이 장을 보기 위해 애용하는 곳이다. 신선한 과일, 향신료, 올리브, 하몬 등 다양한 품목들을 판매하고 있으며, 타파스와 맥주를 즐길 수 있는 바 bar 도 운영하고 있어 간단히 요기를 할 수 있다.

말라가에서 제일 유명한 추로스
카사 아란다 Casa Aranda [까사 아란다]

주소 Herrería del Rey, 3, 29005 Málaga **위치** 말라가 대성당에서 도보 5분 **시간** 월~토: 7:00~13:00, 17:00~21:00/ 일: 8:00~12:00, 17:00~21:00 **가격** €0.5(추로스), €1.65(초콜라테), €1.65(커피) **홈페이지** www.casa-aranda.net/ **전화** +34 952 22 28 12

골목 하나를 장악하고 있다 해도 과언이 아닌 말라가 대표 추로스 가게다. 1932년에 문을 열어 현재까지 그 유명세가 유지되고 있는 전통 있는 곳이다. 내부의 스탠딩 테이블뿐만 아니라 야외 테이블까지 항상 북새통을 이룬다. 추로스(€0.5)는 주문과 동시에 뜨거운 기름에 튀겨 나오는데 갓 나온 추로스만 먹으면 담백한 맛을 느낄 수 있다. 여기에 진한 초콜라테(€1.65)를 듬뿍 찍어 먹으면 달콤함이 배가 된다. 초콜라테 양이 넉넉하므로 인원수대로 주문하는 것보다 나누어 먹는 것을 추천한다.

 말라가의 중심이자 쇼핑 메카
라리오스 상점가 Calle Marqués de Larios [칼레 마르케스 데 라리오스]

주소 Calle Marqués de Larios **위치** 말라가 대성당에서 도보 3분

말라가의 중심 거리로 1891년 7월 27일 대중에게 공식적으로 개방됐다. 2003년 리노베이션 전까지는 차량과 보행자 모두 접근이 가능했으나, 이후에는 보행자 전용 도로로 변경됐다. 무더운 여름에는 거리를 찾는 사람들이 더위를 피할 수 있도록 거리 위에 하얀 천막을 설치해 강한 햇빛을 막아 준다. 대리석이 깔린 길 양옆으로 각종 상점들이 즐비하며, 스페인 대표 스파SPA 브랜드 매장, 카페, 레스토랑 그리고 헤밍웨이가 지내며 작품을 썼다고 알려진 호텔 또한 이 거리에 있다. 라리오스 상점가는 헌법 광장과 함께 말라가의 가장 중요한 공간 중 하나로 패션쇼, 전시회, 길거리 공연 등 다양한 행사가 진행되고 있다.

 말라가의 중심 광장
헌법 광장 Plaza de la Constitución de Málaga [플라자 데 라 콘스티투시온 데 말라가]

주소 Plaza de la Constitución, 29005 Málaga **위치** 말라가 대성당에서 도보 3분

메인 거리인 라리오스 상점가와도 연결돼 있는 헌법 광장은 가톨릭 세력의 국토 회복 운동 시기부터 말라가 중심 광장으로서의 역할을 했다. 과거에는 마요르 광장Plaza de Mayor이었으나, 혁명과 함께 끊임없이 이름이 바뀌다가 1812년부터 '헌법 광장'이라 불리기 시작했다. 광장 한편에는 '카를로스 5세 분수' 또는 '제노바 분수'라는 이름을 가진 분수가 자리 잡고 있다. 이탈리아 르네상스 양식으로 만들어졌으며, 꼭대기에는 독수리 한 마리가 날개를 활짝 펴고 앉아 있는 형상을 하고 있다. 말라가의 주요 행사가 헌법 광장에서 열리고 있으며, 많은 여행객이 말라가의 역사 지구를 둘러보기 위한 시작점으로 찾고 있다.

다양한 해산물 튀김을 맛볼 수 있는 레스토랑
타베르나 엘 멘티데로 Taberna El Mentidero [타베르나 엘 멘티데로]

주소 Calle Sánchez Pastor, 12, 29015 Málaga **위치** 말라가 대성당에서 도보 3분 **시간** 12:00~24:00 **가격** €10~20 **홈페이지** el-mentidero.eltenedor.rest/ **전화** +34 697 59 63 05

콘스티투시온 광장에서 도보 2분 거리에 위치한 레스토랑으로, 다양한 해산물을 즐길 수 있다. 해산물 바비큐는 무게에 따라 금액이 계산되며 해산물 튀김은 단품으로 주문이 가능하다. 인기 메뉴는 문어 한 마리가 통째로 튀겨져 나오는 풀포 프리토 데 라 카사 Pulpo Frito De La Casa(€8)다. 겉은 바삭하고 속은 촉촉한 문어를 특별한 소스 없이 올리브 오일과 레몬만 살짝 뿌려 먹어도 충분하다.

피카소의 열정과 영감의 고향, 말라가에 세워진 박물관
피카소 박물관 Museo Picasso Málaga [무세오 피카소 말라가]

주소 Palacio de Buenavista, Calle San Agustín, 8, 29015 Málaga **위치** 말라가 대성당에서 도보 3분 **시간** 10:00~20:00(7~8월), 10:00~19:00(9~10월), 10:00~18:00(11~2월), 10:00~19:00(3~6월) **휴관** 1월 1일, 1월 6일, 12월 25일 **요금** 일반: €7(상설 전시), €5.5(특별 전시), €10(상설+특별 전시)/ 65세 이상, 유스카드 소지자, 26세 이하 학생증 소지자: €5(상설 전시), €3(특별 전시), €6(상설+특별 전시)/ 무료입장: 16세 이하 청소년, 일요일 폐관 2시간 전부터 무료 **홈페이지** www.museopicassomalaga.org/ **전화** +34 952 12 76 00

스페인의 천재 화가 피카소의 업적을 기리기 위해 그의 고향에 세운 박물관으로, 2003년 10월에 개관했다. 16세기에 지어진 부에나비스타 궁전을 박물관으로 활용하고 있는데, 르네상스 양식과 무데하르 양식이 적절히 조화를 이룬다. 1901년부터 1972년 사이 피카소 작품 200여 점을 소장하고 있으며 대부분 그의 유족과 개인 소장가들이 기증한 것이다. 유화, 드로잉, 조각 등 다양한 장르가 전시돼 있고 특별 전시회도 주기적으로 열리고 있다.

퓨전 타파스 맛집
르추가 타파스 Lechuga Tapas [타파스 데 르추가]

주소 Plaza de la Merced, 1, 29012 Málaga **위치** 말라가 대성당에서 도보 5분 **시간** 13:00~12:00(일~목), 13:30~다음날 1:00(금~토) **가격** €5~15 **홈페이지** www.restaurantelechuga.com/ **전화** +34 610 39 14 94

스페인어로 '상추'라는 의미를 가진 르추가는 메르세드 광장에 있으며 퓨전 형식의 색다른 타파스 메뉴들을 선보이고 있다. 샐러드(€9~10), 타파스(€3~3.5)를 부담 없는 금액으로 여러 종류를 맛볼 수 있는 장점이 있다. 가격은 저렴하지만 전문 레스토랑 못지 않은 플레이팅으로 보는 즐거움까지 더해 준다. 인기 메뉴로는 치킨 커리에 코코넛 & 크랜베리 소스가 더해진 바일Bali(€3), 크림치즈를 감싼 훈제연어에 시나몬 가루가 뿌려진 롤Roll(€3.5)이 있다.

스페인이 낳은 천재 화가 피카소의 생가
피카소 생가(재단) Fundación Picasso [펀다시안 피카소]

주소 Plaza de la Merced, 15, 29012 Málaga **위치** 말라가 대성당에서 도보 7분 **시간** 9:30~20:00(월~일), 9:30~15:00(12월 24, 31일) **휴관** 1월 1일, 12월 25일 **요금** 일반: €3(박물관+오디오 가이드), €3(단기[특별]전시+오디오 가이드), €4(박물관+단기 전시+오디오 가이드)/ 26세 이하 학생: €2(박물관+오디오 가이드), €2(단기[특별]전시+오디오 가이드), €2.5(박물관+단기+오디오 가이드)/ 무료입장: 18세 이하, 일요일(16:00~20:00) **홈페이지** fundacionpicasso.malaga.eu/ **전화** +34 951 92 60 60

1881년 피카소가 태어나 유소년 시절을 보냈던 곳으로, 1938년 역사적인 예술가의 기념관으로 지정됐다가 1991년 피카소 재단의 본부가 됐다. 당시 사용하던 가구나 흔적들은 남아 있지 않으며, 현재는 피카소 관련 자료들을 모아 둔 도서관과 상설·특별 전시회가 열리고 있다. 생가 앞에는 메르세드 광장이 있는데, 어린 피카소가 뛰놀았던 공간으로 현재는 광장 모퉁이에 노년의 피카소 동상이 의자에 앉아 말라가를 찾아온 여행객들을 기다리고 있다.

말라가에서 제일 높은 언덕에 위치한 요새
히브랄파로성 Castillo de Gibralfaro [까스띠요 데 히브랄파로]

주소 Camino Gibralfaro, S/N, 29016 Málaga **위치** 35번 버스 타고 까미노 데 히브랄파로(Camino de Gibralfaro) 정류장 하차 **시간** 9:00~18:00(겨울 시즌), 9:00~21:00(여름 시즌) **요금** €3.5(성인), €5.5 (캐슬+알카사바 콤보) *일요일은 14:00부터 끝나는 시간까지 무료 **전화** +34 952 22 72 30

기원전 770년경 페네키아인들이 말라가 도시를 설립한 이래 요새로 사용됐으며, 14세기 초 그라나다 왕국의 유수프 1세가 알카사바를 방어하기 위해 건설한 성이다. 1487년 국토 회복 운동 당시 가톨릭 세력에 맞서 말라가 시민들이 3개월 동안 포위돼 있었던 곳으로 유명하다. 말라가의 가장 높은 곳에 위치해 있다 보니 성까지 올라가는 것이 만만치 않지만 정상에서 말라가 항구와 시내 그리고 지중해를 파노라마로 조망할 수 있어 관광객들의 발길이 이어지고 있다.

 현지인과 여행객 만인의 휴식처
말라게타 해변 Playa de la Malagueta [플라야 데 라 말라게타]

주소 Paseo Marítimo Pablo Ruiz Picasso, s/n, 29016 Málaga **위치** 3번 버스 타고 파세오 데 레딩(Paseo de Reding) 정류장 하차 후 도보 8분

중심부인 말라가 대성당에서 도보 25분 거리에 있는 말라게타 해변은 말라가의 대표적인 해변이다. 모래사장에 위치한 '말라구에타Malagueta' 조형물은 말라가의 랜드 마크로, 멀리서 보면 마치 모래로 쌓아 놓은 것 같은 느낌인데 꼭 한 번 사진을 찍게 되는 포토 장소다. 도심과 인접해 있어 관광객뿐만 아니라 해수욕, 일광욕을 하기 위해 이곳을 찾는 현지인들이 많다. 주말이면 해변을 따라 마켓이 열려 보는 재미가 있으며, 자전거를 빌려 바닷바람을 맞으며 여유로운 분위기를 즐겨 보는 것도 추천한다.

말라가 추천 숙소

코스타 델 솔의 중심인 말라가는 도시 여행뿐만 아니라 근교의 네르하 & 프리힐리아나, 미하스 등 근교 여행을 시작하는 베이스캠프 역할을 한다. 따라서 말라가 시내 여행만 하는 것이 아니라면 접근성을 고려해 기차역, 버스 터미널 인근의 호텔에서 숙박하는 것이 더욱 효율적이다.

 ### 바르셀로 말라가
Barcelo Malaga

주소 Calle Héroe de Sostoa, 2, 29002 Málaga **위치** ①말라가 기차역과 연결 ②버스 터미널에서 도보 3분 **가격** 15~25만 원대 **홈페이지** www.barcelo.com/es/hoteles/espana/andalucia/malaga/barcelo-malaga/ **전화** +34 952 04 74 94

말라가 기차역과 바로 연결돼 있는 4성급 호텔이다. 말라가 구시가지까지 거리가 있으나 기차역, 버스 터미널이 옆에 위치해 있으며 편의시설들이 인접해 있는 것이 장점이다. 깔끔하고 현대적인 느낌으로 특히 허니문 추천 호텔로 인기를 얻고 있다.

 ### 룸메이트 라리오스 호텔
Room Mate Larios Hotel

주소 Calle Marqués de Larios, 2, 29005 Málaga **위치** ①라리오스 상점가에서 도보 1분 ①말라가 대성당에서 도보 5분 **가격** 15~25만 원대 **홈페이지** room-matehotels.com/en/larios/ **전화** +34 952 22 22 00

말라가 중심 '라리오스 상점가'에 위치한 4성급 부티크 호텔이다. 감각적인 디자인이 눈길을 끌며 여타 호텔들에 비해 넓은 객실이 장점이다. 번화가에 있어 각종 상점 및 편의 시설이 가깝고 늦은 시간까지 밤을 즐기고 돌아오기에도 부담이 없다.

 ### 파라도르 데 말라가 히브랄파로
Parador de Malaga Gibralfaro

주소 Castillo de Gibralfaro, s/n, 29016 Málaga **위치** 히브랄파로성에서 도보 5분 **가격** 15~25만 원대 **홈페이지** www.parador.es/es **전화** +34 952 22 19 02

히브랄파로성 옆에 위치한 스페인 국영 호텔이다. 언덕에 자리 잡고 있어 말라가 시내와 지중해가 한눈에 내려다보이며 객실 테라스에서도 경치를 즐길 수 있다. 루프톱에는 야외 수영장이 있으며, 레스토랑에서 저녁 식사를 하며 바라보는 야경이 아름답기로 유명하다.

· 말라가 조금 더 보기 ·

하얀 마을인 코스타 델 솔 Costa del Sol

태양의 해변에 위치한 하얀 마을들이 말라가를 중심으로 동쪽의 알메리아Almeria, 서쪽의 지브롤터Gibraltar까지 300km에 달하는 해안 지역 곳곳에 위치해 있다. 그리스인들이 이곳에 정착하면서 작은 소도시의 그들만의 방식으로 하얀 마을을 만들어 냈으며, 다만 다른 점은 파란 지붕이 아닌 스페인에서 구할 수 있는 건축 재료인 하얀 건물에 빨간 지붕으로 지어졌다는 점. 연평균 기온 19도, 일조는 300일 이상으로 연간 1,730만 명의 관광객이 이곳을 찾아온다. 최고의 휴양 도시뿐만 아니라 작은 소도시까지 해안선을 따라 들어서 있어 매력적인 여행 지역으로 각광받고 있다.

네르하 Nedrja

말라가에서 차로 1시간 거리에 있는 네르하는 당일 여행지로 인기 있는 곳이다. 코스타 델 솔의 동쪽 끝부분에 있으며 지중해의 아름다움을 가장 잘 느낄 수 있는 곳으로 손꼽힌다. 전망대에서 바라보는 경관에 감동받은 카스티야이레온의 왕 알폰소 11세는 이곳을 '유럽의 발코니'라는 이름을 지어주기도 했다. 햇빛에 반짝이는 지중해를 파노라마로 볼 수 있는 최적의 장소로 알폰소 11세의 동상이 전망대 한편에 자리 잡고 있다. 도시 규모가 크지 않고 곳곳에 작은 비치가 많아 휴양을 즐기기에 좋으며 여유 있는 일정을 원한다면 하루 숙박을 하는 것도 추천한다.

교통법 자동차 말라가에서 67km 거리에 있으며, A-7번 도로 따라 이동 시 1시간 소요 버스 말라가-네르하 구간 ALSA 버스가 운행하며, 직통버스는 50분 소요된다. 버스는 매시간마다 자주 운행하니 일정에 맞춰 당일 현장 발권을 추천한다(편도 €4.51).

프리힐리아나 Frigiliana

네르하에서 언덕길을 따라 20분을 올라가면 도착할 수 있는 작은 마을로, 네르하 여행 시 함께 방문해야 하는 필수 코스다. 하얀 건물에 알록달록 페인트칠이 된 집들이 모여 있는데 특히 파란색으로 칠해진 곳이 많아 '스페인의 산토리니'라는 별명을 가지고 있다. 하얀 집과 화려한 꽃 화분 그리고 파란 하늘까지 어우러져 마치 동화 속 마을 같은 풍경을 자랑하며 높은 곳으로 올라가면 지중해를 한눈에 담을 수 있다.

교통법 **자동차** 네르하에서 MA-5105번 도로 따라 이동 시 15분 소요 **버스** 네르하에서 프리힐리아나 버스가 운행하며, 소요 시간은 약 15분, 비용은 €1다. 티켓은 버스 탑승 시 운전기사에게 직접 구입하면 되고, 버스는 오전 2편, 오후 6편 운행한다(네르하-프리힐리아나: 첫차 10:30, 막차 21:00/ 프리힐리아나-네르하: 첫차 9:45, 막차 20:30).

미하스 Mijas

말라가 주 남부 해안 마을로 말라가에서 차로 40분 거리에 있는 해발 400m에 위치한 고산 도시다. 이곳도 안달루시아 지방의 전통 주택 양식인 흰색 벽에 적갈색 지붕이 올려진 집들이 모여 있어 프리힐리아나와 분위기가 비슷한 편이지만 규모가 더 크고 언덕 위로 올라가면 마을과 함께 지중해와 맞닿은 푸엔히롤라를 볼 수 있어 많은 여행객들이 이곳을 찾고 있다.

교통법 **자동차** 말라가에서 36km 거리로, A-7번/ AP-7번 도로 따라 이동 시 40분 소요 **버스** 말라가에서 직행버스 M112가 운행한다. 소요 시간은 1시간 30분으로 편하게 갈 수 있으나 스케줄이 하루에 3~4편밖에 없으므로 일정을 계획할 때 유의하는 것이 좋다.

테 마 별

Best Course

언제, 누구와 떠나든 모두를 만족시킬 수 있는 테마별 코스를 제시했다. 자신의 여행 스타일에 따라 코스를 골라 또는 조합해서 따라 하기만 해도 만족과 편안함이 두 배가 될 것이다.

각 도시마다 많은 매력을 가지고 있는 스페인을 여행하는 일정은 경우에 따라 수백, 수천 가지의 일정이 나올 수 있다. 각 지역의 일정을 참고하면서 나의 취향 또는 테마에 따라 추가하거나 활용하고 싶은 플랜을 자유자재로 바꿔서 자신에게 좀 더 맞는 일정으로 조율할 수 있다. 그리하여 자신에게 꼭 맞는 BEST PLAN을 계획해 보자.

Best Course 1

처음 만난 **바르셀로나 3일**

볼거리가 넘쳐나는 바르셀로나를 테마와 이동 거리를 함께 고려해 3일간 최대한 효율적으로 돌아볼 수 있는 일정이다. 조금은 빠듯해도 최대한 많은 관광지를 보고 싶어 하는 여행자를 위한 일정이며 여유가 있다면 근교 몬세라트도 추천한다.

1일차
카탈루냐 광장 ➡ 보케리아 시장 ➡ 바르셀로나 대성당 ➡ 카탈루냐 음악당 ➡ 피카소 미술관 ➡ 보른 지구 ➡ 콜럼버스의 탑

2일차
구엘 공원 ➡ 레이알 광장 ➡ 구엘 저택 ➡ 카사 바트요 ➡ 카사 밀라 ➡ 사그라다 파밀리아 성당

3일차
몬주익 언덕 & 몬주익성 ➡ 미라마르 전망대 ➡ 호안 미로 미술관 ➡ 올림픽 스타디움 ➡ 카탈루냐 미술관 ➡ 바르셀로나 매직 분수

Day 1

metro L1 L3 L6 L7 Catalunya역 → 바로 앞 카탈루냐 광장 → 도보 6분 보케리아 시장 → 도보 10분 바르셀로나 대성당

↓

도보15분 콜럼버스의 탑 ← 도보 2분 보른 지구 ← 도보 7분 피카소 미술관 ← 도보 6분 카탈루냐 음악당

Day 2

metro L3 Vallcarca역 → 도보 9분 구엘 공원 → metro L3 Vallcarca역 (6 정거장) → metro L3 Liceu역

↓

도보 5분 카사 밀라 ← 도보 20분 카사 바트요 ← 도보 5분 구엘 저택 ← 바로 앞 레이알 광장

 metro L5
Diagonal역 승차
(2 정거장)

→ 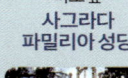 **metro** L5
Sagrada Familia 역

→ 바로 앞
사그라다 파밀리아 성당

Day 3

 **metro** L2 L3
Paral-lel역

→ **funicula**
케이블카 10분
또는 등산 열차 20분

→ 바로 앞
몬주익 언덕 & 몬주익성

→ 도보 15분
미라마르 전망대

↓

도보 6분
바르셀로나 매직 분수 ← 도보 6분
카탈루냐 미술관 ← 도보 5분
올림픽 스타디움 ← 도보 12분
호안 미로 미술관

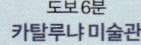 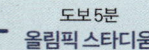

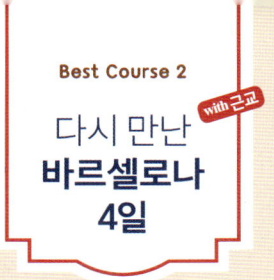

Best Course 2

다시 만난 바르셀로나 4일 with 근교

가우디의 도시이자 스페인 여행의 하이라이트인 바르셀로나를 집중적으로 보는 일정이다. 역사, 건축, 미술, 쇼핑, 음식 등 알찬 여행을 위한 필수 요소들이 가득 차 있는 도시를 여유롭게 볼 수 있게 구성했다. 시내 여행과 함께 시간적인 여유가 있다면 바르셀로나의 근교인 몬세라트 여행 일정도 추천한다.

1일차
카탈루냐 광장 ➡ 보케리아 시장 ➡ 바르셀로나 대성당 ➡ 레이알 광장 ➡ 피카소 미술관 ➡ 구엘 저택 ➡ 콜럼버스의 탑 ➡ 바르셀로네타 해변

2일차
구엘 공원 ➡ 산 파우 병원 ➡ 사그라다 파밀리아 성당 ➡ 카사 밀라 ➡ 카사 바트요 ➡ 카탈루냐 음악당

3일차
몬주익 언덕 & 몬주익성 ➡ 미라마르 전망대 ➡ 바르셀로나 매직 분수

4일차
몬세라트 당일 여행

Day 1

metro L1 L3 L6 L7
Catalunya역

→ 바로 앞 **카탈루냐 광장** 
→ 도보 6분 **보케리아 시장** 
→ 도보 10분 **바르셀로나 대성당** 
→ 도보 5분 **레이알 광장** 
↓
도보 5분 **피카소 미술관** 
← 도보 10분 **구엘 저택** 
← 도보 7분 **콜럼버스의 탑**
← 도보 20분 **바르셀로네타 해변**

Day 2

bus stop
Ctra del Carmel-Parc Güell 정류장

→ 도보 4분 **구엘 공원** 
→ 도보 6분 **bus H6** Trav de Dalt-Torrent de les Flors 정류장
(버스 6분)
↓
Rda Guinardó-Sant Quintí 정류장
↓
바로 앞 **산 파우 병원** 
← 도보 10분 **사그라다 파밀리아 성당** 
← **metro** L5 Sagrada Familia역 (2정거장) ↓ Diagonal역
← 도보 5분 **카사 밀라**

290

카사밀라에서 → 도보 6분 카사 바트요 → 도보 15분 카탈루냐 음악당

Day 3

bus stop
Passeig de Gracia 정류장
아웃렛 셔틀 왕복 이용
(편도 40분)

→ **metro** L2 L3
Paral-lel역

→ **funicula**
등산 열차 5분
또는 곤돌라 10분

→ 바로 앞
몬주익 언덕
&몬주익성

↓ 도보 15분
미라마르 전망대

← **bus** 150
Av Miramar-Pl Carlos Ibáñez 정류장
(9 정거장)
✦
Pl de Carles Buïgas 정류장

← 도보 2분
바르셀로나
매직 분수

Day 4

bus stop
Pl. Espanya - FGC 정류장
(메트로 1, 3호선
Espanya역 연결)

→ **train** R5
만레사행 열차(52분)
✦
Montserrat Aeri역

→ **cabecar**
케이블카 10분
또는 등산 열차 20분

→ 바로 앞
몬세라트
수도원

Best Course 3
출장자를 위한 바르셀로나 단기 일정

비즈니스로 바르셀로나를 방문한 사람을 위한 반일 & 1일 일정이다. 바르셀로나 관광의 핵심 포인트인 가우디의 작품을 짧은 시간 안에 보기 위한 사람들에게 추천한다. 가우디의 작품은 시내 중심과 중심을 벗어난 곳에 고르게 위치해 있어 외곽의 작품으로 시작해 시내 중심 쪽으로 이동하며 관광을 한 후 가우디의 역작인 사그라다 파밀리아 성당을 마지막으로 마무리하는 일정이다. 사그라다 파밀리아 성당은 개인마다 소요되는 시간이 다르기 때문에 가장 마지막에 여유롭게 보는 일정으로 진행하는 것을 추천한다.

가우디 핵심 포인트 반일 일정

구엘 공원 ➡ 카사 바트요 ➡ 카사밀라 ➡ 사그라다 파밀리아 성당

가우디 핵심 포인트 1일 일정

카사 비센스 ➡ 구엘 공원 ➡ 레이알 광장 ➡ 구엘 저택 ➡ 카사 바트요 ➡ 카사 밀라 ➡ 사그라다 파밀리아 성당

metro L3
Fontana역
→ 도보 5분
카사 비센스
→ **bus** 24
Gran de Gracia 정류장
(8정거장)
◆
Ramiro de Maeztu
CN catalunya 정류장
→ 도보 3분
구엘 공원

↓

metro L3
Vallcarca역
(6정거장)
◆
Liceu역

← 바로 앞
레이알 광장
← 도보 5분
구엘 저택
← 도보 20분
카사 바트요

↓

도보 5분
카사 밀라
→ **metro** L5
Diagonal역
(2정거장)
◆
Sagrada Familia역
→ 바로 앞
사그라다
파밀리아 성당

293

Best Course 4

스페인 대도시 탐방
5일
(마드리드 / 바르셀로나)

스페인의 대표 도시 마드리드와 바르셀로나를 함께 여행하는 일정이다. 각 도시별로 핵심 명소를 둘러보고, 하루씩 근교 여행이나 아웃렛 방문 일정을 잡는 것도 좋다. 도시 간 이동은 고속열차 AVE를 이용해 보다 빠르고 편하게 움직일 수 있다.

1일차
프라도 미술관 ➡ 솔 광장 ➡ 산 미구엘 시장 ➡ 마드리드 왕궁 ➡ 그란 비아 거리

2일차
톨레도 또는 세고비아 당일 여행

3일차
바르셀로나로 고속열차 이동 ➡ 몬주익 언덕 & 몬주익성 ➡ 미라마르 전망대 ➡ 바르셀로나 매직 분수

4일차
카탈루냐 광장 ➡ 보케리아 시장 ➡ 바르셀로나 대성당 ➡ 카탈루냐 음악당 ➡ 피카소 미술관 ➡ 보른 지구 ➡ 콜럼버스의 탑

5일차
구엘 공원 ➡ 레이알 광장 ➡ 구엘 저택 ➡ 카사 바트요 ➡ 카사 밀라 ➡ 사그라다 파밀리아 성당

Day 1

 metro **1** Atocha역 → 도보 10분 프라도 미술관 → 도보 15분 솔 광장 → 도보 6분 산 미구엘 시장

↓

도보 15분 그란 비아 거리 ← 도보 15분 마드리드 왕궁

Day 2

톨레도 또는 세고비아

295

Day 3

train station
Madrid Atoch역
(3시간 30분)

→ **train station**
Barcelona Sants역

→ **metro** L3
Sants Estacio역
(4 정거장)
⊕
Paral-lel역

→ **funicular**
등산열차 5분 또는
곤돌라 10분

↓

바로 앞
몬주익 언덕 &
몬주익성

← 도보 15분
미라마르 전망대

← **bus** 150
Av Miramar - Pl Carlos Ibáñez 정류장
(9 정거장)
⊕
Pl de Carles Buïgas 정류장

← 도보 2분
바르셀로나
매직 분수

Day 4

metro L1 L3 L6 L7
Catalunya역

→ 바로 앞
카탈루냐 광장

→ 도보 6분
보케리아 시장

→ 도보 10분
바르셀로나 대성당

↓

도보 6분
카탈루냐 음악당

← 도보 7분
피카소 미술관

← 도보 2분
보른 지구

← 도보 15분
콜럼버스의 탑

Day 5

metro L3 Vallcarca역 → 도보 9분 구엘 공원 → **metro** L3 Vallcarca역 (6정거장) → **metro** L3 Liceu역

↓

바로 앞 레이알 광장 ← 도보 5분 구엘 저택 ← 도보 20분 카사 바트요 ← 도보 5분 카사 밀라

↓

metro L5 Diagonal역 (2정거장) → **metro** L5 Sagrada Familia역 → 바로 앞 사그라다 파밀리아 성당

Best Course 5

안달루시아 4일

(세비야 / 론다 / 그라나다)

안달루시아의 핵심만 골라서 짧은 시간 안에 많은 도시를 여유롭게 느낄 수 있는 일정이다. 도시 간의 이동이 많은 것이 단점이지만 짧은 시간 안에 각각의 도시를 최대한 즐길 수 있는 동선으로 되어 있다. 마지막 4일차에서는 개인의 취향에 따라 근교 도시를 정해 여행하면 된다.

1일차
세비야(세비야 대성당 ➔ 세비야 알카사르 ➔ 산타크루즈 구시가지 ➔ 스페인 광장 ➔ 황금의 탑 ➔ 왕립 마에스트란사 투우장 ➔ 메트로폴 파라솔)

2일차
세비야 ➔ 론다(론다 투우장 ➔ 누에보 다리 ➔ 아랍 목욕탕 ➔ 산타마리아 라 마요르 성당)

3일차
론다 ➔ 그라나다(알함브라 궁전 ➔ 그라나다 대성당 ➔ 알바이신 지구)

4일차
그라나다 근교 일정

Day 1

세비야 대성당 → 도보 2분 세비야 알카사르 → 도보 5분 산타크루즈 구시가지 → 도보 15분 스페인 광장

↓

도보 15분 메트로폴 파라솔 ← 도보 9분 왕립 마에스트란사 투우장 ← 도보 16분 황금의 탑

Day 2

세비야 → bus stop Prado San Sebastián 버스 터미널 (1시간 45분) ✪ 론다 버스터미널 → 도보 8분 론다 투우장

↓

도보 10분 산타마리아 라 마요르 성당 ← 도보 8분 아랍 목욕탕 ← 도보 2분 누에보 다리

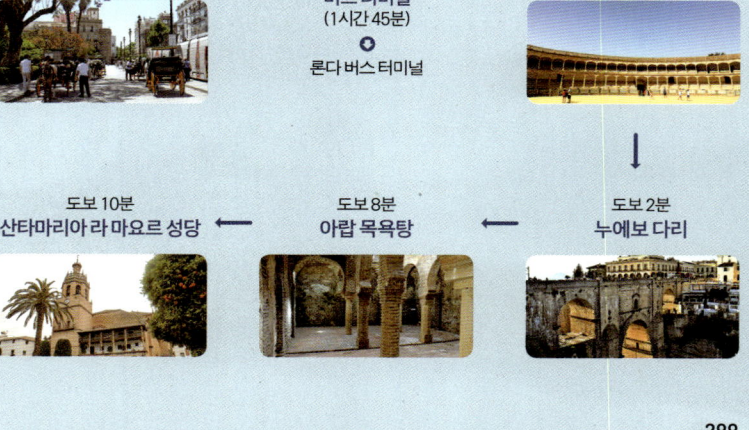

Day 3

train station
Estación Ronda역
(3시간 30분)
✚
Estación Granada역

→ 도보 5분
bus 21 33
Avda.Constitución 21 정류장
(2정거장)
✚
Gran Vía 5- Catedral 정류장

→ 도보 2분
bus C30 C32
Plaza Isabel la Católica 4 정류장
(10정거장)
✚
Puerta de la Justicia 정류장

→ 바로 앞
알함브라 궁전

↓

알바이신 지구
(산 니콜라스 전망대)

← 도보 4분
bus C30 C32
Plaza Nueva 정류장
(8정거장)
✚
Plaza San Nicolás 정류장
← 도보 3분
그라나다 대성당

← 도보 2분
bus C30 C32
Puerta de la Justicia 정류장
(10정거장)
✚
Plaza Isabel la Católica 4 정류장

Day 4
근교 말라가 또는 네르하 & 프리힐리아나 관광

Best Course 6

안달루시아 **4일**
(세비야 / 말라가)

안달루시아의 작은 도시들을 매일매일 짐을 들고 다니면서 숙소를 찾아다니는 것도 상당히 힘든 일이다. 교통편이 좋고 숙소도 많으며 편의 시설이 많은 도시에 숙소를 잡고 그 도시 주변에 가까운 도시를 당일 왕복 일정으로 여행하는 것도 안달루시아를 여행하는 또 다른 방법이다.

1일차
세비야(세비야 대성당 ➔ 세비야 알카사르 ➔ 산타크루즈 구시가지 ➔ 스페인 광장 ➔ 황금의 탑 ➔ 왕립 마에스트란사 투우장 ➔ 메트로폴 파라솔)

2일차
세비야 ➔ 론다(론다 당일 왕복 / 론다 투우장 ➔ 누에보 다리 ➔ 아랍 목욕탕 ➔ 산타마리아 라 마요르 성당) ➔ 세비야 이동

3일차
세비야 ➔ 말라가(메르카도 센트럴 아타라사나스 ➔ 라리오스 상점가 ➔ 헌법 광장 ➔ 말라가 대성당 ➔ 피카소 미술관 ➔ 피카소 생가 ➔ 히브랄파로성)

4일차
말라가 ➔ 그라나다(그라나다 당일 왕복 / 알함브라 궁전 ➔ 그라나다 대성당 ➔ 알바이신 지구) ➔ 말라가 이동

Day 1

세비야 대성당 → 도보 2분 세비야 알카사르 → 도보 5분 산타크루즈 구시가지 → 도보 15분 스페인 광장

도보 15분 메트로폴 파라솔 ← 도보 9분 왕립 마에스트란사 투우장 ← 도보 16분 황금의 탑

Day 2

bus stop
Prado San Sebastián 버스 터미널
(1시간 45분)
◎
론다 버스터미널

→ 도보 8분 론다 투우장 → 도보 2분 누에보 다리 → 도보 8분 아랍 목욕탕

론다 버스 터미널에서 세비야 이동 ← 도보 10분 산타마리아 라 마요르 성당

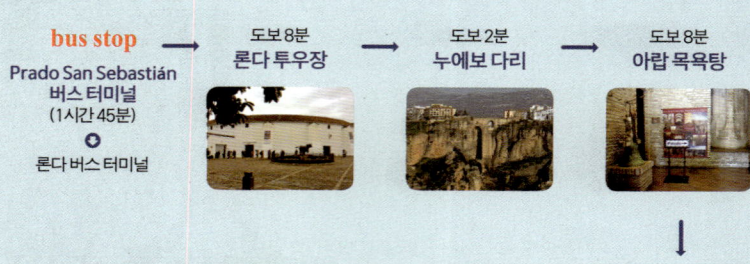

Best Course 7

안달루시아
5일
(코르도바 / 세비야 / 론다 말라가 / 그라나다)

안달루시아에 보존돼 있는 이슬람 문화를 따라 여행하는 일정이다. 최대 규모의 메스키타부터 이슬람 문화의 결정체인 알함브라 궁전까지 볼 수 있다. 도시 간 이동이 평균 2~3시간으로 부담이 없으며, 일정에 따라 유동적으로 이동 시간을 조정하는 것도 좋다.

1일차
코르도바(코르도바 알카사르 → 로마교 → 칼라오라 탑 → 메스키타 → 꽃의 골목길 → 유대인 회당) ➡ 세비야

2일차
세비야(세비야 대성당 → 세비야 알카사르 → 산타크루즈 구시가지 → 스페인 광장 → 황금의 탑 → 왕립 마에스트란사 투우장 → 메트로폴 파라솔)

3일차
세비야 ➡ 론다(론다 투우장 → 누에보 다리 → 아랍 목욕탕 → 산타마리아 라 마요르 성당) ➡ 말라가

4일차
말라가(메르카도 센트럴 아타라사나스 → 라리오스 상점가 → 헌법 광장 → 말라가 대성당 → 피카소 미술관 → 피카소 생가 → 히브랄파로성)

5일차
말라가 ➡ 그라나다(알함브라 궁전 → 그라나다 대성당 → 알바이신 지구)

Day 3

bus stop
Prado San Sebastián 버스터미널
(1시간 45분)
ⓞ
론다 버스터미널

→ 도보 8분 론다 투우장
→ 도보 2분 누에보 다리
→ 도보 8분 아랍 목욕탕

← 론다 버스터미널 ⓞ 말라가 이동 ← 도보 10분 산타마리아 라 마요르 성당

Day 4

train station
Estación de Málaga María Zambrano역

→ 도보 15분 메르카도 센트럴 아타라사나스
→ 도보 4분 라리오스 상점가
→ 도보 1분 헌법 광장

도보 20분 히브랄파로성  ← 도보 4분 피카소 생가  ← 도보 5분 피카소 미술관  ← 도보 3분 말라가 대성당

Day 5

bus stop
Estación de
Autobuses de
Málaga
버스 터미널
(1시간 45분)

⬇

그라나다 버스 터미널

➡ 도보 1분

bus 33

Juan Pablo II
- Estación Autobuses
정류장
(8 정거장)

⬇

Gran Vía 5 - Catedral
정류장

➡ 도보 2분

bus C30 C32

Plaza Isabel la
Católica 4 정류장
(10 정거장)

⬇

Puerta de la
Justicia 정류장

➡ 바로 앞

알함브라 궁전

⬇

bus C30 C32

Puerta de la
Justicia 정류장
(10 정거장)

⬇

Plaza Isabel la
Católica 4 정류장

⬅ 도보 3분

그라나다 대성당

⬅ 도보 4분

bus C30 C32

Plaza Nueva
정류장
(8 정거장)

⬇

Plaza San Nicolás
정류장

⬅ 알바이신 지구
(산 니콜라스 전망대)

부록

01. 스페인 여행 회화

02. 찾아보기

스페인 여행 회화

인사말 & 간단한 질문

안녕하십니까? (오전)	Buenos días? 부에노스 디아스
안녕하십니까? (오후)	Buenas tardes? 부에나스 따르데스
안녕하십니까? (밤)	Buenas noches? 부에나스 노체스
안녕!	¡Hola! 올라
안녕하세요?	¿Cómo está? 꼬모 에스따
처음 뵙겠습니다.	Mucho gusto 무초 구스또
만나서 반갑습니다 (남성).	Encantado. 엔깐따도
만나서 반갑습니다 (여성).	Encantada. 엔깐따다
감사합니다.	Gracias. 그라시아스
잘가.	Adiós. 아디오스
실례합니다.	Perdón. 빠르돈
미안합니다.	Lo siento. 로 씨엔또
괜찮습니다.	Está bien. 에스따 비엔
알겠습니다.	Entiendo. 엔띠엔도
아니요. 괜찮습니다 (사양).	No, gracias. 노 그라씨아스

몇 시입니까?	¿Qué hora es? 께 오라 에스
이 근처에 호텔이 있습니까?	¿Hay algún hotel por aquí? 아이 알군 오뗄 뽀르 아끼
화장실이 어디에 있습니까?	¿Dónde está el servicio? 돈데 에스따 엘 세르비씨오
얼마입니까?	¿Cuánto cuesta? 꾸안또 꾸에스따
들어가도 될까요?	¿Puedo entrar? 뿌에도 엔뜨라르
여기 앉아도 될까요?	¿Puedo sentarme aquí? 뿌에도 센따르메 아끼

공항 및 기내

몇 시까지 체크인을 해야 합니까?	¿Hasta qué hora debo hacer los trámites de embarque? 아스따 께 오라 데보 아쎄르 로스 뜨라미떼스 데 엠바르께
탑승 게이트는 몇 번입니까?	¿Cuál es el número de la puerta de embarque? 꾸알 에스 엘 누메로 델 라 뿌에르따 데 엠바르께
제 좌석은 어디에 있습니까?	¿Dónde está mi asiento? 돈데 에스따 미 아씨엔또
좌석을 바꿀 수 있습니까?	¿Puedo cambiar de asiento? 뿌에도 깜비아르 데 아씨엔또
몸 상태가 좋지 않아요.	Me siento mal. 메 시엔또 말

방문 목적은 무엇입니까?	¿Para qué viaja usted? 빠라 께 비아하 우스떼드
관광입니다.	Para turismo. 빠라 뚜리스모
사업차 왔습니다.	Viajo por negocios. 비아호 뽀르 네고씨오스
친척들을 방문하려고 합니다.	Voy a visitar a mis parientes. 보이 아 비씨따르 아 미스 빠리엔떼스
스페인 방문이 처음이십니까?	¿Es la primera vez que visita España? 에슬 라 쁘리메라 베쓰 께 비시따 에스빠냐
네. 이번이 처음입니다.	Sí, es la primera vez. 씨 에슬 라 쁘리메라 베쓰
얼마나 머무를 생각입니까?	¿Cuántos días piensa quedarse? 꾸안또스 디아스 삐엔사 께다르세
2주일 정도입니다.	Por unas dos semanas. 뽀르 우나스 도스 세마나스
어디에 숙박하실 겁니까?	¿Dónde va a hospedarse? 돈데 바 아 오스뻬다르세
나는 바르셀로나 호텔에 묵을 것입니다.	Voy a alojarme en el Hotel Barcelona. 보이 아 알로하르메 엔 엘 오뗄 바르셀로나
제 가방 하나가 보이지 않습니다.	No encuentro mi bolsa de viaje. 노 엔꾸엔뜨로 미 볼사 데 비아헤
제 가방이 아직 도착하지 않았습니다.	Todvía no viene mi maleta. 또다비아 노 비에네 미 말레따
분실물 카운터가 어디에 있습니까?	¿Dónde está el mostrador de extravío? 돈데 에스따 엘 모스뜨라도르 데 에스뜨라비오

호텔

체크인하려고 합니다.	Quiero registrarme. 끼에로 레히스뜨라르메
저는 전망이 좋은 방을 원합니다.	Quiero una habitación con buena vista. 끼에로 우나 아비따씨온 꼰 부에나 비스따
온수가 나오지 않아요.	No sale agua caliente. 노 살레 아구아 깔리엔떼
텔레비전이 나오지 않아요.	La televisión no funciona bien. 라 뗄레비씨온 노 푼씨오나 비엔
제 방이 매우 추워요.	Hace mucho frío en mi habitación. 아쎄 무초 프리오 엔 미 아비따씨온
방을 바꾸어 주시겠어요?	¿Me podría cambiar la habitación? 메 뽀드리아 깜비아를 라 아비따씨온
아침 식사는 몇 시에 합니까?	¿A qué hora se puede tomar el desayuno? 아 께 오라 세 뿌에데 또마르 엘 데사유노
식당은 어디에 있습니까?	¿Dónde está el comedor? 돈데 에스따 엘 꼬메도르
이 짐을 잠시 보관해 주시겠어요?	¿Puede guardarme este equipaje un momento? 뿌에데 구아르다르메 에스떼 에끼빠헤 운 모멘또
맡긴 짐을 찾을 수 있습니까?	¿Podría entregarme el equipaje? 뽀드리아 엔뜨레가르메 엘 에끼빠헤
체크아웃하려고 합니다.	Quiero dejar la habitacón. 끼에로 데하를 라 아비따씨온

긴급 상황

도와주세요!	**¡Socorro!** 소꼬로	
위험해요.	**¡Cuidado.** 꾸이다도	
몸이 아파요.	**Me siento mal.** 메 시엔또 말	
도난 당했습니다.	**Me han robado.** 메 안 로바도	
급합니다.	**!Tengo prisa.** 뗑고 쁘리사	
긴급 상황입니다.	**¡Es una emergencia.** 에스 우나 에메르헨씨아	
경찰! 도와주세요!	**¡Policía! Ayúdame!** 뽈리씨아 아유다메	
도둑이다!	**¡Ladrón!** 라드론	
앰불런스를 불러주세요.	**Llame la ambulancia, por favor.** 야메 라 암불란씨아 뽀르 파보르	

식당

메뉴판 부탁드리겠습니다.	El menú. por favo. 엘 메누 뽀르 파보르
영어로 된 메뉴판이 있습니까?	¿Tiene el menú escrito en inglés? 띠에네 엘 메누 에스끄리또 엔 잉글레스
여기에서 잘하는 음식을 소개해 주십시오.	Recomiéndeme su especialidad. 레꼬미엔데메 수 에스뻬씨알리다드
저것과 같은 요리를 주세요.	Déme el mismo plato. 데메 엘 미스모 쁠라또
이것을 먹겠습니다.	Déme esto. 데메 에스또
여기서 드실 겁니까? 아니면 가져가실 겁니까?	¿Lo toma aquí o es para llevar? 로 또마 아끼 오 에스 빠라 예바르
여기서 먹을 겁니다.	Voy a comerlo aquí. 보이 아 꼬메를로 아끼
가져갈 겁니다.	Para llevar, por favor. 빠라 예바르 뽀르 파보르

관광지

시내 지도가 있습니까?	¿Tiene un mapa de la ciudad? 띠에네 운 마빠 델 라 씨우닷
거기는 어떻게 갑니까?	¿Cómo se va allí? 꼬모 세 바 아이

걸어서 그곳에 갈 수 있습니까?	¿Puedo ir a pie? 뿌에도 이르 아 삐에
걸어서 얼마나 걸릴까요?	¿Cuánto tiempo se tarda a pie? 꾸안또 띠엠뽀 세 따르다 아 삐에
여기서 사진을 찍을 수 있습니까?	¿Puedo sacar las fotos aquí? 뿌에도 사까를 라스 포또스 아끼
여기가 어디입니까?	¿Dónde estamos? 돈데 에스따모스
이 근처에 지하철역이 있습니까?	¿Hay alguna estaciòn del metro cerca de aquí? 아이 알구나 에스따씨온 델 메뜨로 쎄르까 데 아끼
어디서 지하철 표를 살 수 있습니까?	¿Dónde puedo comprar el billete? 돈데 뿌에도 꼼쁘라르 엘 빌예떼
다음은 무슨 역입니까?	¿Cuál es la próxima estación? 꾸알 에슬 라 쁘룩시마 에스따시온
어디서 버스를 탈 수 있습니까?	¿Dónde puedo tomar el autobús? 돈데 뿌에도 또마르 엘 아우또부스

기차역

매표소가 어디 있습니까?	¿Dónde está la taquilla? 돈데 에스딸 라 따낄야
예약 없이 탈 수 있습니까?	¿Se puede tomar este tren sin reserva? 세 뿌에데 또마르 에스떼 뜨렌 씬 레세르바
이 기차를 타고 싶습니다.	Quiero tomar este tren. 끼에로 또마르 에스떼 뜨렌

바르셀로나까지 얼마입니까?	¿Cuánto cuesta para Barcelona? 꾸안또 꾸에스따 빠라 바르셀로나
예약을 변경하고 싶습니다.	Quiero cambiar la reserva. 끼에로 깜비아르 라 레세르바
이 기차는 어느 플랫폼에서 출발합니까?	¿De qué andén sale este tren? 데 께 안덴 살레 에스떼 뜨렌
이 기차는 어디로 갑니까?	¿Para dónde es este tren? 빠라 돈데 에스 에스떼 뜨렌
이 기차가 바르셀로나행입니까?	¿Va este tren a Barcelona? 바 에스떼 뜨렌 아 바르셀로나

쇼핑

오늘 영업을 하나요?	¿Están abiertas hoy? 에스딴 아비에르따스 오이
계산대가 어디 있습니까?	¿Dónde está la caja? 돈데 엘스딸 라 까하
신용카드를 사용할 수 있습니까?	¿Puedo usar la tarjeta de crédito? 뿌에도 우사르 라 따르헤따 데 끄레디또
가격을 깎아주세요.	Hágame un descuento, por favor. 아가메 운 데스꾸엔또 뽀르 파보르
너무 비싸군요.	Es muy caro. 에쓰 무이 까로
선물용으로 포장해 주세요.	Envuélvalo para regalar, por favor. 엔부엘발로 빠라 레갈라르 뽀르 파보르

따로따로 포장을 부탁합니다.	Envuélvalo separadamente, por favor. 엔부엘발로 세빠라다멘떼 뽀르 파보르
다시 오겠습니다.	Voy a venir otra vez. 보이 아 베니르 오뜨라 베스
모두 얼마입니까?	¿Cuánto cuesta en total? 꾸안또 꾸에스따 엔 또딸
영수증을 부탁합니다.	El recibo, por favor. 엘 레시보 뽀르 파보르
계산서가 잘못된 것 같습니다.	Creo que la cuenta no es correcta. 끄에오 껠 라 꾸엔따 노 에스 꼬렉따
거스름돈이 맞지 않습니다.	El cambio no está corredto. 엘 깜비오 노 에스따 꼬렉또
다른 것으로 교환해 주실 수 있습니까?	¿Pueden cambiármelo por otro? 뿌에덴 깜비아르멜로 뽀르 오뜨로
환불해 주시기 바랍니다.	Quiero devolverlo. 끼에로 데볼베를로

부록

병원

배가 아파요.	**Tengo dolor de estómago.** 뗑고 돌로르 데 에스또마고
설사를 합니다.	**Tengo diarrea.** 뗑고 디아레아
목이 아픕니다.	**Me duele la garganta.** 메 두엘레 라 가르간따
감기에 걸렸습니다.	**Estoy resfriado.** 에스또이 레스프리아도
기침이 매우 심합니다.	**Tengo ataque de tos.** 뗑고 아따께 데 또스
열이 있습니다.	**Tengo fiebre.** 뗑고 피에브레
오한이 납니다.	**Siento escalofríos.** 시엔또 에스깔로프리오스
두통이 있어요.	**Tengo dolor de cabeza.** 뗑고 돌로르 데 까베싸
현기증이 납니다.	**Tengo vértigo.** 뗑고 베르띠고
토할 것 같습니다.	**Siento ganas de vomitar.** 씨엔또 가나스 데 보미따르
처방전을 써 주실 수 있습니까?	**¿Puede darme una receta?** 뿌에데 다르메 우나 레쎄따
여행을 계속해도 되겠습니까?	**¿Puedo continuar me viaje?** 뿌에도 꼰띠누아르 미 비아헤
진료비는 얼마입니까?	**¿Cuánto es de la consulta?** 꾸안도 에쓰 델 라 꼰술따

숫자

1	uno 우노	6	seis 세이스
2	dos 도스	7	siete 시에떼
3	tres 뜨레스	8	ocho 오쵸
4	cuatro 꾸아뜨로	9	nueve 누에베
5	cinco 씽꼬	10	diez 디에쓰

계절

봄	Primavera 프리마베라	가을	Otoño 오또뇨
여름	Verano 베라노	겨울	Invierno 인비에르노

월별

1월	Enero 에네로	7월	Julio 훌리오
2월	Febrero 페브레로	8월	Agosto 아고스또
3월	Marzo 마르쪼	9월	Septiembre 셉띠엠브레
4월	Abril 아브릴	10월	Octubre 옥뚜브레
5월	Mayo 마요	11월	Noviembre 노비엠브레
6월	Junio 후니오	12월	Diciembre 디씨엠브레

요일

월	lunes 루네스	금	Viernes 비에르네스
화	martes 마르떼스	토	Sábado 사바도
수	miércoles 미에르꼴레스	일	Domingo 도밍고
목	Jueves 후에베스		

부록

찾아보기

바르셀로나 (몬세라트)

100 몬타디토스	70
1898 호텔	120
BCN 얼반 호텔스 그란 더컷 바르셀로나	119
H10 이타카	121
W 호텔 바르셀로나	120
가교	64
가우디 전시 센터	81
가우디의 집 미술관	65
검은 마리아상	127
경비 초소	65
고세 디 라테	98
골고다 언덕	65
구엘 공원	63
구엘 별장	80
구엘 저택	68
그란 호텔 토레 카탈루냐	121
그랑하 라 팔라레사	89
대계단	64
동굴 레스토랑	128
라 돌카 에르미니아	95
라 마누알 알파르가테라	67
람블라 거리	88
레이알 광장	66
마리나 베이	99
몬세라트 레스토랑	129
몬세라트 바실리카	126
몬세라트 수도원	125
몬세라트 수도원 성가대	127
몬주익성	108
미라마르 전망대	109
바르셀로나 대성당	90
바르셀로나 매직 분수	114
바르셀로네타 앤 마레마그눔	102
박물관	79
보른 지구	97
보케리아 시장	89
비 호텔	120
사그라다 파밀리아 성당	77
사바테르 흐노스	92
산 파우 병원	117
산타마리아 델 마르 성당	100
산호안 푸니쿨라 어퍼데크	128
성당 내부	79
수난의 문	78
수난의 파사드	78
스위트 애비뉴 바르셀로나	118
스페인 광장	115
스페인 마을	113
시우타델라 공원	103
아그파 타워	116
아돌포 도밍게즈	73
아파트먼츠 식스티포	118
엘 글롭	94
엘 꼬르테 잉글레스	87
엘 나시오날	72
온나 카페	75
올리비아 플라자	119
올림픽 스타디움	111
자연의 광장	64
재즈 호텔	119
차펠라	71
첨탑	79

츄레리아	91
카사 밀라	74
카사 바트요	69
카사 비센스	62
카엘룸	92
카탈루냐 광장	86
카탈루냐 국립 미술관	112
카탈루냐 음악당	93
카페 데 오페라	67
캄푸 누	117
캠퍼	87
콜럼버스의 탑	101
퀴멧 & 퀴멧	101
탄생의 파사드	78
포르크 보이그 페르 투	98
피카소 미술관	96
호안 미로 미술관	110
호텔 아바트 시스네로스	129
황영조 기념비	111

마드리드 (톨레도, 세고비아)

곰과 마드로뇨 나무 동상	142
국립 소피아 왕비 예술 센터	174
근위병 교대식	159
달새	175
더 웨스틴 팔라세 호텔	181
데스칼사스 레알레스 수도원	147
도로 원점 Km 0	142
도메니코 기를란다요의 〈조반나 토르나부오니의 초상〉	171
디어 호텔 마드리드	180
디에고 벨라스케스의 〈시녀들〉	167
라 마요르끼나	45
라 핀까 데 수사나	146
라스트로 벼룩시장	176
레스토랑 카사레스	201
레알 마드리드 오피셜 스토어	150
레지나 호텔	178
레티로 공원	172
로마 수도교	200
로시 라 로카	143
리몬 이 멘타	203
마드리드 왕궁	157
마르미타	147
마요르 광장	151
메손 델 참피뇬	155
메종 데 칸디도	201
바르 가예따	148
벤타 엘 부스콘	144
보틴 레스토랑	152
빈센트 반 고흐의 〈오베르의 베세노〉	171
산 미구엘 시장	149
산 안토니오 데 라 플로리다 성당	161
산 페르난도 왕립 미술 아카데미	140
산타 크루즈 미술관	187
산토 토메 성당	191
산티아고 베르나베우 경기장	177
세고비아 대성당	204
세고비아 알카사르	205
세르베세리아 알레마나	146
소코도베르 광장	186
솔 광장	141
스트라디바리우스 컬렉션	158

부록

스페인 광장	160
시벨레스 광장	138
시벨레스 궁전	139
아사도르 마리벨	202
얼반 호텔	179
에릭 보켈 부티크 아파트먼트 아토차 스위트	179
엘 그레코 미술관(엘 그레코의 집)	192
엘 브리얀테	173
엘 트레볼	187
오리엔테 광장	159
오리오	148
왕관의 방	158
왕좌의 방	159
유대인 회당(성모 승천 시나고가)	193
초콜라테리아 산 히네스	153
카사 두케	202
카사 에르난즈	156
코랄 데 라 모레리아	160
타베라 추기경 병원	194
톨레도 대성당	190
톨레도 알카사르(군사 박물관)	189
톨레도 파라도르	195
티센 보르네미사 미술관	170
파블로 피카소의 〈게르니카〉	175
파세오 델 아르테	179
파스테리아 산토 토메	188
페테르 파울 루벤스의 〈파리스의 심판〉	169
푸에르타 아메리카 호텔	180
프라도 미술관	166
프란시스코 고야의 〈마드리드, 1808년 5월 3일〉	169
프란시스코 고야의 〈옷을 벗은 마하〉, 〈옷을 입은 마하〉	168
프티 팰리스 푸에르타 델 솔	178
하몬 박물관	154

안달루시아 (세비야, 론다, 코르도바, 그라나다, 말라가)

AC 호텔 코르도바 바이 메리어트	247
EME 카테드랄	225
NH 컬렉션 호텔 그라나다 빅토리아	265
그라나다 대성당	259
꽃의 골목길	244
나스르 궁전	254
네르비온 플라자	223
네르하	280
누에바 광장	257
누에보 다리	230
도나 마리아	225
돈 미구엘	234
라 핀카 커피	261
라리오스 상점가	274
라이언 궁	255
레스토랑 헤레즈	231
로마교	245
로스 디아만테스	258
론다 투우장	232
룸메이트 라리오스 호텔	283
룸메이트 레오	264
르추가 타파스	277
말라가 대성당	270

말라게타 해변	279	유대인 거리	241
메르카도 센트럴 아타라사나스	272	유대인 회당	241
메손 델 세라니토	221	이사벨라 카톨리카 광장	257
메수아르 궁	254	카를로스 5세 궁전	256
메스키타	240	카사 아란다	273
메트로폴 파라솔	222	카사 페드로 히메네스	242
무리요 세비야 호텔	225	칼라오라 탑	245
미망인의 집	219	코르도바 알카사르	244
미하스	281	코마레스 궁	254
바르셀로 말라가	282	콜럼버스의 묘	215
발콘 데 코르도바	247	타베르나 엘 멘티데로	276
비네리아 산 텔모	217	투우 박물관	242
산 가브리엘	235	트리아나 전통 시장	221
산타마리아 라 마요르 성당	233	파라도르 데 그라나다	264
세르베세리아 메스키타	218	파라도르 데 론다	234
세비야 대성당	214	파라도르 데 말라가 히브랄파로	283
세비야 알카사르	213	파이브 센시스 룸즈 앤 스위트	265
스페인 광장	212	푸에르타 그란데	231
아랍 목욕탕	233	프리힐리아나	281
아이레 호텔 세비야	224	프티 팰리스 산타 크루즈	225
아파르타멘토스 론다 센트로	235	플라멩코 박물관	219
안티구아 카사 데 구아르디아	271	피카소 박물관	276
알바이신 지구	263	피카소 생가(재단)	277
알카사바	255	하시엔다 포르사다 데 발리나	246
알카이세리아 재래시장	262	헌법 광장	275
알함브라 궁전	252	헤네랄리페	256
엘 파티오 코르도베스	243	헬라데리아 티기아니	258
엘비아 스위트 그라나다	265	호텔 나바스	264
오렌지 안뜰	215	호텔 알폰소 뜨레쎄	224
오비스포 타베르나	271	황금의 탑	216
왕립 마에스트란사 투우장	220	히랄다 탑	215
왕실 예배당	260	히브랄파로성	278

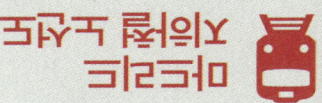

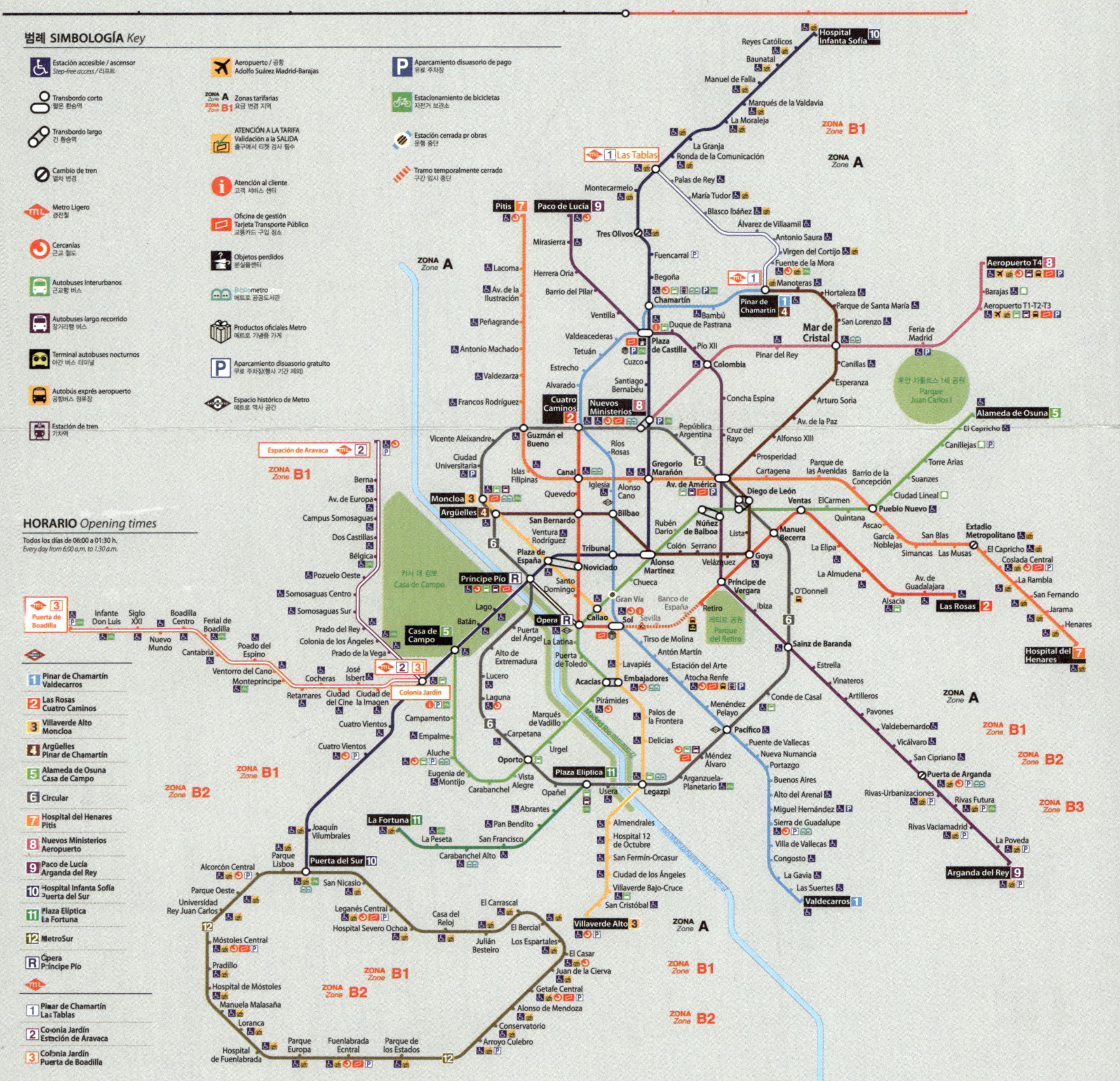

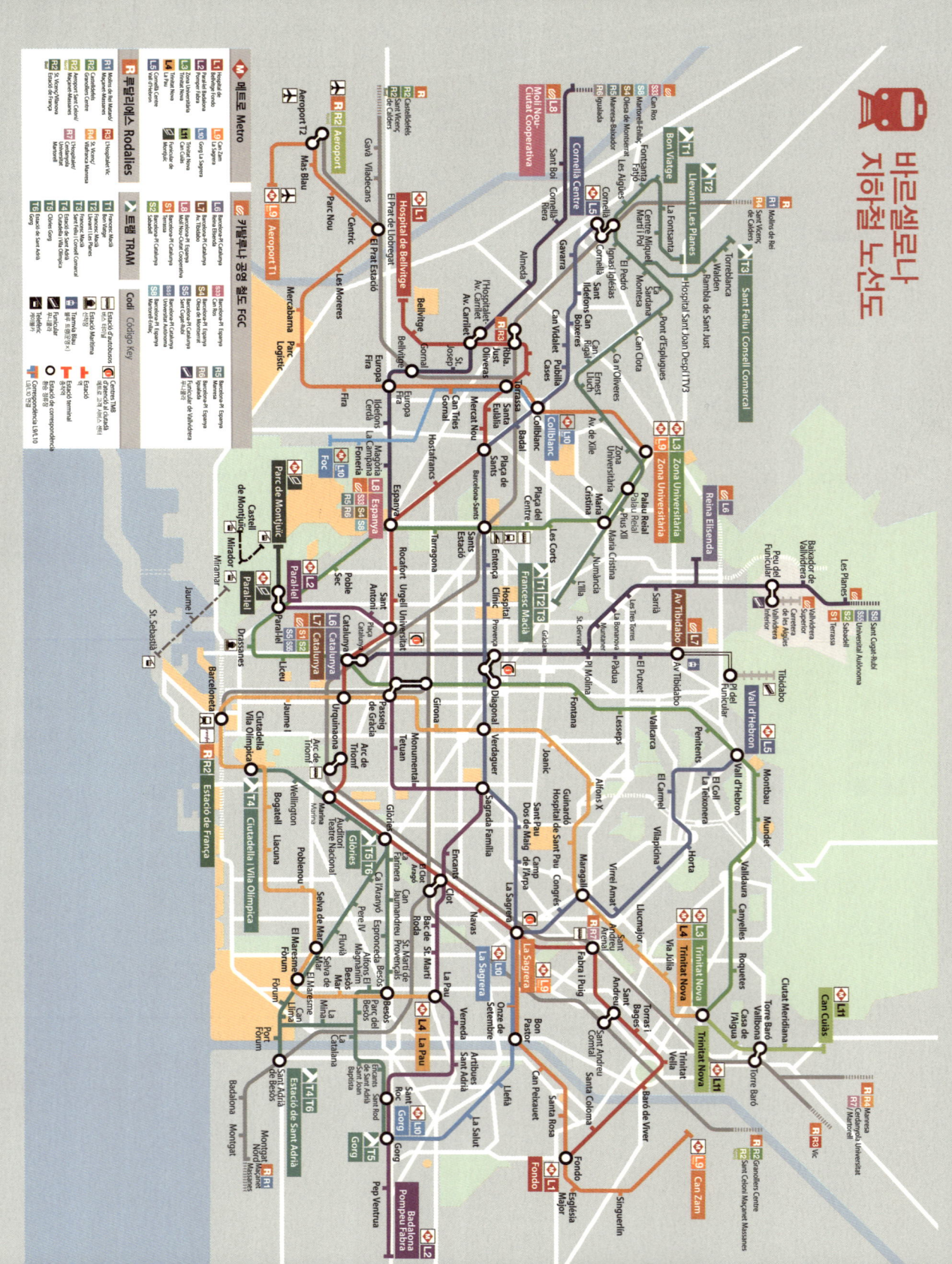